26.-

FLENSBURGER HEFTE

Gefühle 4

Von Ahnungslosigkeit bis Würde

Naturgeister 28

Zu den Steiner-Zitatangaben in den FLENSBURGER HEFTEN: Die GA-Nummern beziehen sich auf die jeweilige Bibliographie-Nummer der Rudolf Steiner Gesamtausgabe im Rudolf Steiner Verlag, Dornach/Schweiz. Danach sind in der Regel das Erscheinungsjahr der benutzten Ausgabe, das Vortragsdatum bzw. Kapitel und die Seitenzahl angegeben, von der Autor-, Titel- und Ortsnennung wird abgesehen. Nach Bibliographie-Nummern geordnet ist die Rudolf Steiner Gesamtausgabe im Katalog des Rudolf Steiner Verlags aufgeführt. Der Katalog ist durch den Buchhandel erhältlich.

Aus dem Inhalt

Liebe Leserinnen und Leser,

in diesem Buch lesen Sie den vierten Teil der Gespräche mit den astralen Wesenheiten, die die Gefühle vertreten. Es sind teils sehr bewegliche Dialoge, die die Vielseitigkeit und die weiten Dimensionen der jeweiligen Gefühle zeigen und als Anregung für ein bewegliches Denken dienen sollen.

Alle Gespräche mit diesen Wesen wie auch mit den anderen Natur- und Geistwesen (in weiteren FLENSBURGER HEFTEN) finden aufgrund der Vermittlung von Verena Staël von Holstein statt, die die Fähigkeit besitzt, die Äußerungen übersinnlicher Wesen in menschliche Sprache zu übersetzen. Sie ist kein Medium, sondern mit vollem Bewußtsein bei diesen Gesprächen anwesend.

Die Gespräche gestalten sich folgendermaßen: Ich bereite mich auf den jeweiligen Inhalt vor, setze mich mit Verena Staël von Holstein zusammen, und sie nimmt Kontakt zu dem gewünschten Wesen auf. Verena Staël von Holstein kennt die jeweiligen Fragen nicht vor den Gesprächen. Nach einer kurzen Verständigung mit den Natur- und Geistwesen erklären diese meist ihre Bereitschaft, auf Fragen zu antworten, und dann beginnen die Gespräche ziemlich genau so, wie sie in unseren Büchern veröffentlicht werden. Wir zeichnen die Gespräche auf und bearbeiten den Text leicht.

Jede Äußerung dieser Natur- und Geistwesen ist keine per Autorität gesprochene Mitteilung, sondern dient allein einem besseren, farbigeren und vielseitigeren Verständnis unserer Welt – der Erde, der Pflanzen, der Tiere, der Menschen, der Gefühle und aller geistigen Wesen. Man sollte diese Äußerungen – genausowenig wie die Rudolf Steiners – nicht einfach nur glauben, sondern sie kritisch entgegennehmen und prüfen, inwieweit sie die Erkenntnis- und Wirkungsmöglichkeit des Menschen erweitern können. Vor allem sollte man diese Gespräche als eine zusätzliche Möglichkeit nehmen, die Schönheit und Weisheit dieser Schöpfung Erde tiefgehender zu betrachten und zu verstehen.

Flensburg, im Mai 2014
Wolfgang Weirauch

Die beteiligten Geistwesen

Diese Wesen treten hier zum ersten Mal auf:

Ehrfurcht – Astrales Wesen
Verachtung – Astrales Wesen
Treue – Universelles Wesen
Trauer – Trinitarisches Wesen
Dankbarkeit – Ur-Astrales Wesen
Hochmut – Luziferisches Wesen
Bescheidenheit – Geistiges Wesen
Peinlichkeit – Astrales Wesen
Würde – Trinitarisches Wesen
Das Gefühl – Ur-Astrales Wesen
Gedankenlosigkeit – Astrales Raumwesen (Hirte)
Ahnung – Geistiges Wesen
Ahnungslosigkeit – Geistiges Wesen
Unentschlossenheit – Astrales Wesen
Wankelmut – Astrales Wesen
Empörung – Feuriges Willenswesen

Diese Wesen sind aus vorhergehenden Veröffentlichungen bekannt:

Müller – Hausgeist der Mühle
Etschewit – Großes Wasserwesen

Ehrfurcht

Wolfgang Weirauch: Guten Tag, kann ich mit der Ehrfurcht sprechen?

Ehrfurcht: Guten Tag. Wenn Du möchtest, bin ich da.

W.W.: Ich vermute einmal, daß in Deinem Wesen zweierlei zur Geltung kommt: zum einen die Verehrung oder die Ehre, zum anderen die Furcht. Ist dies so richtig?

Ehrfurcht: Im Deutschen ist dies so, ja. In anderen sprachlichen Zusammenhängen sehen die Menschen dies anders.

W.W.: Was an Dir ist Verehrung bzw. Ehre, was an Dir ist Furcht vor etwas?

Ehrfurcht: Eigentlich richten sich beide Qualitäten auf die geistige Welt. Geistige Wesen kann bzw. sollte man verehren; von geistigen Wesen geht immer etwas aus, das bewirkt, daß Menschen Furcht empfinden! Deswegen sprechen die Engel immer zu den Menschen: *„Fürchtet euch nicht!"* Das hängt damit zusammen, daß die Menschen unvorbereitet geistige Wesen nur schwer aushalten können. Deswegen kommen die Menschen mit den geistigen Wesen am besten klar, wenn sie sie zugleich ehren und fürchten. Das ist die richtige Mischung für die deutsche Gemütsart.

W.W.: Ist es denn angebracht, ein Wesen, welches man verehrt, zugleich auch zu fürchten?

Ehrfurcht: Wenn dieses Wesen den Verstand, die gesamte Seele und auch den Geist eines Menschen überschreitet, ist es angebracht, dieses Wesen zu fürchten. Man kann einem Wesen, welches man vollkommen begreift, nicht in Ehrfurcht begegnen. In einem solchen Moment bin ich als Ehrfurcht nicht anwesend.

Ehrfurcht vor den Schöpfermächten

W.W.: Das kann ich nicht ganz nachvollziehen. Nehmen wir ein kleines Wesen, z.B. einen Käfer. Ich habe z.B. einen Käfer studiert, habe ihn lange beobachtet, begreife ihn vollkommen und habe die Weisheit kennengelernt, die mit diesem Käfer zusammenhängt – dann stehe ich doch in großer Ehrfurcht vor diesem Wesen. Trotzdem kenne ich es dann sehr gut.

Ehrfurcht: Nein, Du stehst nicht in Ehrfurcht vor diesem Wesen, sondern Du stehst in Ehrfurcht vor den Schöpfermächten, die dieses Wesen geschaffen haben.

W.W.: Das stimmt natürlich. So gesehen ist Ehrfurcht also eine Haltung, die aufkommt, wenn man einem Wesen gegenübersteht, welches in jeder Hinsicht größer ist als man selbst und welches man nicht ganz umfassen kann?

In Ehrfurcht erstarrt

Ehrfurcht: Ja, man sollte sich aber nicht unbedingt diesem Wesen hingeben. Es geht immer darum, daß ein solches Wesen den Verstand des eigenen Wesens überschreitet. Viele Menschen sind heutzutage nicht mehr in der Lage, in eine Ehrfurchtshaltung zu kommen, weil in ihnen der Furchtanteil überwiegt. Sie erleben keine Hingabe. Sie wollen auch keine Hingabe erleben. Wenn man in der Ehrfurcht lebt, steht man in der Haltung zwischen Weglaufen und Dableiben. Wenn man dies aushält, erlebt man Ehrfurcht. Man erkennt, daß ein Wesen zu ehren ist, aber es ist so stark zu ehren, daß man sich gleichzeitig vor diesem Wesen fürchtet. Die Ehrfurcht läßt dann diesen Menschen erstarren, so daß einerseits die Fluchtbewegung, andererseits die Hingabebewegung zurückgenommen bzw. zurückgedrängt wird. Dieser Mensch kommt in eine gefrorene Haltung, in eine Art Unbeweglichkeit. Ehrfurcht ist eine Unbewegung. Es ist auch eine Art Abwarten. Es ist ein indifferentes Abwarten; nicht unbedingt freudvoll. Es ist die Abwägung zwischen Fliehen und Ausharren.

W.W.: Ist nicht auch das Staunen dabei?

Ehrfurcht: Ja, das Staunen als Urkraft steht oft vor mir, es ist oft der Beginn der Ehrfurcht. Auch das Erschrecken kann zu mir führen. Diese beiden Grundhaltungen des Menschen – Staunen und Erschrecken – sind die Tore, durch die man zu mir zu kommen kann. Durch beide Seelenregungen kommt man zur Ehrfurcht. Macht führt meist zum Erschrecken, Schönheit führt meist zum Staunen.

W.W.: Vor welchem Wesen hast Du selbst Ehrfurcht?

Ehrfurcht: Das geht überhaupt nicht. Natürlich habe ich ein Erleben im Inneren derjenigen Wesen, die zur Trinität gehören. Darüber hinaus aber nicht.

W.W.: Warum nicht?

Ehrfurcht: Weil ich bin. Weil ich die Ruhe bin. Weil ich dieses Verharren bin. Deshalb bin ich selber unbewegt. Deshalb habe ich keine Ehrfurcht vor anderen Wesen, mit Ausnahme der Trinität.

Ihr sagt doch selbst, daß ihr in Ehrfurcht erstarrt seid. Kein Mensch hüpft vor Ehrfurcht. Ehrfurcht löst die Unbeweglichkeit, die Nichtbewegung aus.

Seelisches Zappeln in die Verharrung führen

W.W.: Trotzdem bist Du ja nicht jedes andere Wesen. Kannst Du nicht andere Wesen wahrnehmen, und zwar in der Art, wie diese anderen Wesen sind, so daß diese Wesen eigentlich eine Ehrfurcht auslösen müßten?

Ehrfurcht: Natürlich! Das meinte ich nur in bezug auf die Trinität. Wenn ich an den Urgrund allen Seins und seine beiden Begleiter herantrete, erlebe ich mich selbst. Aber ich stehe ja nicht ständig vor der Trinität, sondern bin mehr im Außen und versuche bei sehr vielen Wesen, z.B. den Menschen, zu erreichen, daß Ehrfurcht entsteht – daß z.B. das seelische Zappeln in die Verharrung kommt, daß Willensimpulse gebremst werden, daß Willensimpulse in die Ruhe kommen. Das ist mein Tun. Deshalb gibt es auch nur eine einzige Ehrfurcht. Das ist die Ehrfurcht, die immer, zumindest kurz, eine Pause einfließen läßt. Und die Ehrfurcht führt auch dazu, daß man sich beugt. Sie führt dazu, daß man sich selbst zurücknimmt. Das Ich sollte sich in einem solchen Moment beugen.

Ohne Ich keine Ehrfurcht

W.W.: Kann ein nicht-ichbegabtes Wesen überhaupt Ehrfurcht entwickeln?

Ehrfurcht: Die ätherische Welt, die Welt der Naturwesen, ist dermaßen im Tun, daß sie zusammenbrechen würde, wenn sie Ehrfurcht entwickeln oder empfinden würde. Sie hat in dem Sinne keine Möglichkeit, Ehrfurcht zu erleben, weil die Ehrfurcht den Bedingungen ihres Seins entgegensteht.

W.W.: Es muß also ein Ich vorhanden sein, damit Ehrfurcht entwickelt und empfunden werden kann?

Ehrfurcht: Auf jeden Fall. Aber warum muß ein Ich dasein? Es muß deswegen vorhanden sein, weil das Erkennen eines höheren geistigen Wesens möglich sein muß. Man kann nur dann ehrfürchtig sein, wenn man erkennt, daß ein anderes Wesen größer ist als man selbst.

W.W.: Ein Tier würde also nur erschrecken?

Ehrfurcht: Ja, ein Tier würde erschrecken und die Flucht ergreifen. Ein Mensch kann ein höheres Wesen aushalten, weil er ein Ich hat, welches ihn von hinten her stützt. Und dann kann ein Mensch stehenbleiben. *„Fürchtet euch nicht"* ist der Grundsatz, der von Engeln gesprochen wird, damit das Ich des Menschen nicht mehr flieht. Sie sagen es, damit ein Mensch in Ehrfurcht erstarren und die Botschaft wahrnehmen kann, die der Engel überbringen möchte. Ehrfurcht ist immer nur da, wo das Erkennen eines überlegenen Wesens möglich ist. Oder wo man erkennt, daß hinter dem, was man gerade beschaut, ein überlegenes Wesen gewirkt hat. Wenn man vor einem Käfer in Ehrfurcht steht, steht man nicht vor diesem Wesen selbst in Ehrfurcht, sondern vor dem Schöpfer, der diesen Käfer möglich gemacht hat.

Die dunklen Herren haben wenig Ehrfurcht

W.W.: So stehen also alle geistigen Wesen in Ehrfurcht gegenüber allen ihnen gegenüber höhergestellten geistigen Wesen?

Ehrfurcht: Ja, wenn sie gesund sind.

W.W.: Gibt es geistige Wesen, die keinerlei Ehrfurcht haben?

Ehrfurcht: Die beiden dunklen Herren, also Luzifer und Ahriman, haben wenig Ehrfurcht, denn sie arbeiten mehr mit der Furcht. Bei ihnen ist die Ehrfurcht verlorengegangen. Luzifer und Ahriman werden von ihren Wesen nicht geehrt, sondern nur gefürchtet, und die ahrimanischen und luziferischen Wesenheiten ehren ihre Herren allerhöchstens durch Lippenbekenntnisse, wie man es menschlich ausdrücken würde. Bei diesen Wesen ist auch viel Haß.

Ehrfurcht vor menschlichen Taten in Liebe und Freiheit

W.W.: Stehen geistige Wesen auch in Ehrfurcht vor den Menschen?

Ehrfurcht: In gewisser Weise, ja. Aber das sollte man den Menschen nicht zu laut sagen.

W.W.: Warum nicht?

Ehrfurcht: Damit sie nicht noch mehr in die Hybris kommen.

W.W.: Erzähle trotzdem einmal, wo die Ehrfurcht vor den Menschen angebracht ist.

Ehrfurcht: Geistige Wesen stehen gegenüber dem Menschen in Ehrfurcht, weil er einen Leib hat, der einen Geist und eine Seele halten kann und der, mit Hilfe des Christus, aus dieser Wesensbeziehung die Freiheit entwickeln kann. Außerdem stehen die geistigen Wesen in Ehrfurcht vor menschlichen Taten, die aus Liebe begangen werden. Vor dem einzelnen Menschen, der am Bahnhof seinen Kaffee schlürfend sitzt, ist Ehrfurcht allerdings nicht angebracht. Ehrfurcht haben die geistigen Wesen nur vor Menschen in dem Moment, in dem sie ihr höheres Selbst mit der Freiheit und der Liebe in Einklang bringen und sich in Freiheit und mit Liebe führen können. Sie haben Ehrfurcht vor denjenigen Menschen, die mit Liebe und Freiheit durchdrungen sind.

W.W.: Nimmt die Ehrfurcht der geistigen Wesen vor den Menschen heute tendenziell eher zu oder ab?

Ehrfurcht: Sowohl als auch. Vor den Menschen, die sich lediglich dem äußeren Dasein widmen, nimmt die Ehrfurcht gravierend ab, vor allem vor denjenigen Menschen, die sich dem äußeren Dasein in einer gierigen Form widmen. Aber wenn die Menschen dies überwinden können und zu einem freien selbständigen Handeln, zu eigenständigem Erkennen kommen und wenn sie die Ehrfurcht vor höheren Wesen zu empfinden vermögen, dann nimmt die Ehrfurcht der geistigen Wesen vor den Menschen zu.

Die Kraft, ein anderes Wesen auszuhalten

W.W.: Wenn ein Mensch in einer ehrfürchtigen Haltung ist, wie verbindest Du Dich dann mit diesem Menschen?

Ehrfurcht: Ich verbinde mich mit ihm, indem ich ihm die Kraft zur Ehrfurcht gebe. Ich gebe ihm die Kraft, ein anderes Wesen auszuhalten, ich stärke ihm das geistige Rückgrat, aber nur so weit, daß er sich trotz dieser Erstarrung auch noch beugen kann. Ich verbinde mich mit diesem Menschen aus dem physischen Leib heraus, von unten heraufsteigend, mit seinen Seelengliedern und gebe diesen ihren Halt, damit die Seele nicht völlig entfleucht und damit er die Ruhe der Ehrfurcht auch erleben kann – also das Erstarren in Ehrfurcht.

Wenn dieses Erstarren in Ehrfurcht beim Menschen nicht entsteht, dann war der Moment der Ehrfurcht nur ganz kurz. Bei entsprechender Gelegenheit ist dieser Moment immer da, oft aber so kurz, daß er kaum bemerkt wird. Aufgeklärte Mitteleuropäer der heutigen Zeit vermeiden die Ehrfurcht. Das ist die heutige kopfige Haltung sehr vieler Menschen. Darin steckt die Geste, daß man sich nicht vor einem anderen Wesen beugen darf. Was man sich als Mensch dadurch nimmt, daß man die höheren Wesen in ihrer Individualität und in ihrer jeweiligen feineren Ausgestaltung nicht mehr wahrnimmt, macht ihr euch überhaupt nicht klar! Ohne Ehrfurcht kann man höhere Wesen nicht wirklich erkennen lernen. In dem Moment, in dem ein Mensch die Ehrfurcht vermeidet, wenn er in seine Inkarnation keine ehrfürchtigen Momente einbauen kann, weil er sich als die Krone der Schöpfung ansieht – und zwar schon in seinem jetzigen Zustand, in dem der Mensch noch ein Werdender ist –, ist er nicht in der Lage, Höheres zu erkennen. Das ist leider systemimmanent. Das ist tragisch.

Warum ist es eigentlich so schlimm, mal ehrfürchtig zu sein? Warum ist es denn schlimm, mal nicht zu handeln? Warum ist es schlimm, mal erstarrt in Ehrfurcht zu stehen? Dann kann nämlich etwas wirken, man kann dann etwas wirken lassen.

Ehrfurcht vor Menschen?

W.W.: Gegenüber geistigen Wesen kann ich das einsehen. Ist es aber darüber hinaus angebracht, daß ein Mensch einen anderen Menschen verehrt bzw. in Ehrfurcht vor einem anderen Menschen steht?

Ehrfurcht: Ja, und zwar dann, wenn ein Mensch erkennt, daß ein anderer Mensch weitergehende höhere Fähigkeiten hat – wenn er z.B. weiter ausgestaltete Liebesfähigkeiten besitzt oder wenn er sich etwas ganz Besonderes erarbeitet hat. Insofern ist es angebracht, gegenüber solchen Taten einem anderen Menschen gegenüber ehrfürchtig zu sein.

W.W.: Aber doch nicht gegenüber einem Menschen als ganzem, sondern nur gegenüber gewissen Taten eines Menschen, einer gewissen Haltung. Ehrfurcht zwischen Menschen halte ich für sehr problematisch. Menschen sind gleichwertig, wenn auch nicht gleich. Man kann doch nicht einem anderen Menschen vollständig in Ehrfurcht gegenüberstehen, wie man einem höheren Wesen vollständig in Ehrfurcht gegenübersteht.

Ehrfurcht: Du hast recht, denn jeder Mensch sitzt auch in der gleichen blödsinnigen Haltung auf der Toilette, und in bezug auf diese Haltung braucht man sich selbstverständlich nicht in Ehrfurcht vor ihm zu verneigen. Aber wenn ein Mensch einen Lebensentwurf durchgängig authentisch gelebt hat, dann kann man in bezug auf diesen Lebensentwurf ehrfürchtig sein. Das kann man auch in bezug auf einen ganz schlichten Menschen, das muß nicht immer ein Gandhi sein. Ein Mensch, der seinen Alltag authentisch und mit Geradlinigkeit, ganz bescheiden und schlicht, gelebt hat und so seinen Lebensentwurf bis zum Ende durchhält, vor dem solltet ihr lernen, Ehrfurcht zu entwickeln.

Beim Menschen ist Anbetung niemals angebracht

W.W.: Selbstverständlich, aber das sind auch Taten, Leistungen, Haltungen. Man kann in Ehrfurcht immer vor dem höheren Menschen stehen. Man sollte einen Menschen allerdings nicht zu einem Idol erheben.

Ehrfurcht: Das ist etwas ganz anderes. Wenn man dem höheren Menschen in Ehrfurcht gegenübersteht, kommt einem etwas aus der Zukunft dieses Menschen entgegen. Aber man muß genau hinschauen, man muß differenzieren, denn in jedem Menschen gibt es Teile, die allerdings überhaupt nicht ehrfurchtgebietend sind. Und vor den Teilen, die nicht der höheren Wesenheit dieses Menschen entsprechen, sollte man nicht in Ehrfurcht stehen.

W.W.: Man muß nur aufpassen, daß eine ehrfurchtsvolle Haltung gegenüber einem Menschen nicht in irgendeiner Weise in eine Art Anbetung abrutscht.

Ehrfurcht: Dann ist es ja keine Ehrfurcht mehr! Bei einer Anbetung bin ich nicht mehr vorhanden. Eine Anbetung ist meist sogar eine Unterwerfung; das hat mit Ehrfurcht nichts zu tun.

W.W.: Kannst Du einmal Ehrfurcht und Unterwerfung bzw. Anbetung differenzieren?

Ehrfurcht: Ich kann es, kannst Du es?

W.W.: Ja. Über die Ehrfurcht haben wir gesprochen, z.B. daß man eine Lebensleistung oder eine bestimmte Ich-Leistung eines Menschen mit einer gewissen Ehrfurcht belegt. Bei der Anbetung eines Menschen betet man ein Wesen an, welches nicht anbetungswürdig ist, und hier hängt man eigentlich sein Ich an den Kleiderhaken. Auf jeden Fall ist es keine Ich-Tat, man verschmilzt mit dem anderen Wesen, man gibt sich ihm hin, man sieht nicht mehr klar.

Ehrfurcht: So kann man es betrachten. Das gilt alles gegenüber einem Menschen. Wenn das anbetungswürdige Wesen allerdings so groß ist, daß man es mit seinem Ich nicht mehr umfaßt, ist Anbetung am richtigen Platz. Dabei handelt es sich aber nur um hohe geistige Wesen. Beim Menschen, Christus ausgenommen, ist Anbetung niemals angebracht.

Bewunderung, Respekt, Demut, Ehrgeiz

W.W.: Was ist der Unterschied zwischen Ehrfurcht und Bewunderung?

Ehrfurcht: Ehrfurcht kommt aus dem Herzen, Wundern und Bewundern aus dem Kopf. Beim Bewundern setzt der Verstand ein. Der Verstand mißt dann etwas zu, man staunt auch über etwas, was man selber nicht kann, was man vielleicht auch nicht versteht, und dann bewertet man es. In der Ehrfurcht liegt keine solche Bewertung. In der Ehrfurcht liegt das Erkennen, aber nicht das Zumessen.

W.W.: Was ist der Unterschied zwischen Dir und dem Respekt?

Ehrfurcht: In gewisser Hinsicht ist der Respekt die rechtliche Form der Ehrfurcht. Die Würde des Menschen ist unantastbar. Das ist eine Respektgeste, keine Ehrfurchtgeste. Sie hat einen rechtlichen Rahmen. Im allgemeinen Sprachgebrauch und im zwischenmenschlichen Handeln hat der Respekt darüber hinaus viele Gesichter; man respektiert auch ungute Taten, wenn man sie in gewisser Weise achtet. Respekt ist meist zwischen Menschen auf Augenhöhe. Respektieren sollte und kann man auch einen Menschen, dessen Lebensleistung sehr viel kleiner als die eigene ist, von dem man aber sagt, daß er es für seine Lebensverhältnisse sehr gut gemacht hat.

W.W.: Was ist der Unterschied zwischen Dir und der Demut?

Ehrfurcht: Die Demut hat in sich eine Mutgeste. Es ist eigentlich der Mut, etwas auszuhalten. Auch die Demut ist eine verharrende Kraft, insofern etwas Ähnliches wie die Ehrfurcht. Aber es ist eine verharrende Kraft, die bereit ist, die Ergebnisse des Tuns anderer Wesen hinzunehmen. Man nimmt in der Demut auch meist ein Urteil eines anderen an. Man hält aus, was man sich eingebrockt hat und was andere einem zumessen.

W.W.: Welche unterschiedliche Geste macht ein ehrfürchtiger Mensch im Gegensatz zu einem ehrgeizigen Menschen?

Ehrfurcht: Der ehrfürchtige Mensch hat immer etwas mit dem Staunen zu tun, er hat in seiner Haltung immer eine A-Geste. Er fürchtet zwar das, was er bestaunt, er zeigt diese Geste einem anderen Wesen gegenüber aber in einer offenen Weise. Der ehrgeizige Mensch ist dagegen eher beim Neid. Und dieser Neid stachelt ihn an, er stachelt ihn so weit an, daß er vielleicht sogar über sich hinauswächst, zumindest um den anderen, den er beneidet, zu übertreffen. Beides sind ganz verschiedene Gesten! Sie sind fast gegenteilig.

Ehrfurchtslose Menschen verkümmern

W.W.: Was ist mit einem Menschen los, der vollkommen ehrfurchtslos ist?

Ehrfurcht: Es gibt auf jeden Fall sehr viele Menschen, die sich zumindest einreden, keinerlei Ehrfurcht zu haben. Es gibt auch sehr viele Menschen, die in anfänglichen ehrfurchtsvollen Momenten sehr schnell wieder ins Handeln kommen, weil sie diese verharrenden Momente als unerträglich empfinden. Ehrfurchtslose Menschen verkümmern eigentlich. Sie verlieren die Fähigkeit zu erkennen, daß etwas wirklich mehr ist als sie selber. Sie haben nicht die Möglichkeit zu erkennen, daß etwas aus Sphären kommt, die über ihnen liegen und die sie nicht begreifen können. Und wenn sie die Ehrfurcht in ihrer Seele nicht mehr erleben können, verlieren sie die Fähigkeit, Höheres wahrzunehmen. Und irgendwann werden sie nicht mehr in der Lage sein, dies überhaupt zu erkennen. Das ist eine ganz schreckliche Entwicklung.

Ehrfurchtslos gegenüber Menschen

W.W.: Nun gibt es aber durchaus Menschen, die ehrfurchtsvoll gegenüber der Natur und geistigen Wesen sind, aber keineswegs gegenüber den Menschen und der menschlichen Ordnung, nicht zuletzt deswegen, weil der Mensch zu großen Teilen ein böses Wesen ist und z.B. diese Erde zerstört. Was sagst Du dazu?

Ehrfurcht: Darin liegt ja eine Teilwahrheit. Diese Menschen erkennen den Menschen nicht mehr als Teil der Schöpfung, denn diese Menschen haben erkannt, daß der Mensch sich durch seinen Egoismus, durch seine Ich-Kräfte, zu großen Teilen aus der Schöpfung herausgestellt hat und diese Erde zerstört. Das erleben die von Dir genannten Menschen; allerdings etwas übertrieben und kraß. So richtig ihre Wahrnehmung ist, so sehen sie dann nicht die durchaus noch vorhandenen Bereiche der Menschen, die man noch mit Ehrfurcht betrachten kann. Aber in der Natur und in der geistigen Welt spüren sie noch den großen Schöpfungsatem, und deswegen können sie gegenüber der Natur Ehrfurcht empfinden. Beim Menschen sehen sie aber diesen Zukunfts-Schöpfungsatem nicht, und deswegen sind sie gegenüber allen Menschen ehrfurchtslos. Wenn man gegenüber den Menschen keine Ehrfurcht mehr empfindet, bemerkt man entweder nicht mehr seine göttliche Abstammung, oder man sieht ganz realistisch, daß der Mensch selbst seine göttliche Abstammung abgeschnitten hat. Im zweiten Fall ist natürlich die Ehrfurcht nicht angebracht.

W.W.: Das ist natürlich schwierig zu differenzieren. Man kann ja sehr wohl wissen, daß jeder Mensch eine göttliche Abstammung hat; aber wenn man sich die heutigen Menschen betrachtet, dann bemerkt man, daß ein Großteil der Menschen so viel Übles tut, daß wirklich kaum Ehrfurcht angebracht ist.

Christus hat die Menschen noch nicht aufgegeben

Ehrfurcht: Dem kann ich nicht widersprechen. Viele Menschen haben sich aus dem Atem der Natur herausgesondert und leben in ihrem festen Gehäuse. Und da ist es wirklich schwierig, ihnen gegenüber Ehrfurcht zu empfinden. Ehrfurcht könnte man aber noch dafür empfinden, daß die göttliche Welt die Kraft hat, so etwas zuzulassen, und auch diesen Menschen noch die Chance gibt, aus ihrem Irrweg zurückzufinden. Noch sind die Menschen nicht aufgegeben worden. Christus hat die Menschen noch nicht aufgegeben.

W.W.: Aber das ist ja genauso wie vorhin mit dem Käfer. Man hat Ehrfurcht vor dem, was eigentlich hinter den Menschen steht, nicht vor dem, was der derzeitige Mensch tut und verkörpert.

Ehrfurcht: Genau.

Verschüttete Ehrfurcht

W.W.: Wie kann ein Mensch Ehrfurcht lernen, wenn er diese Tätigkeit nicht mehr aufbringen kann, vor allem die Ehrfurcht vor der Natur und der Schöpfung?

Ehrfurcht: Bringe diesen Menschen das Staunen bei, dann kommt der Mensch zur Ehrfurcht.

W.W.: Das möchte ich etwas konkreter haben. Es ist eine Entwicklung der Zeit, daß die meisten Jugendlichen heute in der Natur keinerlei Erlebnisse mehr haben, insofern auch nicht mehr staunen. Das liegt u.a. daran, daß sie sehr medienabhängig sind. Aber der Sonnenuntergang am Meer, die mit Tau bedeckten Gräser oder ein Höhenerlebnis auf einem Berg führt immer mehr Menschen nicht mehr zum Staunen, insofern auch nicht mehr zu einer ehrfurchtsvollen Geste. Das stellt man in der Erlebnispädagogik immer stärker fest. Es wird sogar gesagt, daß die Jugendlichen bis zu drei Tage in Extremsituationen irgendwo in der Natur benötigen, um wieder ein Erlebnis in der Natur zu haben. Was ist da los?

Ehrfurcht: Das ist ein Ergebnis eurer Gesellschaftsstruktur. Etwas polemisch könnte man hier anführen, daß man nur mit Führerschein Auto fahren darf, daß man aber Kinder ohne Führerschein in die Welt setzen darf. Immer mehr Kinder werden in Verhältnisse hineingesetzt, in denen es keinerlei Vorbilder mehr gibt, in denen ihnen nichts mehr mitgegeben wird, in denen sie immer mehr verwahrlosen. Wenn Kinder Eltern haben, die die ehrfurchtsvolle Geste in sich tragen und vorleben, werden die Kinder auch diese Ehrfurcht entwickeln. Dann verschüttet diese Geste von vornherein nicht.

Was Du beschreibst, ist das Fehlen ehrfurchtgebietender und ehrfurchtvorlebender Vorbilder. Das ist leider eine Entwicklung der Zeit, und die Zahl dieser Menschen nimmt rapide zu. Immer mehr Menschen erleben auch durch die Medien, daß die Welt und die Menschen, die sie umgeben, absolute Nutznießer und Egoisten sind und dann kommt ihnen vor diesen Menschen die Ehrfurcht abhanden. Das ist natürlich auch verständlich. Erlebnispädagogik ist ein guter Weg, eine neue anfängliche Ehrfurcht vor der Natur zu bekommen. Isolation wäre auch ein guter Weg, aber das ist in der heutigen Gesellschaft nicht zulässig. Wenn Menschen auf sich selber geworfen werden, können verschüttete Schätze wieder gehoben werden. Das darf man aber heute nicht mehr machen. Man kann die Menschen ja nicht einsperren. Insofern bleibt nichts anderes übrig, als den Menschen immer wieder Beispiele und Vorbilder zu geben und nicht zu verzweifeln.

W.W.: Wenn das kleine Kind also z.B. das Staunen vor dem mit Kerzen erleuchteten Tannenbaum erlebt, ist dies die Vorbereitung dafür, daß es in späteren Jahren Ehrfurcht entwickeln kann?

Ehrfurcht: So ist es. Aber wenn das Kind mit dem Bade ausgeschüttet ist und ein 19jähriger Jugendlicher noch niemals ein Erlebnis des Staunens hatte, noch nie ein gutes Vorbild hatte, noch niemals einen Menschen erlebt hat, der ehrenwert ist, wird er auch nicht in die Ehrfurcht kommen.

Die Schönheit der Schöpfung bestaunen

W.W.: Was lebt demgegenüber in einem Menschen, wenn er in der Lage ist, sich gegenüber einem kleinen Wesen, wie z.B. einer Ameise, ehrfurchtsvoll zu verneigen bzw. der die Schöpfung in diesem Wesen mit Ehrfurcht betrachtet und bestaunt?

Ehrfurcht: Eine differenzierte Wahrnehmung derjenigen Kräfte, die aus der Schöpfung heraus in den einzelnen Wesen gewirkt hat. Eine hohe sensible Fähigkeit, seine Sinneserlebnisse umzusetzen. Und wenn der Mensch z.B. ein Spinnennetz mit Tautropfen anschaut und dabei Ehrfurcht empfindet, dann bestaunt er die Schönheit, kann die jeweiligen Kräfte zuordnen, erkennt anfänglich die Weisheit der Schöpfung – und daraus entsteht Ehrfurcht. Man kann z.B. darüber staunen, wie es möglich ist, daß diese haarfeinen Spinnenfäden die schweren Wassertropfen halten können. Man kann die funkelnden Farben in den Wassertropfen bestaunen. Das ist das Erkennen der Weisheit. Und dieses Erkennen der Weisheit führt zur Ehrfurcht. Es ist das Stehen vor der Weisheit.

W.W.: Kann man auch vor sich selbst ehrfürchtig sein?

Ehrfurcht: Sehr schwierig. Dann muß man schon fast schizophren werden. Staunen kann man allerdings über sich. Wenn man Ehrfurcht vor sich selber entwickelt, steht man auf einer sehr gefährlichen Klippe. Da ist die Gefahr, in die absolute Hybris zu kommen, sehr groß. Dazu kann ich auf keinen Fall raten.

Das Haupt frei tragen

W.W.: Ich lese ein paar Worte aus Rudolf Steiners Buch *Wie erlangt man Erkenntnisse der höheren Welten?* vor: *„Man glaube nur ja nicht, daß solche Anlagen den Keim zur Unterwürfigkeit und Sklaverei bilden. Es wird später die erste kindliche Verehrung gegenüber Menschen zur Verehrung gegenüber Wahrheit und Erkenntnis. Die Erfahrung lehrt, daß diejenigen Menschen auch am besten verstehen, das Haupt frei zu tragen, die Verehren gelernt haben da, wo Verehrung am Platze ist. Und am Platze ist sie überall da, wo sie aus den Tiefen des Herzens entspringt."* – Kannst Du dies bestätigen?

Ehrfurcht: Ja. Diese Worte bilden eine sehr gute Rundung dessen, was wir in diesem Gespräch besprochen haben. Steiner differenziert sehr bewußt zwischen Kind und Erwachsenem. Erwachsene und Kinder haben einen ganz unterschiedlichen Zugriff auf ihr Ich. Das Kind befindet sich noch in einer Seelenhaltung. Das Kind hat noch keine ichhafte Stellung in der Welt. Damit das Ich des Kindes später Ehrfurcht ertragen kann, muß es erst einmal als Kind durch die Verehrung hindurch. Steiner verlangt ja für das Kind Verehrung, noch keine Ehrfurcht.

Die Wahrheit ist schrecklich und schön

W.W.: Was ist Verehrung bzw. Ehrfurcht vor der Wahrheit?

Ehrfurcht: Was willst Du sonst vor der Wahrheit empfinden als mich?

W.W.: Aber die Wahrheit leuchtet doch oft ein, und wo ist hier die Ehrfurcht?

Ehrfurcht: Die Wahrheit ist nicht die Logik, verwechsle das nicht! Ununterbrochen leuchtet die Wahrheit auch nicht ein. Das sind ja nur gewisse Momente im menschlichen Leben. Und dann kann man durchaus vor diesem Einleuchten, vor diesem Zugang zur Wahrheit Ehrfurcht aufbringen. Die Wahrheit selbst ist dermaßen groß und unfaßbar, daß eigentlich ich auch nur vor der Wahrheit in Ehrfurcht stehen kann. Die Wahrheit ist schrecklich und schön, und die reine und ganze Wahrheit ist oft noch viel unerträglicher als ein hohes geistiges Wesen, und für den Menschen ist sie nicht erfaßbar.

W.W.: Wenn Menschen in ihrer Kindheit keine ehrfurchtgebietenden Gefühle gelernt haben, ist dann bei ihnen, wenn sie erwachsen sind, die Tendenz groß, falschen Propheten oder Idolen aufzusitzen?

Ehrfurcht: Auf jeden Fall! In der Pubertät gibt es allerdings Phasen im Leben eines jeden Menschen, in denen es ganz gut ist, so etwas wie ein Idol zu haben – aber nur in Maßen. Denn an einem solchen leicht verzerrten Vorbild kann man auch erwachen. Wer in seiner Kindheit und Jugend keine Ehrfurcht bzw. Verehrung gelernt hat, kommt im Erwachsenenalter viel leichter in die Hybris oder in eine andere Falscheinschätzung seiner selbst oder anderer Menschen. Im Extremfall sitzt man dann einem Guru auf. Oder man hält sich selbst für einen Guru.

W.W.: Möchtest Du zum Schluß noch etwas sagen?

Ehrfurcht: Gönnt euch Pausen im Leben, denn ohne Pause gibt es keine Ehrfurcht.

W.W.: Vielen Dank.

Ehrfurcht: Bitte.

Verachtung

WolfgangWeirauch: Guten Tag.

Verachtung: Guten Tag.

W.W.: Wen oder was verachtest Du eigentlich?

Verachtung: Die Menschen.

W.W.: Warum?

Verachtung: Weil sie sich das Recht anmaßen, verachten zu können. Sie wissen gar nicht genau, was das ist.

W.W.: Möchtest Du nicht, daß die Menschen verachten?

Verachtung: Nein.

W.W.: Warum nicht?

Verachtung: Weil sie es nicht können.

W.W.: Warum können sie es nicht?

Verachtung: Weil sie differenziert schauen.

W.W.: Und Du verachtest grundlegend ein gesamtes Wesen?

Verachtung: Ein ganzes Wesen? Das ist viel zuwenig! Ich verachte alles!

W.W.: Wirklich alles?

Verachtung: Alles!

W.W.: Verachtest Du auch Dich selbst?

Verachtung: Ja.

W.W.: Warum?

Verachtung: Weil die Verachtung verachtenswert ist. Deswegen verachtest Du mich ja auch!

W.W.: Das habe ich nicht gesagt.

Verachtung: Muß man immer alles sagen?

W.W.: Du verachtest jedes Wesen inklusive Deiner Wenigkeit, habe ich das recht verstanden?

Verachtung: Ja.

W.W.: Verachtest Du auch den Christus?

Verachtung: Nein.

W.W.: Also doch nicht alle Wesen!

Verachtung: Stimmt.

W.W.: Verachtest Du auch die Schöpfung der Erde?

Verachtung: Ja.

W.W.: Warum?

Verachtung: Weil sie verachtenswert ist. Sie hat so etwas herausgesetzt wie die Menschen, die verachten können, die sich gegenseitig verachten und dabei meinen, deswegen das Recht zu haben, andere Wesen zu verachten. Sie haben die Meinung, daß sie aus ihrer Verachtung heraus das Recht haben, andere Menschen umzubringen. So etwas kann man nur verachten.

Der Mensch kann nicht wirklich verachten

W.W.: Bei den meisten Gesprächen mit den Gefühlen, Tugenden oder Eigenschaften war es so, daß ein Mensch immer dann, wenn er dieses Gefühl in sich aufkommen ließ, eine Verbindung mit diesem Gefühl einging. Oder es war so, daß der Repräsentant dieses Gefühls einen Raum zwischen dem Menschen und einem anderen Wesen aufspannte, manchmal auch so, daß dieses Gefühl von sich aus aktiv bei dem entsprechenden Menschen dieses Gefühl hervorrufen wollte. Nun kommst Du aber so ganz grundlegend daher und findest das Gefühl, welches Du repräsentierst, also die Verachtung, verachtenswert, vor allem auch, wenn Menschen sie erzeugen. Das ist auf den ersten Blick erstaunlich. Kannst Du das ein wenig differenzierter beleuchten?

Verachtung: Das liegt daran, daß der Mensch nicht wirklich verachten kann. Er kann nicht absolut sein. Verachtung ist etwas ganz Absolutes. Die Acht ist der Entzug aller Rechte. Ich meine nicht die Achtung. Wenn man einen Menschen in Acht und Bann schlägt, entzieht man ihm alle Rechte, auch die göttlichen. Daher kommt der Begriff Verachtung. Und man kann nur geschlossene Wesen und nicht Teile von ihnen in die Acht setzen. Und ich setze alle Wesen in die Acht. Früher war es die schlimmste Strafe, die man gegenüber einem Menschen erheben konnte, daß man ihn in Acht und Bann schlug, daß man ihn ächtete. Das war schlimmer als die Todesstrafe. Mit Acht hat man ihm die menschlichen, mit Bann die kirchlichen Rechte aberkannt. Das ist der Kernpunkt der Verachtung, nämlich dem Menschen sein Menschenwesen abzuerkennen, seine Menschenrechte. Zwar gab es diese Menschenrechte, die wir heute seit der Französischen Revolution haben, in den vergangenen Jahrhunderten noch nicht; trotzdem hat man ihm alles, was in dieser Richtung schon vorhanden war, aberkannt.

W.W.: In Acht und Bann schlagen ist also annähernd das gleiche wie Verachtung?

Verachtung: Ja, aber so weit kommt ihr modernen Menschen überhaupt nicht mehr mit eurem verachtenswerten ewigen Differenzieren. Ihr schaut den Menschen nicht mehr als ganzes Wesen an, sondern seht hier die guten, dort die schlechten Seiten; trotzdem verachtet ihr einen Menschen – was ist denn das! Das ist verachtenswert!

W.W.: Ich sehe schon, daß Du unabdingbar absolut bist.

Was geschieht, wenn ein geistiges Wesen ein anderes verachtet?

Verachtung: Es nimmt diesem anderen Wesen die Existenzgrundlage. Es spricht sie ihm ab.

W.W.: Geschieht das denn zwischen geistigen Wesen?

Verachtung: Das ist eine sehr schwere Frage! Sie haben es versucht. Da sie aber nicht wirklich verachten können, ist es ihnen nie ganz gelungen. Sie haben andere geistige Wesen nur stürzen können, konnten sie aber nicht wirklich verachten. Und warum? Weil da jemand war, der sie abkommandiert hat, verachtenswert zu werden. Immer, wenn man mit und über die Verachtung spricht, wird es sehr unecht. Ihr Menschen – und auch die meisten geistigen Wesen – seid nicht absolut.

Dann wäre Stillstand

W.W.: Würdest Du es wünschen, daß alle geistigen Wesen und alle Menschen absolut wären?

Verachtung: Ja und nein.

W.W.: Würde die Welt nicht stehenbleiben, wenn alle Wesen so absolut wären wie Du?

Verachtung: Mag sein, aber alles wäre dann perfekt!

W.W.: Aber es wäre Stillstand.

Verachtung: Ja.

W.W.: Wäre das in Deinem Sinne?

Verachtung: Ja, denn dann ist eine Acht, eine Ächtung, nicht mehr notwendig.

Keine lauwarmen Metamorphosen

W.W.: Möchtest Du, daß die Verachtung in irgendeiner Weise überwunden wird?

Verachtung: Ja, ich möchte mich irgendwann nicht mehr verachten müssen. Insofern möchte ich das. Insofern möchte ich mich selber überwinden.

W.W.: Aber Du möchtest ja, daß alles perfekt ist. Ich habe Dich so verstanden, daß Du auch möchtest, daß Wesen nicht in die Acht, in die Ächtung, geschlagen werden. Andererseits möchtest Du Dich selber überwinden. Aber in Deiner perfekten Welt ist ja Stillstand. Überwunden kannst Du aber nur werden, bzw. Du kannst Dich nur selbst überwinden, wenn Bewegung hineinkommt. Und dann muß man schon differenzieren. Man muß z.B. so differenzieren, daß gewisse Taten eines Wesens verachtenswert sind, andere nicht. Dann aber sagst Du vermutlich wieder, daß dies nicht perfekt ist. Und so drehen wir uns im Kreis.

Verachtung: Natürlich. Nur einer hat sich zu den Zöllnern gesetzt.

W.W.: Dadurch kam Bewegung hinein. Es muß doch ein Wunsch sein, daß Du in Deinem Perfektionsglauben, in Deinem Stillstand, auch einmal verändert, differenziert wirst.

Verachtung: Der Übergang muß ein absoluter sein. Ich möchte nicht aufgelöst werden, denn das wäre etwas Prozessuales oder prozessual gedacht. Das ist verachtenswert. Ich möchte dasein oder ganz weg sein. Ich möchte keine lauwarmen Metamorphosen erfahren.

W.W.: Gehen wir einen Schritt weiter: Geistige Wesen und Menschen machen verschiedene Dinge. Da liebt z.B. ein Menschenwesen ein anderes. Ist das verachtenswert?

Verachtung: Wenn es nicht absolut und perfekt ist, ist es verachtenswert, ja. Alles, was nicht perfekt ist, ist verachtenswert. Und zwar deswegen, weil es nicht das Original ist.

W.W.: Ist die gesamte physische Welt, die weisheitsvolle Gestaltung dieser physischen Welt, z.B. ein Löwenzahn, verachtenswert, weil nicht perfekt? Oder ist diese Welt doch perfekt?

Verachtung: Die geistigen Urbilder sind schon perfekt. Die physischen Abbilder sind nicht perfekt und damit verachtenswert.

W.W.: Bist Du in gewisser Weise ein ahrimanisches Wesen?

Verachtung: Meinst Du, daß Ahriman verachten kann?

W.W.: Ja.

Verachtung: Meinst Du, daß er in seiner Verachtung perfekt ist?

W.W.: Vermutlich. Er ist z.B. der Klügste und verachtet sicherlich alle diejenigen, die nicht so klug sind wie er.

Verachtung: Dann bin ich ein ahrimanisches Wesen.

W.W.: Wie steht es mit luziferischen Wesen? Sind die auch verachtenswert?

Verachtung: Das sind Träumer. Die wollen immer nur abheben. Sie wollen alles auflösen. Sie wollen alles in irgendwelche Prozesse bringen. Sie leben in der Hybris.

Lauwarme Verachtung

W.W.: Schauen wir auf den Menschen. Du sagtest zwar, daß Menschen nicht richtig verachten können, daß sie nur meinen, daß sie verachten könnten; aber lassen wir das mal hier weg. Warum verachtet ein Mensch einen anderen Menschen, und warum ist dies mit einem gewissen Wertesystem verbunden?

Verachtung: Weil dieser Mensch, der glaubt, verachten zu können, sich besser als der andere fühlt. Weil er sich anmaßt, die Perfektion eines Christus zu haben, und deswegen verachtet er den anderen.

W.W.: In alten Kulturen – aber auch heute noch, wie z.B. im indischen Kastensystem – gab und gibt es strenge hierarchische Gliederungen unter den Menschen, und die eine Schicht oder Kaste verachtet die unter ihr stehenden. Was ist das?

Verachtung: Hybris. Das ist absolute Dummheit. Es ist Unkenntnis der Tatsachen. Es ist übrigens keine echte Verachtung, denn dieser Mensch sieht ja nicht den Menschen der anderen Schicht, den er meint verachten zu müssen. Er verachtet ja nicht einmal das andere Wesen, sondern er meint mit einer anerzogenen Standardgeste verachten zu müssen. Das ist allerhöchstens lauwarme Verachtung.

Verzerrte Spiegelbilder meiner Perfektion

W.W.: Verachtung unter Menschen geht ja meist von oben nach unten, z.B. dann, wenn jemand meint, daß er in einem Wertesystem einen höheren Rang, eine höhere Stellung habe, der andere aber nicht, z.B. weil der andere ärmer ist oder einen sogenannten niederen Beruf ausübt. Mit dieser unter den Menschen Verachtung genannten Haltung muß sich ja auch ein Wesen verbinden. Ich hatte nun gedacht, daß Du dieses Wesen seist. Welches Wesen verbindet sich mit dieser eben geschilderten Verachtung unter den Menschen?

Verachtung: Das sind Seelenteile dieser Menschen, die meinen, mich begriffen zu haben. Es sind Spiegelbilder meiner Perfektion. Es sind verzerrte Spiegelbilder meiner Perfektion, die sich ablösen und mit diesen Seelenteilen dieser Menschen verbinden. Das ist verachtenswert!

W.W.: Ich benutze trotzdem einmal den unter Menschen benutzten Begriff der Verachtung. Was geschieht, wenn ein Mensch einen angeblich unter ihm stehenden Menschen verachtet? Und wie ist es umgekehrt, wenn ein Mensch einen angeblich höhergestellten Menschen – einen verantwortlichen Politiker, einen Diktator, irgendeinen Herrscher – verachtet, weil dieser sehr ungute Taten vollzogen hat? Kannst Du diese beiden Verachtungsrichtungen ein wenig beschreiben?

Verachtung: Im ersten Fall versucht der Mensch aufgrund seiner angenommenen Perfektion ein anderes Wesen gar nicht erst zu begreifen, sondern aufgrund seines Stands das andere Wesen mit etwas zu übergießen. Im anderen Fall schafft es der Mensch schon, den Imperator zu erkennen und seine unguten Taten zu durchleuchten, und deswegen verachtet er diesen Menschen, weil er etwas Schlechtes vollbracht hat. Darin liegt zumindest das Erkennen, nicht nur die Pseudogeste wie im ersten Fall. Im zweiten Fall haben wir die wesentlich reinere Verachtung.

Die Seele des Verachteten wird befleckt

W.W.: Was geschieht heute, wenn ein Mensch einen anderen verachtet? Was geschieht in der Seele des Verachteten, unabhängig davon, ob die Verachtung berechtigt ist?

Verachtung: Die Seele des Verachteten wird befleckt. Durch die Verachtungsgeste des Verachtenden wird die Seele des Verachteten befleckt, und ahrimanischen Wesen wird eine bessere Möglichkeit gegeben, in diese Seele einzudringen. Wenn dieser Verachtete von anderen nicht verachtet würde, könnten die ahrimanischen Wesen nicht so leicht in seine Seele eindringen. Wenn ein solcher Mensch in einer Art Kreuzfeuer steht, gibt es zum einen Menschen, die diesen Menschen verachten, zum anderen aber gibt es Menschen, die diesen Menschen verehren. Dadurch entsteht eine Art Heilungsraum um diesen Menschen, in dem die Flecken der Menschen, die diesen Menschen verachten, durch die Verehrung immer wieder weggeputzt werden. Aber Menschen, die nur verachtet werden, fallen den ahrimanischen Wesen eher anheim, weil sie dauernd geschwächt werden. Die Geste der Verachtung befleckt sie. Die unreinen Seelenteile der Verachtung versuchen immer wieder in die Seele des anderen einzudringen.

W.W.: Nehmen wir ein Beispiel: Ein Mensch wird verachtet, weil er etwas sehr Schändliches gemacht hat, z.B. den sexuellen Mißbrauch eines Kindes. Was geschieht, wenn dieser Mensch von anderen verachtet wird?

Verachtung: Aus der Sicht der Menschen ist dieser Mensch verachtenswert. Der Seelenleib dieses Menschen wird in gewisser Weise aufgeweicht. Eigentlich ist die Verachtung eines solchen Menschen der Versuch, ihm seine schändliche Seelengeste zu entreißen und ihm die Möglichkeit zu geben, daß diese Seele wieder heilen kann. Das ist die Grundgeste, die dahintersteckt. Deswegen ist diese Verachtung ja so unsauber.

W.W.: Wie ist es andererseits, wenn ein Mensch überhaupt nichts objektiv Schlimmes gemacht hat, aber trotzdem von einigen Menschen verachtet wird? Wie wirkt es auf diesen Menschen, wenn eine gewisse Gruppe von Menschen ihn ständig wegen irgendwelcher Taten, die diesen anderen Menschen nicht passen, verachtet?

Verachtung: Dann entsteht im Umfeld der verachtenden Menschen ein schlechtes Karma. Die anderen werden sich mit dieser Seelengeste, die sie auf den anderen Menschen losfeuern, nachtodlich auseinanderzusetzen haben. Ich bin kein Wesen, welches Karma verneint. Oft ist es aber so, daß die Engel, vor allem der Schutzengel des Verachteten, dazwischentritt und um diesen Menschen eine Art Leuchtschirm gestaltet. Das geschieht zumindest in dem Fall, wenn dieser Mensch nichts Verachtenswertes tut, wenn es also eine reine Seele ist.

Ich bin kein zerstörerisches Wesen

W.W.: Gibt es eine Beziehung zwischen Verachtung und Haß?

Verachtung: Nur eine kleine. Die Wut führt eher zum Haß. Ich kenne den Haß, der Haß ist ein sehr großes Wesen. Die Verachtung tritt dagegen immer dann auf, wenn man einem Wesen die Existenzrechte nimmt. Das macht der Haß nicht unbedingt. Der Haß sucht etwas ganz anderes, der Haß will zerstören. Die Verachtung zerstört nicht. Ich bin kein zerstörerisches Wesen.

Den Christus um Hilfe bitten

W.W.: Was ist mit einer Menschenseele los, die übersteigert und oft andere Wesen verachtet?

Verachtung: Sie ist sehr dünn. Sie ist sehr einseitig. Sie ist nur noch einer Regung mir gegenüber fähig. Andere Teile fehlen in dieser Seele. Sehr verachtenswert!

W.W.: Was kann ein solcher Mensch machen, wenn er aus dieser übersteigerten Verachtungsgeste herauskommen möchte?

Verachtung: Er kann den Christus um Hilfe bitten. Er muß einfach zu beten beginnen. Das aber gehört nicht in mein Gebiet. Warum muß ich jetzt darüber mehr sagen? Wenn ich sage, daß man den Christus um Hilfe bitten soll, sage ich doch schon sehr viel!

Die Selbstmordübung der Verachtung

W.W.: Es gibt ja von Steiner die sogenannte Positivitätsübung als eine der Nebenübungen. Es geht darum, daß man nicht ein anderes Wesen ganz ablehnt, sondern daß man ganz objektiv in allem Schlechten noch das Gute sieht, welches vorhanden ist. Gemeint ist also nicht, daß man etwas Schlechtes gut färbt, sondern daß man die Teile, die gut sind, auch so sieht. Das Beispiel ist der Kadaver, in dem noch schöne Zähne sind. Wäre das eine Übung, durch die ein Mensch, der tendenziell stark verachtet, aus seiner übersteigerten Verachtungsgeste herauskommen kann?

Verachtung: Das ist meine Selbstmordübung. Selbstverständlich ist das ein Weg. Du bist ein verachtenswerter Mensch, indem Du Wesen dazu führst und sie quälst, ihrem Selbstmord zuzuschauen! Du bist ein verachtenswerter Mensch, weil Du andere Menschen damit quälst, durch Deine Worte ihrem Selbstmord beizuwohnen.

W.W.: Wieso Selbstmord?

Verachtung: Die Positivitätsübung bringt mich um. Und wenn ich sie selber schildern und erklären muß, beginne ich, mich selber umzubringen, mich aufzulösen.

W.W.: Ich trage also hier zu Deiner Auflösung bei.

Verachtung: Ja.

W.W.: Möchtest Du zum Schluß noch etwas sagen?

Verachtung: Bleibt mir bloß vom Hals!

W.W.: Vielen Dank.

Verachtung: Bitte.

Treue

Wolfgang Weirauch: Guten Tag.

Treue: Guten Tag. Ich bin ein Wesen, das unter den Menschen regional sehr verschieden verstanden wird. Es gibt diesen Begriff Treue weltweit, aber er ist regional sehr unterschiedlich ausgeprägt.

W.W.: Kannst du grundlegend erst einmal sagen, was Treue eigentlich ist?

Treue: Die Fähigkeit, eine Verbindung zu halten.

W.W.: Jeder Art?

Treue: Im Prinzip jeder Art, einmal abgesehen von Telefonverbindungen.

Humor in der seelisch-geistigen Welt

W.W.: Das werden die übertrieben ernsten Leserinnen und Leser wieder einmal als flapsige Bemerkung kritisieren.

Treue: Schreibe ruhig auf, daß wir nicht verstehen können, daß wir aus der seelischen und geistigen Welt heraus keine Späße machen können. Ein solches eingeschränktes Verständnis hat auch etwas mit Untreue gegenüber der geistigen Welt zu tun. Viele Menschen können der realen geistigen Welt gegenüber nicht treu sein, sondern geraten, wenn gewisse Äußerungen nicht ihren Vorstellungen entsprechen, in eine Untreuehaltung hinein. Meint ihr Menschen, daß der Humor, der Witz, die Schlagfertigkeit und alle diese Geschwister rein irdischer Natur seien? Glaubt ihr, daß ihr die erfunden habt? Oder gar die Heiterkeit?

W.W.: Das wird unter Menschen oft so verstanden. Was ist das für eine Haltung bei Menschen, die diese Eigenschaften, diese Wesenhaftigkeiten nur in den menschlichen Bereich hineinziehen?

Treue: Das ist eine bestimmte Form von Überheblichkeit. Viele Menschen schwanken zwischen den beiden Extremen, daß sie durch den Schöpfer als Menschen geschaffen worden sind, auf der anderen Seite aber die Krone der Schöpfung seien. Wer sich aber als Krone der Schöpfung dünkt, meint mitunter recht schnell, über allen Wesen zu stehen, letztendlich auch über Gott. Das wird natürlich nie gesagt. Diese Haltung ist die größte Untreue, die es überhaupt gibt. Was aber den Tag angenehm macht, was gemütlich ist und ähnliches, das legt man dann in die Erfindung des Menschen. Das ist jetzt zwar sehr pauschal ausgedrückt, aber im Kern ist es richtig.

Treue in der geistigen Welt

W.W.: Gehen wir einmal wie immer grundlegend in diesem Gespräch voran: Inwiefern ist die Treue ein wesentlicher Bestandteil der geistigen Welt?

Treue: In gewisser Weise ist die Treue der Kitt der geistigen Welt. Für geistige Wesen ist es ganz leicht, treu zu sein.

W.W.: Warum?

Treue: Weil sie meist alles, auch zumindest die nahe Zukunft, vor ihren geistigen Augen haben. Da die meisten geistigen Wesen sich an einen bestimmten geistigen Strang gebunden haben, also keine Freiheit haben, sind sie per se treu. Es ist für Wesen der Engelhierarchien kaum möglich, untreu zu sein.

W.W.: Wenn sie in einem bestimmten Strom stehen, ist es dann überhaupt noch sinnvoll, von Treue zu sprechen?

Treue: Du sprichst etwas Richtiges an. Seitdem gewisse Wesen aus einem bestehenden Strom ausgebrochen und zu Widersacherwesen geworden sind, kann man die anderen als treue Wesen bezeichnen, kann man das Verhalten dieser anderen als Treue bezeichnen. Wer also in einem gewissen Strom bleibt, ist ein treues Wesen.

W.W.: Kann man sagen, wie die Treue entstanden ist?

Treue: Ich bin eigentlich nicht entstanden, ich war immer da.

W.W.: Entsteht Treue erst dann, wenn es auf der anderen Seite auch Untreue gibt?

Treue: Genau.

W.W.: Ist die Untreue ein anderes Wesen?

Treue: Nein, es ist meine andere Seite, meine hintere Seite sozusagen. Untreue ist mein seelisch-geistiges Hinterteil. Vorne bin ich Treue, hinten bin ich Untreue.

W.W.: Kannst du einmal die Treue eines geistigen Wesens gegenüber einem anderen geistigen Wesen darstellen? Wonach kann man diese bemessen?

Treue: Das ist sehr schwierig zu schildern. Denn eigentlich ist Treue zwischen zwei geistigen Wesen selbstverständlich. Treue ist die Luft, mit der sie arbeiten. Wenn man nichts vergißt – und geistige Wesen vergessen nichts –, dann ist es sehr viel einfacher, treu zu sein. Geistige Wesen haben es mit der Treue sehr leicht. Treue ist für sie etwas Selbstverständliches. Für euch Menschen ist die Treue etwas sehr viel Schwierigeres. Das hängt auch damit zusammen, daß ihr so vergeßlich seid. Manchmal vergeßt ihr Menschen sogar, warum ihr den Menschen, dem ihr eigentlich treu sein wollt, so gerne gemocht habt. Ihr vergeßt oft, was das Besondere dieses Menschen ist. Wenn man aber in der geistigen Welt ist, wenn man nicht mehr in einem physischen Leib ist, vergißt man das eigentliche Ansinnen nicht. Insofern ist es in der geistigen Welt sehr viel einfacher, treu zu sein.

Die Treue des Schutzengels

W.W.: Man spricht von der Treue des Schutzengels gegenüber seinem Menschen. Ist dies jetzt die gleiche Treue, wie eben besprochen, also die Treue der geistigen Wesen untereinander, oder ist dies noch eine speziellere Treue?

Treue: Bei der Treue des Schutzengels geht die Treue in die Betreuung über. In gewisser Weise wird die Treue schwerer. Einerseits gibt es die allgemeine geistige leichte Treue, die alle geistigen Wesen miteinander verbindet; und dann gibt es die Treue, die sich ihrer selbst immer mehr bewußt wird, die zum Betreuen übergeht. Die Treue des Schutzengels zu seinem Menschen ist deutlich intensiver als die Treue der Engel untereinander.

W.W.: Ist es das Höchstmaß an Treue, wenn ein Engel auf diese Weise den Menschen immer in seinem Bewußtsein hat?

Treue: Du kannst wirklich schwere Fragen stellen! Die Antwort ist nein. Das Höchstmaß von mir, das Höchstmaß an Treue, was ich selber erlebt habe, das Höchstmaß meiner Daseinsform, ist die Treue, die die Christus-Wesenheit aus der Freiheit heraus gegenüber den Menschen hat. Diese Treue geht über die Treue des Schutzengels gegenüber seinem Menschen hinaus. Trotzdem ist die Treue des Schutzengels ein sehr besonderes Maß an Treue. Denn der Schutzengel folgt dem Menschen auch ins Dunkle.

W.W.: Kannst du einmal schildern, wie das Bewußtsein eines Engels ist und wie dieser alles vom Menschen – Vergangenheit, Gegenwart, teilweise die Zukunft – in seinem Bewußtsein hat?

Treue: Aus Sicht des Engels ist das ein wenig so, als würde der Engel durch seinen Menschen hindurch leben. Der Engel gestaltet mit dem Menschen zusammen ein Geflecht. Der Engel und der Mensch gestalten dieses Geflecht teilweise vor der Inkarnation gemeinsam. Dann geht der Mensch in das Irdische, in das Vergessen, und dann beginnt der Prozeß, daß sich die Zukunft immer wieder in die Gegenwart bzw. Vergangenheit wandelt. Gleichzeitig wird dieses gewebte Geflecht durch den Menschen und andere Umstände fortwährend gestört, teilweise wird es sogar zerstört. Hier kommt die Treuegeste des Schutzengels trotz dieser Störungen massiv ins Spiel, und er verwaltet alles ohne Ungeduld, er erhält die gewebten Fäden trotzdem alle aufrecht. Er läßt die Fäden nicht abreißen. Das ist die Treue des Schutzengels, die unglaublich intensiv ist. Und diese Aufgabe vollzieht der Schutzengel ohne Rücksicht auf seine eigene Weiterentwicklung. Er läßt den Menschen frei, er läßt ihn wirken, und trotzdem steht er hinter ihm. Das Besondere dabei ist das Treueverhältnis des Schutzengels ohne Rücksicht auf die eigene Entwicklung.

W.W.: Inwiefern ist diese Treue des Schutzengels zum Menschen eine einseitige, und inwiefern sollte oder müßte diese Treue auch beidseitig sein?

Treue: Wenn der Mensch seine Beziehung zum Engel verliert, ist die Treue natürlich einseitig. Aber der Engel denkt in sehr viel längeren Zeitläufen. Er denkt in sehr viel längeren Handlungssträngen. Er weiß, daß dieser spezielle Mensch irgendwann stirbt und daß seine Untreue ein Ende haben wird. Es ist natürlich tragisch, wenn die Treue des Engels ohne Echo bleibt, aber es handelt sich immer um einen überschaubaren Zeitraum. Die Not des Engels ist nicht so groß wie unter den Menschen, wenn ein treuer Mensch kein Echo erfährt. Die Menschen sehen selten das Ende, weil sie frei sind. Freiheit habt ihr Menschen nur, weil ihr vergessen könnt. Freiheit habt ihr nur, weil ihr bestimmte Dinge nicht sehen könnt. Eigentlich aber ist Treue immer etwas Beidseitiges. In alten Zeiten, mitunter auch noch heute, sprachen die Menschen auch von der Treue über den Tod hinaus. Das war für sie ganz wichtig.

Großes Haus mit verschiedenen Wohnungen

W.W.: Schildere dich bitte noch einmal etwas genauer! Was für ein Wesen bist du?

Treue: Die Frage ist, ob ich *ein* Wesen bin oder ob es mich in verschiedenen Variationen gibt. Auf jeden Fall nehme ich immer die Treue auf, die die Menschen in einem gewissen Gebiet entwickeln. Auf der anderen Seite gibt es aber nur die eine Treue und nicht verschiedene Treuen. Das ist wie mit der Gerechtigkeit, die auch fortwährend im Zeitenstrom, durch die Entwicklung der Menschen, verwandelt wird. Trotzdem bin ich auch bei jedem einzelnen Menschen. So gesehen bin ich multipel, obwohl dieser Ausdruck nicht ganz zutreffend ist, da er unter euch Menschen oft auf eine bestimmte Krankheitsform angewendet wird. Jeden inkarnierten Menschen habe ich selbst im Bewußtsein. Gleichzeitig habe ich sein Verhältnis zu mir im Bewußtsein. Ich weiß, was er von mir gerade braucht. Das ist wie eine Mutter mit vielen Kindern. Auf der einen Seite ist sie *die* Mutter, darüber hinaus gibt sie jedem ihrer Kinder etwas anderes.

W.W.: So gesehen bist du also ein großes Haus mit verschiedenen Wohnungen, für jeden Menschen eine. Und dieses Haus bzw. diese Wohnungen werden durch die Menschen im Laufe der Zeit fortwährend verändert.

Treue: Genauso ist es. Und hier entstehen die verschiedenen kurzfristigen Moden der Menschen, hier entwickeln sie ihre verschiedenen Vorstellungen verschiedener Formen von Treue. Selbst die Mode ist eine Form von Treue, wenn auch eine äußerst kurzlebige. Du kannst dir mich wie ein weltumspannendes Haus vorstellen, in dem jeder Mensch sein Zimmer hat. Dieses jeweilige Zimmer gestaltet jeder Mensch ganz individuell. Manche Menschen haben ein sehr großes Treuezimmer, andere ein winziges. Manche betreten ihr Treuezimmer nie, andere wiederum sind immer in diesem Treuezimmer. So kann man sich auch die regionale Prägung der Menschen in bezug auf die Treue besser vorstellen, indem man sie in bestimmten Flügeln des Hauses vereint.

Die Treue des Christuswesens

W.W.: Kannst du etwas über die Treue des Christuswesens zu den Menschen schildern?

Treue: Das ist schwer zu schildern, da dies etwas ganz Besonderes ist. Denn beim Christus und bei seinem Handeln geht es um ein Wesen, welches aus Freiheit heraus die Treue zu einem Wesensbestandteil gemacht hat; in absoluter Freiheit zum Menschen und zur Erde. Weil Christus dies tun konnte, sind Treue und Freiheit nicht widersprüchlich. Er hat dies auch in dem Satz: *„Siehe, ich bin bei euch bis an das Ende der Welt“* ausgesprochen. Das ist die Zusage der Treue.

Die Treue Luzifers und Ahrimans

W.W.: Hat Luzifer auch eine Treue zu den Menschen?

Treue: Ja.

W.W.: Welche?

Treue: Seine ganz bestimmte Art von Treue. In meinem Treuehaus gibt es auch Zimmer, in denen die dunklen oder schrill gleißenden

Mächte wohnen. Bei der Treue Luzifers ist auch ein starker Zwang beteiligt, den man unter den Menschen beim Treueeid wiederfindet. Dieser Treueeid war bei den Menschen früher stark verbreitet; heutzutage ist er weitgehend aus der Mode gekommen. Die luziferische Treue ist eine teils zwanghafte Treue, in die die Freiheit nicht hineingelangt ist. Christus hat als – zumindest an einer bestimmten Ecke – dem Luzifer ähnliches Wesen die Treue mit der Freiheit verbunden, Luzifer dagegen nicht. Das ist der springende Punkt zwischen beiden Wesen.

W.W.: Gibt es auch eine spezielle Treue Ahrimans zu den Menschen?

Treue: Ahriman ist mehr in der physisch-materiellen Treue, nicht in der geistigen Treue zu Hause. Bei der ahrimanischen Treue ist noch größerer Zwang vorhanden, aber auf einer anderen Ebene. In einer gewissen Weise kann man jeglichen Automatismus auch als eine bestimmte Form von mir selbst bezeichnen, denn eine Maschine ist auch bis zu ihrer physischen Zerstörung ganz treu in bezug auf die Abläufe, die von ihr gefordert werden. Sie macht ganz treu das, was Menschen in sie hineingelegt haben. Das kann man Takt, meinetwegen auch tote Treue nennen. Diese automatisierte Treue ist Ahrimans Treue. Vielleicht sollte man lieber von der absterbenden Treue sprechen.

W.W.: Welche Treue haben die Naturwesen zur Schöpfung Erde?

Treue: Es ist schwierig, hier von Treue zu sprechen, obwohl es Treue ist. Es ist eine mehr unbewußte Treue, eine Treue aus einem wirklichen Gebundensein an die Erde. Die Naturwesen können nicht anders. Hier muß man die Treue in der bewußten wie auch in der unbewußten Form anschauen, in der mit der Freiheit verknüpften Treue und derjenigen ohne die Freiheit. Es gibt aber auch noch den Unterschied zwischen einer mit der Freiheit verknüpften unbewußten Treue und einer ohne Freiheit verknüpften unbewußten Treue.

Treue zur geistigen Welt

W.W.: Wie würdest du die Treue der heutigen Menschen zur geistigen Welt beschreiben?

Treue: Gibt es da etwas zu beschreiben?

W.W.: Vermutlich nicht viel. Vermutlich keine allzu groß entwikkelte und verbreitete Treue in der heutigen Zeit.

Treue: So ist es. Trotzdem gibt es durchaus nicht wenige Menschen, die in einer sehr intensiven Treuebeziehung zur geistigen Welt stehen. Es gibt viele Menschen, die aus einer mehr oder weniger bewußten Treue bestimmte Gebete sprechen oder etwas anderes für die geistige Welt tun. Aber die Treue aus Freiheit zur geistigen Welt ist heute nicht stark verbreitet; das ist für die Menschen schwer geworden. Es gibt nicht viele, die diese Treue aufrechterhalten können. In dem jeweiligen Treuezimmer der Menschen gibt es durchaus Appartements, die von Menschen nur hin und wieder betreten werden. Der Mensch nimmt sich seine Freiheit so, daß er diese Zimmer nur manchmal betritt, nicht grundsätzlich und regelmäßig.

W.W.: Es ist natürlich schwierig, über alle Menschen gleichzeitig zu sprechen, denn jeder ist eine Individualität und steht in unterschiedlicher Treue zur geistigen Welt. Trotzdem: Kann man allgemein sagen, ob die Menschen überhaupt noch eine gewisse Treue zur geistigen Welt aufbringen können, wenn immer mehr von diesen Menschen immer weniger von der geistigen Welt wissen bzw. sich falsche Bilder von ihr machen?

Treue: Das geht. Aber hier kommen wir in ein schwieriges Gebiet. Man kann ein Kind erziehen, ohne ihm etwas von der geistigen Welt mitzugeben. Bis zu einem gewissen Alter ist beim Kind eine Treue zur geistigen Welt vorhanden. Man kann sogar sagen, daß jeder Mensch, der träumt und diese Träume noch einigermaßen mitvollzieht, in den Träumen seine Treue zur geistigen Welt erlebt.

W.W.: Aber nicht bewußt.

Treue: Nein.

W.W.: Wenn ein Mensch nun überhaupt nichts mehr von der geistigen Welt weiß, lebt er dann in einer Untreue gegenüber der geistigen Welt?

Treue: Die Formulierung ist etwas schief, aber man kann es so ausdrücken. Das muß man aber immer ganz individuell anschauen, denn es kann sogar so sein, daß ein Mensch in einer gewissen Absetzbewegung von der geistigen Welt etwas lernen muß, vor allem daß er die Treue zur geistigen Welt aus Freiheit neu ergreifen muß. Das ist gar nicht so selten, gerade in der heutigen Zeit. Menschen müssen dann durch eine dunkle Phase hindurchgehen, um danach mit ganz anderen Kräften etwas zu verwirklichen.

Es spielt auch eine Rolle, wieweit Treue gefühlt werden kann. Wenn man gefühlsmäßig an mich herantritt, werde ich zu einem Gefühl in der Seele des Menschen. Ich bin aber keineswegs grundsätzlich nur ein Gefühl. Treue kann sich also bei den Menschen aus dem Gemüt heraus, aus dem Verstand und der Vernunft verwirklichen, und ein Gemütsmensch hat eine andere Form, Treue zu fühlen als ein Verstandesseelenmensch oder ein Bewußtseinsseelenmensch. Das Gebiet der Treue ist sehr komplex.

Treu und untreu gleichzeitig

W.W.: Wenn immer weniger Menschen in Treue zur geistigen Welt stehen, nicht mehr beten, nicht mehr mit spirituellen Gedanken an die geistige Welt denken und vieles mehr, steigt dann immer weniger Licht seitens der Menschen zur geistigen Welt auf?

Treue: Wenn wir das auf meinen Treueraum beschränken, so kann man das so ausdrücken. Der Treueraum wird dann ganz dunkel. Natürlich kann der jeweilige Mensch zu einem anderen Menschen in Treue stehen, aber große Bereiche seines Treuehauses sind dunkel.

W.W.: Wenn ein Mensch in einer gewissen Treue zur geistigen Welt steht, z.B. regelmäßig betet, oder sich mit geistigen Gedanken aus Freiheit beschäftigt – welches Verhältnis entsteht dann zwischen ihm und der Treue?

Treue: Die Verbindung zwischen mir und dem Menschen bleibt, sie wird immer belastbarer. Das, was als geistiger haarfeiner Faden begonnen hat, wird zu einem dicken Seil, kann zu einer Kette oder gar zu einer Brücke werden, also zu einer immer stabileren Verbindung.

Man sollte allerdings nicht vergessen, daß jeder Mensch in einer gewissen eigenartigen Form zu mir steht. Er kann der geistigen Welt gegenüber absolut untreu sein, zu verschiedenen Bereichen in der irdischen Welt aber sehr treu; manchmal auch andersherum. Sogar in den Worten Christi kommt ein solches scheinbar widersprüchliches Verhalten vor, nämlich: *„Wer Vater und Mutter um meinetwillen verläßt..."*. Auch in diesen Worten finden wir auf der einen Seite die Treue zur geistigen Welt, auf der anderen Seite eine gewisse Untreue zu irdischen Dingen. Wer sich also zu sehr an die irdische Welt bindet, kann die wahre Treue zur geistigen Welt nicht leben. Aus einem gewissen Gesichtswinkel kann man das auch als eine Aufforderung zur Untreue lesen. Eine solche Bibelstelle soll die Menschen auch zum Nachdenken anregen, wem gegenüber man die stärkere Treue walten läßt.

Solche verzwickten Verhältnisse gibt es auch durchaus im menschlichen Rahmen, wenn man sich z.B. von seinem Ehepartner scheiden läßt, zugleich aber noch in Treue zu den Kindern steht. Wem gegenüber ist man untreu, wem gegenüber ist man treu? In solchen ambivalenten Lebensverhältnissen stehen fast alle Menschen. Alle diese Zusammenhänge sind auch Treueprobleme. Genauso kann man auch sich selber gegenüber untreu werden, also gegenüber dem, was man einstmals als der Weisheit letzter Schluß postuliert oder sich vorgenommen hat.

Verbindungen kappen

W.W.: Oder man wird den Zielen untreu, die man sich vorgeburtlich oder in irgendeiner Phase des Lebens vorgenommen hat.

Treue: Genau. Für den Menschen ist es teils sehr schwierig, eine Verbindung halten zu können. Wenn man mit mir als Treue redet, muß auch die Frage hinzugefügt werden dürfen, ob es immer eine Tugend ist, mit mir in ständiger Verbindung zu sein. Man muß sich die Frage stellen, ob es nicht auch hin und wieder notwendig ist, verschiedene Verbindungen zu kappen. Man kann in meinem Haus umziehen, einen gewissen Raum schließen, dafür einen anderen neu eröffnen. Man kann z.B. auch dem Alkohol untreu werden, und das ist ja eigentlich wunderbar. Aus eurem Wertesystem heraus ist dies sehr nützlich.

Treueschwur

W.W.: Gibt es noch etwas ganz Allgemeines, was man in bezug auf menschliche Treue erwähnen sollte?

Treue: Heute steht vielfach die sexuelle Treue an vorderster Stelle; das war früher keineswegs immer so. Früher war z.B. die Treue zum Lehnsherrn oder zum König oder Kaiser sehr viel schwerwiegender. Hier hat sich eine Werteverschiebung ereignet.

W.W.: Früher wurde die Treue durch eine Art Schwur oder auch ein Symbol wie einen Ring besiegelt. Was bedeutet ein solcher Treueschwur?

Treue: Er war notwendig, um einen Abdruck im Physischen zu hinterlassen. Durch einen physischen Abdruck wurde die Bewußtwerdung des Treueschwurs realer. Man machte sich mitunter sogar bestimmte Zeichen auf die Haut oder brandmarkte Menschen, um damit die Treue zu einem anderen Menschen auszudrücken. Gleich welche Art von Schwur oder Treuezeichen oder Brandmarkung hier erfolgte – der Mensch, der dies freiwillig auf sich nahm oder mit sich geschehen lassen mußte, war damit bewußter in einem Treueverhältnis zu einem anderen Menschen. Auch Abzeichen oder Uniformen haben hier ihren Ursprung. Modern könnte man dies als Erinnerungshilfen ausdrücken. Drückt man es geistig aus, so ist durch einen Siegelabdruck, einen Ring oder etwas Ähnliches auch in der physischen Welt ein Treueverhältnis angekommen. Auch der Ehering ist ein Symbol einer solchen Treue.

W.W.: Ändert ein solches äußeres Symbol etwas an der Treue eines Menschen zu dir?

Treue: Ich selbst reiche an dieser Stelle bis ins Physische hinein. Das ist schon etwas anderes, als wenn Menschen nur etwas aussprechen. Aussprechen ist ein wichtiger Schritt. Wenn man das Aussprechen der Treue aber physisch besiegelt, tritt immer auch ein Zwangsmoment hinzu. Das ändert etwas im Verhältnis der jeweiligen Menschen zueinander. Wenn es dann noch ins Lebendig-Physische geht, kommt man auf magische Aspekte.

W.W.: Welche Beziehung hast du zum Vertrauen?

Treue: Ich habe eine Verbindung zum Vertrauen, aber wir sind keine identischen Wesen. Denn man kann einem Wesen treu sein, ohne diesem zu vertrauen. Wenn wir uns mit einem Menschen verbinden und in die gleiche Richtung wirken, fällt das Bemühen dieses Menschen sehr viel ehrlicher und leichter aus. Wenn Vertrauen und Treue vorhanden sind, ist die Treue auch nicht dem Zweifel unterworfen. Bei euch Menschen, gerade in der heutigen Zeit, ist im Verhältnis zur Treue immer die Frage im Hinterkopf, ob man wirklich treu sein muß. Es steht immer der Zweifel dahinter und kratzt ein wenig. Der Zweifel treibt den Menschen immer dazu, alles erneut zu überprüfen.

Die Treue des Hundes

W.W.: Warum wird gerade der Hund mit der Treue verbunden?

Treue: Weil der Hund die Treue lebt. Die Treue des Hundes ist mein Abdruck in der Tierheit. Ganz richtig ist das aber auch wiederum nicht ausgedrückt, weil der Hund auch sehr stark in einer gewissen tierischen Verliebtheit zum Menschen steht; aber aus dieser Verliebtheit heraus ist er treu. Er ist nicht aus Freiheit treu. Er ist auf seine tierische Art so fasziniert vom Menschen bzw. von seiner Meute, daß er auf seiner Stufe gar nicht zweifeln kann. Hunde sind sehr zweifelsfreie Wesen.

W.W.: Warum wird die Farbe Blau mit der Treue verbunden?

Treue: Treue, wenn sie im Gefühl angekommen ist, ist etwas sehr Stetiges. Die Stetigkeit wird gut durch die Farbe Blau repräsentiert. Auch ein blauer Himmel strömt etwas sehr Stetiges aus. Auch wenn sich in der Gegenwart einiges verschoben hat, hat Treue immer noch etwas mit Moral zu tun. Wenn man sich z.B. auf eine Wiese legt und in das Blau des Himmels schaut und wenn man dieses Blau wirklich in sich wirken läßt, kann man anfangen, Moralisches zu spüren. Und weil Treue und Moral sehr intensiv miteinander verbunden sind, ist Blau die Farbe der Treue.

Ewigkeit des Augenblicks

W.W.: Zwischen zwei Partnern gibt es verschiedene Arten von Treue – körperlich-sexuelle Treue, seelische Treue, geistige Treue. Was geschieht bei einem Menschen, wenn er sich z.B. in einen anderen verliebt, ihn sogar liebt und dann mit dem Ausspruch kommt: *„Ich bin dir auf ewig treu!"*?

Treue: Dann bekomme ich einen Schreck.

W.W.: Der Mensch überblickt ja bei diesem Ausspruch nicht die Zukunft, und Schatten werden mit größter Wahrscheinlichkeit auch in das Leben beider Menschen eintreten, vielleicht kommen andere Partner, und schon ist es vorbei mit der beschworenen Treue. Wie ist die seelische Form bzw. der Bewußtseinsgrad eines Menschen, der einen solchen Ausspruch tätigt und ihn vermutlich auch genauso fühlt?

Treue: Mir ist das sehr unheimlich, denn alle geistigen Wesen – diese Einschränkung muß ich hier machen – bekommen einen leichten Schrecken, wenn der Begriff Ewigkeit benutzt wird. Denn Ewigkeit geht über das Leben dieses Menschen weit, weit hinaus. Auch wenn dieser Mensch nur das eigene gesamte Leben meint, herrscht bei uns ein gewisses Erschrecken vor. Ewig ist auch uns zu lang. Es wäre sicherlich auch interessant, die Ewigkeit zum Gespräch zu bitten, falls sie überhaupt mit euch Menschen redet.

Der Mensch, der einen solchen Ausspruch tätigt, meint in diesem Moment eigentlich eher die Ewigkeit des Augenblicks, und so gesehen ist es auch in Ordnung. Dann ist es wahr, was er sagt. Man muß es aber in den richtigen Zeitrahmen stellen. So gesehen hat nämlich der Augenblick auch eine Ewigkeit. Wenn ein Mensch in bester Absicht, in entflammter Liebe einem anderen Menschen gegenüber äußert, daß er diesem in Ewigkeit treu sein möchte, dann ist dies im Augenblick wahr. Das ist sogar eine sehr hohe moralische Stufe, zumindest in diesem Moment.

W.W.: Was müßte dieser Mensch tun, um die in diesem Moment gefühlte Treue möglichst das ganze Leben beizubehalten, auch wenn dunkle Wolken in das Leben eintreten?

Treue: Wenn wir die Sexualität hier einmal ausklammern und nur die Liebe in den Blick nehmen, ist das ganz einfach: Dieser Mensch muß die Liebe bewahren. Das ist eigentlich schon alles. Wenn Treue und Liebe Hand in Hand gehen, entsteht eine ähnliche wunderschöne und starke Verbindung wie bei der Verbindung von Treue und Vertrauen. Dieses Gefühl muß aber aus dem Grad der Verliebtheit herauskommen und wirklich zur Liebe werden. Und wenn man wirklich lieben will, so kann man nur dann wirklich lieben, wenn man gleichzeitig frei ist und frei läßt. Wenn es zu dieser Form einer aus Freiheit gestalteten Liebe kommt, bin ich als Treue immer in dieser Schale mit enthalten. Das geht gar nicht anders. Liebe ohne Treue ist nicht möglich. Man kommt hier in einen Bereich, in dem man gar nicht mehr genau sagen kann, welche Form von Moral man entwickelt hat, ob es nun Liebe oder Treue oder Vertrauen ist. Hier beginnen die Begriffs- und Wesensgrenzen fließend zu werden. Das ist dann durchgängig ein zutiefst moralisches Verhalten.

Wenn man ein Phantombild des anderen liebt

W.W.: Das wollen sicherlich viele Menschen erreichen, können es aber nicht. Wie kann man sich ein Bild eines Menschen, den man liebt, so schaffen, daß diese Treue aufrechterhalten werden kann?

Treue: Man muß sich bemühen, ein wirklich wahres Bild vom anderen Menschen zu schaffen. Wenn es eine Menschengemeinschaft ist, muß man sich von dieser Menschengemeinschaft ein wahres Bild verschaffen. Das Problem der meisten Menschen heute ist es, daß sie nur einen Teilbereich lieben oder ein verfälschtes Bild auf den anderen Menschen projizieren. Dann aber lieben sie nicht den anderen Menschen, sondern nur ein Wunschbild von ihm. Und das führt dann häufig zu eklatanten Mißverständnissen und Brüchen, wenn ein Mensch z.B. aufwacht und bemerkt, daß der, der da vor ihm steht, gar nicht der ist, den er vorher geliebt zu haben meint. Dann wird die Verbindung gekappt, dann entsteht Untreue. Man erlebt dann, daß man nicht den betreffenden Menschen geliebt hat, sondern ein Phantombild von ihm.

Skelettartige Treue

W.W.: Nehmen wir eine solche Beziehung. Der eine Mensch möchte einem anderen treu sein und liebt ihn auch. Dann aber gehen die Jahre ins Land, vielleicht verändert sich auch der Partner, und der Mensch bemerkt, daß er diesem anderen, sich verändernden Menschen gar nicht mehr treu sein will, nicht einmal aus egoistischen Motiven.

Man könnte ja mit einer gewissen ahrimanischen Starre behaupten, daß man einem Menschen, dem man einmal die Treue gelobt hat, nun auch immer treu sein müsse. Dann aber kann die Treue zum Selbstzweck werden und hat mit den beiden Menschen eigentlich gar nichts mehr zu tun, sie bekommt einen unguten Mantel. Die Alternative dazu ist, daß man dem anderen bewußt nicht mehr treu ist, weil die

Liebe nicht mehr möglich ist. Wie ist ein solcher Vorgang aus deiner Sicht zu bewerten?

Treue: Wenn sich ein Mensch verändert, drückt sich das bei dem anderen Partner oft so aus, daß er dem sich verändernden Menschen nicht mehr folgen kann, und dann bricht die Verbindung. An dieser Stelle drückt sich meine Rückseite aus.

W.W.: Ich meinte noch mehr die Sinnhaftigkeit einer Treue. Es ist ja wenig sinnvoll, eine Treue zu bewahren, wenn es für diese gar keine Basis mehr gibt. Wie ist das für dich?

Treue: Das ist dann immer eine Frage der Bewußtseinsstufe der jeweiligen Menschen. Eine gnadenlose Treue, die sogenannte Hunnentreue bzw. Nibelungentreue, ist eine Form von mir, die für manche Menschen noch wichtig ist, weil sie daran einen Durchhaltewillen üben. Dazu gehört aber auch, daß man bestimmte Entwicklungsprozesse gar nicht mehr versteht, weil man meint, treu sein zu müssen, weil das eigene Verständnis nicht so weit reicht, die Veränderungsprozesse zu durchblicken. Oftmals schwor man diese Nibelungentreue gegenüber einem Feldherrn, Ritter oder einem König. Das hat oft dazu geführt, daß sich die Menschen aus unsinnigen Gründen haben abschlachten lassen.

W.W.: Zwei Menschen schwören sich Treue auf einer gewissen Basis. Du bist zwischen diesen beiden Menschen in einer Verbindung, weil sie dich rufen. Nun verändern sich beide Menschen, wollen die Beziehung eigentlich nicht mehr aufrechterhalten und halten sie vielleicht nur noch wegen des einstmals getätigten Schwurs aufrecht, obwohl sie es eigentlich gar nicht mehr wollen. Dann bist du ja auch noch bei diesen Menschen, wirst aber zu einer Art Schatten. Wie ist das für dich?

Treue: Dann sind diese Menschen bei meinem seelisch-geistigen Skelett angekommen.

W.W.: Willst du, daß dieses Skelett bereinigt, abgeschafft wird? Oder willst du zwischen diesen Menschen als Skelett bestehenbleiben?

Treue: Beides. Es gibt die skeletthaften Teile von mir, und die wollen bestehenbleiben. Und es gibt die lebendigen, seelisch-geistigen Teile von mir, die eine Veränderung wollen und diese unlebendigen Teile abschneiden möchten. Ich bin ein sehr umfassendes Wesen. Und hier muß man die berechtigte Frage stellen, ob ich dieses Skelett überhaupt noch bin. Wenn das Leben sich beim Menschen verändert, wenn eine Beziehung nur noch aufgrund eines einstmals getätigten Treueschwurs aufrechterhalten wird, wenn die Verbindung vollständig sinnlos ist, wenn auch ich mit meinen höheren Wesensteilen dieses möchte, dann ist es so, daß die starren Anteile von mir eigentlich eine gegenteilige Wirkung zu einer aus Freiheit geschaffenen Treue haben. Daran sehen wir wieder, daß ich auch anderen, in diesem Falle sehr dunklen Wesen mein Gebäude zur Verfügung stellen muß. Ich muß ihnen mein Gebäude aufmachen und ihnen Treueräume zur Verfügung stellen. Denn mein Haus ist ein weltumspannendes.

Erstarrung ist das Ende jeder Entwicklung

W.W.: Wenn es zwischen zwei Menschen nur noch ein solches Treueskelett gibt, wenn auch du dieses eigentlich nicht willst, wie entläßt man dann als Mensch dieses Skelett?

Treue: Man sollte eine Beziehung zu seinem Schutzengel ergreifen, denn dieser Engel ist auf einer ganz anderen Ebene treu. Wenn zwischen zwei Menschen diese Erstarrung eintritt, dann ist keine Bewegung mehr möglich. Erstarrung ist das Ende jeder Entwicklung. Das ist etwas, was der Schutzengel niemals will. Der Schutzengel will immer eine Weiterführung der Entwicklung.

W.W.: So etwas schildert Ferdinand von Schirach in seinem Buch *Verbrechen* in der Kurzgeschichte *Fähner.* Ein Arzt zerhackt nach 40 Ehejahren seine Frau, die ihm jahrzehntelang das Leben zur Hölle gemacht hat. Aber er wollte sich nicht scheiden lassen, da er das Eheversprechen gegeben hatte. Er sah keinen Ausweg.

Treue: Das ist ein gutes Beispiel für eine vollständig erstarrte Beziehung, für eine absolute Bewegungslosigkeit. So etwas will der Schutzengel nicht, vor allem auch deshalb nicht, weil hier ein schreckliches Karma hinzukommt, wenn der Mann seine Frau zerhackt. Wenn dieser Mann die Kraft gehabt hätte, seinen Treueschwur vorher zu brechen, hätte er vielleicht in seinem Sinne etwas Unrechtes getan, aber er hätte seine Frau nicht zerhackt, denn das ist das größere Unrecht. Insofern ist es immer von großem spirituellem Vorteil, wenn der Mensch in einen Kontakt zu seinem Schutzengel eintritt, allerdings nicht mit einem Phantombild des Schutzengels. Denn genauso wie man einen Partner in einem Phantombild lieben kann, kann man auch ein völlig falsches Bild von seinem Schutzengel haben.

Es ist auch möglich, daß gute Freunde eines Menschen, der sich in einer solchen skelettartigen Erstarrung zu einem anderen Menschen verfängt, einen Kontakt zum Schutzengel dieses Menschen ergreifen und helfend wirken. So könnte diesem Menschen, der in diese Sackgasse gelangt ist, geholfen werden, auch wenn dies dann aus seiner Sicht Untreue ist.

Treue des Bedankens üben

W.W.: Es gibt ja verschiedene Ebenen der **Treue:** sexuelle, seelische und geistige. Kann man auf der einen Ebene treu sein, auf einer anderen nicht?

Treue: Sehr wohl. Das liegt immer an dem jeweiligen Wertesystem des Menschen, ob ihm z.B. die sexuelle Treue im Rang höherwertiger ist als die geistige Treue oder umgekehrt. Es gibt die Perfektionisten, die die Treue über alle Ebenen ziehen. Auf der anderen Seite gibt es diejenigen, die differenzieren und die der Meinung sind, daß sexuelle Treue nicht so wichtig ist wie die seelische und die geistige. Ich als Treue kann mit beiden Situationen umgehen.

W.W.: Wie kann man üben, treu zu sein, und zwar in bezug auf die kleineren Dinge des Alltags, nicht in bezug auf die größeren Dinge wie z.B. die Treue zu einem anderen Menschen?

Treue: Das sind ganz wichtige Übungen, an welcher Stelle des Lebens man dies auch macht; denn in dem eher kleinen Bereich üben die Menschen, mit mir in ein Verhältnis zu kommen, mit mir richtig umzugehen. Erstens übt man dabei die Treue an mir. Zweitens übt man dabei die Treue an sich selbst. Es ist immer ein wichtiger Schulungsvorgang, wenn man Selbsterkenntnis übt. An dieser Stelle beginnt nämlich eine moralische Dimension. Wenn man nicht die Treue zu den kleinen Dingen des Alltags übt – und das muß keine bewußte Übung sein, man kann es auch durch Fühlen oder durch Wollen üben –, kann man die Dimensionen meines Wesens niemals verstehen. Treue im Alltag ist meist schwieriger, d.h. es ist schwieriger, sich etwas vorzunehmen und dies auch einzuhalten. Ein Treueschwur, ein Treugelöbnis im Großen, welches in früheren Zeiten meist von außen an den Menschen herankam, ist dagegen einfacher durchzuhalten. Aber die Treue im Alltag bei kleineren Dingen ist die echtere Treue, und sie führt zu moralischen Kategorien.

W.W.: Kannst du ein Beispiel nennen, wie man im Kleinen Treue üben kann?

Treue: Man kann das mit ganz einfachen Dingen üben, indem man etwas nimmt, was einem angenehm ist. Wenn ein Mensch z.B. gerne Kaffee trinkt, kann er z.B. seinem Kaffeegeschirr besondere Aufmerksamkeit widmen, das Kaffeegeschirr an einen besonderen Platz stellen und dadurch zu einer Treue des Bedankens in diesem kleineren Rahmen kommen. Man sollte sich auch für den Kaffee innerlich bedanken, vielleicht nicht jeden Tag, aber immer mal wieder, denn es ist ja nicht selbstverständlich, daß man immer Kaffee trinken kann. Immer mal wieder einen Dank entgegenbringen! So kann man dies mit verschiedenen Dingen der Nahrung tun, genauso mit anderen Dingen des alltäglichen Lebens. Denn nichts ist hier selbstverständlich, und viel zu oft nimmt man verschiedene Dinge des Alltags einfach so hin. Treue sollte man eher nicht an einer dem Menschen unangenehmen Stelle üben. Wenn man gerne Schokolade ißt, kann man auch hin und wieder innehalten und einen Dank aussprechen: Schön, daß es Schokolade gibt! Das hat nichts damit zu tun, daß man sich auch ein Bewußtsein dafür erobern sollte, unter welch unwürdigen Zuständen Kakao auf den Kakaoplantagen in Afrika geerntet wird.

Wort brechen

W.W.: Wie steht es mit der Treue gegenüber dem, was man gesagt hat? Was geschieht geistig, wenn man etwas versprochen hat und dieses Versprechen bricht, also dem Wort untreu ist?

Treue: Ein Wort zu brechen, ein Versprechen zu brechen ist etwas Großes. Und zwar deswegen, weil Worte etwas Großes sind. Der Mensch gibt einem anderen Menschen sein Wort. Das ist etwas ganz Heiliges. Denn ihr Menschen seid aus dem Wort geschaffen worden. Insofern ist der Wortbruch ganz grundsätzlich – auch wenn den meisten Menschen dies nicht bewußt ist – eine Verneinung der Trinität. Wenn man ein Wort bricht, bricht man seine Beziehung zur Trinität, ganz besonders zum Christuswesen. Wortbruch ist also mehr, als man gemeinhin meint. Denn dabei wird die Treue zur Schöpfung durchbrochen.

W.W.: Von diesen Zusammenhängen weiß ja kaum kein Mensch. Trotzdem: Wie kommt es, daß viele Menschen oft ein Wort brechen, was sie einstmals halten wollten?

Treue: Man kann dem Menschen nicht die Freiheit schenken – also auch die Möglichkeit, ein gegebenes Wort zu brechen – und auf der anderen Seite den Wortbruch überkritisieren. Kritisch sehen sollte man das schon, aber nicht überkritisch. Wenn man allgemein das Vergessen zuläßt, muß man akzeptieren, daß auch ganz wichtige Dinge vergessen werden können. Sonst gäbe es kein wirkliches Vergessen. Wenn man dies zu absolut sieht, entsteht etwas sehr Enges. Das Gedächtnis des Menschen ist oft nicht kräftig genug, die Reizüberflutung ist oft zu stark, als daß wirklich jedes gegebene Wort gehalten werden kann.

Moralischen Wesen Raum geben oder sie umbringen

W.W.: Welche geistig-seelische Form entsteht zwischen Menschen, die einen Beschluß fassen und sich an diesen halten, und welche geistig-seelische Form entsteht, wenn zwei Menschen ebenfalls einen Beschluß fassen, sich aber mindestens der eine nicht an diesen hält?

Treue: Bei dem Halten der Treue entsteht ein hohes moralisches Wesen. Und wenn man ein Versprechen bricht, bringt man dieses Wesen um. Es gibt in der Tat Moralwesen. Wenn z.B. eine Gruppe von Menschen ein Treueversprechen leistet und alle miteinander dies auch über einen bestimmten Zeitraum durchhalten, entsteht dadurch ein wirklich qualitativ sehr hochwertiges Wesen. Dieses Wesen bildet einen Leib für sehr hohe moralische Kräfte, die in diesen Leib einziehen können. Dabei handelt es sich meist um ein harmonisches Elementarwesen, welches moralische Kräfte aufnehmen kann.

W.W.: Das hört sich jetzt so an, als kämen andere Wesen in diesen Beziehungsraum – warum nicht du?

Treue: Es kommt ein anderes Wesen hinzu. Ich stelle aber den Raum dafür zur Verfügung. Ich bemühe mich auch um einen guten Raum für diese neugeborenen Wesen.

W.W.: Und wenn die Menschen dieses Wesen in sich gebären, wenn sie ihm über einige Jahre treu bleiben, dann aber ihre Treue zu diesem Wesen brechen – in welcher Form bringt man dann dieses Wesen um?

Treue: Wenn diese Gruppe ihren Beschluß ändert und ihre Treue aufgibt, bringt sie ein solches Wesen zwar in diesem Zusammenhang zwar um, aber dadurch muß nicht unbedingt ein großer Schaden entstehen, denn man kann auch bewußt etwas beenden, und dann wird dieses Wesen anderen Zusammenhängen zugeführt. Schlimmer dagegen ist es, wenn den Menschen alles allmählich unter den Fingern zerrinnt, wenn immer weniger Menschen Zeit für das einstmals Gewollte aufbringen, wenn immer mehr Menschen aus dieser Gruppe abbröckeln. Dann läßt man nämlich dieses Wesen verhungern – und dann kommen Wesen entweder aus der luziferischen oder der ahrimanischen Seite heran und übernehmen dieses Wesen. Dann ziehen Dämonen in dieses Wesen ein. Das ist aus meiner Sicht noch viel untreuer, als wenn man ein Wesen wirklich beerdigt.

W.W.: Welche Beziehung hat die Treue zum Gesetz?

Treue: In ein Gesetz fließen skelettierte Anteile von mir ein. Viele eurer Paragraphen und Gesetze sind aus Skeletteilen der Treue entstanden.

Aus Treue untreu werden

W.W.: Was die Menschen einstmals Treue nannten, wird heute keineswegs mehr darunter verstanden. Treue unterliegt also dem Wandel der Zeit. Bist du auch ein Wesen, welches sich wandeln möchte? Möchtest du, daß auch die Menschen sich in bezug auf die Treue wandeln?

Treue: Meine vordere Wesenheit möchte es, meine hintere nicht. Ich bin ein sehr großes Wesen mit vielen Bereichen.

W.W.: Sehr diplomatisch ausgedrückt. Du bist doch *ein* Wesen. Wie ist es dann möglich, daß du auf der einen Seite dies, auf der anderen Seite das Gegenteil willst? Muß ein Wesen nicht immer das jeweilig Einzelne wollen?

Treue: Das ist eine typische Weirauch-Frage! Natürlich möchte ich, daß es mit der Entwicklung aufwärts geht. Und die Aufwärtsentwicklung ist eine Veränderung. Insofern möchte ich den Wandel. Ich möchte den Wandel zum Guten. Allerdings ist es manchmal sehr schwer zu definieren, was wirklich das Gute ist.

W.W.: Eine Gruppe von Menschen verabredet, wöchentlich zusammenzukommen, um etwas Geistiges miteinander durchzuführen. Sie beschließt dies in Treue und hält es auch eine gewisse Zeit ein. Dann aber ändert sich die geistige Arbeit allmählich dadurch, daß andere Menschen hinzukommen und das innere Leben dieser Gruppe nach und nach ein ganz anderes wird als ursprünglich gewollt. Wann hört die Treue zu dieser Gruppenarbeit auf, sinnvoll zu sein?

Treue: Wenn die Menschen diesen Wandel wollen, ziehen sie einfach in andere Treuezimmer ein. Das ist völlig unproblematisch. Die Menschen können zu dem, was anders wird, auch in Treue stehen. Der Fall aber, den du ansprichst, ist ungleich schwieriger. Auch für mich ist es sehr schwierig, so etwas zu beantworten, da ich grundsätzlich in verschiedenen Begleitungen auftrete. Wenn ein Mensch aus dieser Gruppe zu dem treu ist, was die Menschen ursprünglich vereinbart haben, die anderen aber in eine ganz andere Richtung gehen und dieser eine aus dieser Gruppe austritt, dann bleibt er der ursprünglichen Sache treu, hat aber gegenüber den anderen Menschen keine Treueverbindung mehr. Und wenn dieser eine sich umdreht, zeigt er den anderen den Rücken. Das ist ein ähnliches Bild wie das Vorne und das Hinten in meiner eigenen Wesenheit. Der Rücken ist in diesem Fall die Untreue. Weil der eine treu ist, muß er untreu werden.

Wertfreie Treue

W.W.: Bist du eigentlich in bezug auf die jeweilige Treue vollständig wertfrei? Geht es dir vor allem darum, daß irgendeine Treue entwikkelt wird?

Treue: Ja und nein.

W.W.: Ich gebe dir ein krasses Beispiel. Ein Mensch beschließt, Berufskiller zu werden, und ist dieser Tätigkeit gegenüber absolut treu. Ist das gleichfalls Treue wie die Treue, wenn ein Mensch einem anderen Menschen gegenüber in Liebe treu ist?

Treue: Beides ist Treue. In dieser Hinsicht bin ich vollständig wertfrei. Wertend werde ich aber, wenn der Mensch etwas anderes Treue nennt, was ich aber gar nicht bin. Solange ein Mensch einen Beschluß faßt und diesen Beschluß durchhält, also diesem Beschluß treu ist, bin ich bei ihm. Das ist meine Aufgabe. So gesehen stütze ich ihn, unabhängig davon, worauf sich seine Treue richtet. Wenn er aber beginnt, die Treue mehr und mehr zu verraten, sich selbst belügt, dann möchte ich nicht in seinem Sinne verräterisch an seinem Wirken teilnehmen – und an dieser Stelle werde ich wertend. Wenn ein Mensch dem Alkohol treu ist, dann bin ich auch bei ihm. Aus der Sicht sehr vieler Menschen ist das aber ein negatives Tun. Die Wertigkeit fügt ihr Menschen hinzu. Man muß einfach konstatieren, daß ich einige sehr schmutzige Zimmer habe. Es ist bei den Menschen immer wieder eine Frage, auf welchem Bewußtseinsstand das handelnde Wesen steht bzw. mit welcher Moral es agiert.

Treue aus persönlichem Willen

W.W.: In welcher Weise ist die Treue mit dem Willen verbunden?

Treue: Je weiter die Zeit voranschreitet – und zwar in die Richtung, in die sie zur Zeit gerade schreitet –, desto intensiver ist die Treue mit dem Willen verknüpft. Beide verknüpfen sich immer mehr. Es werden vermutlich sogar Zeiten kommen, in denen man beide gar nicht mehr unterscheiden kann. Früher war das nicht so. Die Treue kam nicht aus den Kräften des persönlichen Willens, sondern aus Fortpflanzungskräften, aus Glaubenskräften und auch von den jeweiligen Herrschern übergestülpt. Auch die sogenannte Familienehre, die es früher verstärkt gab, heute noch in Relikten, hat etwas mit Treue zu tun. Genauso gab es früher die auch Schmerzen ertragende Glaubenstreue. Wenn sich z.B. ein Mensch lieber foltern oder verbrennen läßt als abzuschwören, so ist dies eine Treuekraft, die aber nicht nur aus den persönlichen Willenskräften kommt, sondern aus den Glaubenskräften. Die Kraft- und Ernährungsquelle für mich kann aus verschiedenen Bereichen kommen. Je bewußter die Menschen werden, je weiter sie sich entwickeln, desto mehr wird die Treue aus dem persönlichen Willen kommen. Dadurch wird die Treue zu einem immer bewußteren Willensakt.

In Treue üben und Räume reinigen

W.W.: Wenn ein Mensch sich etwas vornimmt und beginnt, dies einzuhalten und jeden Tag zu tun – ab wann kann man hier erstmals von Treue sprechen?

Treue: Noch nicht gleich am ersten Tag. Das ist sehr schwer zu beantworten, weil es so es individuell verschieden ist. Grundlegend kann man sagen, daß ein Mensch dann in Treue zu einer Sache steht, wenn er Unterstützung aus seinem Ätherischen dazu bekommt bzw. wenn seine sich wiederholende Übung zu einem Bereich des eigenen Ätherleibs geworden ist und er dann aus diesem Gewohnheitsleib heraus handelt. Treue hat auch etwas mit Gewohnheiten zu tun.

W.W.: Nehmen wir einen Menschen, der sich vornimmt, jeden Tag eine Konzentrationsübung zu machen. Zuerst ist dies ein Gedanke. Wenn er sie einmal ausführt, ist es ein Wille, wenn er sie öfter durchführt, ist es ein sich wiederholender Wille. Wann senkt sich die Treue als Wesenheit in diesen Menschen ein?

Treue: Dies kann man nicht genau benennen. Ich komme ihm immer näher. Wir begegnen einander immer mehr, gehen aufeinander zu. Wenn ein Mensch den Beschluß zu einem solchen Schulungsweg faßt, nehme ich dies wahr. Wenn ich merke, daß dieser Mensch regelmäßig übt, daß er ins Tun kommt, gehe ich einen Schritt auf ihn zu. Dann gestaltet sich der Raum dieses Menschen ein wenig um. Und je mehr dieser Mensch dieses Tun in seiner Regelmäßigkeit übt, desto näher komme ich ihm Schritt für Schritt. Der Abstand wird immer weniger meßbar, aber ein kleiner Abstand bleibt immer vorhanden. Wenn ein Mensch in Treue zu etwas steht, in Treue etwas durchhält, dann reinigt er auch gewisse Räume bei sich, die er vielleicht in einem letzten Leben beschmutzt hat.

W.W.: Aber wenn ein Mensch aus Freiheit in Treue zu etwas steht, macht er dann nicht auch etwas für dich? Denn er müßte das ja nicht tun. Kommt dadurch nicht etwas Neues in die Welt?

Treue: Selbstverständlich, aber das macht er nicht in erster Linie für mich. Das erlebe ich nicht so. Es wird natürlich so sein, daß er gewisse Räume von mir heller macht. Aber ich betone noch einmal, daß ich auch sehr dunkle Räume habe. Ich bin ein großes und vielseitiges Wesen. Wenn ein Mensch so wird, wie du das eben beschrieben hast, ist das für mich gut, denn auch ich bin ein positives Wesen, und auch aus eurer Wertigkeit heraus ist dies gut. Aber ich muß noch einmal betonen, daß ich immer einen deutlichen Abstand zu den Inhalten der Treue habe. Das ist für Menschen schwer vorzustellen. Das geht nicht anders, denn sonst wäre ich schon längst ein verzweifeltes Wesen.

Mißbrauch der Tugenden

W.W.: Möchtest du zum Schluß noch etwas sagen?

Treue: Ich möchte noch erwähnen, daß es bei euch Menschen in bezug auf Tugenden immer wieder das Problem gibt, daß man ab einer bestimmten Bewußtseinsstufe Tugenden aus eurem Wertesystem heraus auch mißbrauchen kann, so wie z.B. die angesprochene Treue zum Berufskillertum. Die Treue ist die Tugend, das Töten ist der Mißbrauch. Ab einer gewissen Stufe stehen Tugenden nicht mehr unbedingt als etwas Positives im Raum. Eine Tugend ist eine Tugend, aber was die Menschen durch sie erreichen, kann durch die Freiheit des Menschen starke Färbungen und auch dunkle Seiten bekommen – die gesamte Palette ist möglich: vom absolut Positiven bis zum absolut Negativen. Von der vollkommenen Unmoral bis zur höchsten Moral. Man kann nämlich auch fleißig – und Fleiß kann eine Tugend sein – Menschen umbringen. Das aber ist die höchste Unmoral. Man kann auch in tiefster Treue Ahriman verbunden sein. Tugenden verwandeln sich bei stärkerer Bewußtseinsentwicklung der Menschheit zu zweischneidigen Schwertern. Sie schneiden in beide Richtungen. Das solltet ihr nicht vergessen!

W.W.: Vielen Dank.

Treue: Bitte.

Trauer

Trauer: Guten Morgen.

Wolfgang Weirauch: Guten Morgen. Bei Menschen entsteht Trauer u.a. nach einem Verlust. Kann man etwas darüber sagen, wann Trauer in der geistigen Welt in der Vergangenheit entstand, z.B. Trauer über einen ersten Verlust?

Trauer: Hier muß man sehr differenziert hinschauen. Es ist nämlich meist nur scheinbar, daß ein Verlust ein wirklicher Verlust ist. Trauer im Geistigen ist zuerst einmal nur ein Zustand, daß etwas nicht so ist, wie es scheinen könnte, wie es sein könnte. Es heißt keineswegs immer, daß etwas schon verloren ist. Trauer aus Sicht der geistigen Welt bedeutet u.a., daß die Menschen nicht so leben, wie sie es sich vorgenommen haben.

In einer gewissen abstrakten Form war Trauer in einer Urvergangenheit schon vorhanden, als der Weltenführung klar wurde, daß sie negative bzw. widerständige Weltenkräfte in die Weltensituation einbinden muß, um wirklich Freiheit zu generieren. Fröhlich hat sie das nicht gestimmt. Wenn sie aber nicht fröhlich waren, könnten sie traurig gewesen sein. Für die Weltenführung war es klar, daß ein umfassenderes Weltenziel zu erreichen sei, wenn gleichzeitig negative Kräfte vorhanden sind. Dieser Blick auf die zu schaffende Freiheit und auf die negativen Kräfte hat meine Urform ausgelöst. Man kann in bezug auf diese Prozesse von einem Verlust sprechen, wenn man darunter verstehen will, daß die negativ werdenden Wesen den positiven Wesen verlorengingen.

Ich hülle ein

W.W.: Kannst du dich selbst ein wenig beschreiben? Was für ein Wesen bist du?

Trauer: Ich bin ein großes Wesen. Wenn du es dir physisch vorstellen würdest, müßtest du dir ein großes blaues Tuch vorstellen. Ich hülle ein. Wenn es eine mehr aggressive Trauer ist, bin ich wie eine dunkle Gewitterwolke. Aber Menschen erleben mich in einer sehr vielfältigen Weise – manche mehr in Richtung einer Verzweiflung, andere in

Richtung einer Aggression, weitere in Richtung einer Erdrückung, manche wälzen sich auch in mir. Der Melancholiker als Typ ist der immer Trauernde.

W.W.: Bist du selbst auch traurig, oder vertrittst du nur die Trauer?

Trauer: Ich bin ein Zwitter. Ich bin der Zwilling der Heiterkeit bzw. das Gleichgewicht dazu. Deswegen vertrete ich und bin ich die Trauer.

W.W.: Was genau meinst du mit zwittrig?

Trauer: Daß ich in mir das trauernde Lächeln habe. Ich kann Trauer lächelnd verbreiten. Ich selber bin zwar die Trauer, bin dabei aber immer eher am Lächeln.

W.W.: Du trauerst also sozusagen mit Abstand?

Trauer: So kann man es ausdrücken. Ich trauere aus einer Notwendigkeit heraus. Damit bestimmte Kräfte in der Welt wirksam werden konnten, mußten hohe Wesen trauern, und diese Notwendigkeit beschreibt mein Wesen. Dadurch ergibt sich auch der Abstand, mit dem ich mich beschreiben kann.

Aus der Trinität geboren

W.W.: Leidest du mit der Trauer anderer Wesen mit?

Trauer: Ja.

W.W.: Wirklich? Begleitest du jede Trauer?

Trauer: Jede!

W.W.: Ist das auszuhalten?

Trauer: Ja.

W.W.: Das stelle ich mir grausam vor.

Trauer: Nein. Ich habe die Fähigkeit der Trinität, dies auszuhalten. Ich bin aus der Trinität geboren, da sich die Trinität entschieden hat, die Weltgestaltung so zu erwirken, wie sie geworden ist, wie ich sie eben angedeutet habe, d.h. daß es Böses und Gutes gibt. Dies konnte sie nur mit einem Schmerz gebären, konnte es nur mit diesem Schmerz aus dem Sein entstehen lassen. Und das hat sie mit einer unendlichen Trauer erfüllt. Aber dies ist keine Trauer, die sich aufgibt.

Und das bin ich! Ich bin aus der Trinität hervorgetreten, bin aus ihr herausgesetzt worden, und die Trinität hat eine unbeschreibliche Fähigkeit, etwas auszuhalten. Und deswegen halte ich die Trauer aller Wesen aus.

Trauer war fast immer allumfassend

W.W.: Wenn du dir die heutige Weltsituation anschaust – Umweltzerstörung, Gewalt, Werteverlust, Zerstörung des Menschen bis hinein in sein Ich, Versklavung, kriegerische Situationen, Hunger –, was sagst du als Trauer dazu, wie kannst du das aushalten?

Trauer: Ich muß und kann es aushalten. Und leider muß ich sagen, daß solche tieftraurigen Zustände auf der Erde immer wiederkommen, ob dies nun die letzten Weltkriege waren, ob es das Mißbrauchen der Lebenskräfte auf Atlantis war, es bleibt sich gleich. Die Erde ist ein Ort, über den man fortwährend trauern muß, und oft entsteht die Frage, ob noch einmal wirklich etwas besser werden kann. Und man kann eigentlich hinschauen, wo man will, in welche Zeit auch immer – es gab immer Momente, in denen die Trauer in einer gewissen Weise fast allumfassend war. Insofern gibt es für mich immer wieder ein Wiederholungsmoment. Von der Trauer aus betrachtet ist der heutige Zustand, der traurig genug ist, nicht trauriger als vergangene Zustände. Alles ist eigentlich ganz ähnlich entsetzlich traurig.

W.W.: Jede Trauer ist auch singulär.

Trauer: So ist es. Jede Trauer ist etwas Individuelles, etwas einzelnes.

Der Schleier wird allmählich dichter

W.W.: Wie trittst du mit einem trauernden Menschen in Verbindung?

Trauer: Ich hülle ihn ein. Dadurch entsteht der Kontakt zwischen uns. Manche Menschen lassen sich ganz einhüllen, manche lassen sich nur in bestimmten Bereichen einhüllen, aus anderen Bereichen schieben sie mich weg. Dies kann aus Wut geschehen, genauso aus Stabilität ihres inneren Wesens, es kann auch aus ihrem sanguinischen Temperament hervorspringen, daß man mich als Trauer wegschiebt. Sanguiniker sind allgemein für mich sehr schwer einzuhüllen. Melancholiker dagegen haben eigentlich immer ein Schultertuch von mir umhängen. Aber das ist eine Grundgeste.

W.W.: Kannst du einmal die Seele eines trauernden Menschen beschreiben?

Trauer: Sie ist dunkelblau. Trauer hat auch etwas mit Treue zu tun. Treue zur Trauer. Die Treue und ich sind uns nicht fremd, denn Trauer entsteht oft dann, wenn sich Treuebande auf natürlichen, aber auch aus Willensimpulsen heraus lösen. Bei jeder Verbindung, die sich auflöst, entsteht auf einer oder beiden Seiten Trauer, selbst dann, wenn ein Partner nach einem langen und erfüllten Leben stirbt.

W.W.: Wie grenzt du dich zum Schmerz und zur Depression ab?

Trauer: Depression ist ein schwieriges und weites Feld. Der Schmerz ist meist ruckartig, klar und hart. Der Schmerz hat auch etwas Aggressives, was ich selbst nicht habe. Allerdings kann ich mich mit der Wut mischen, und dann bin ich traurige Wut. Aber dann muß immer etwas zu mir hinzutreten. Ich erlebe es oft, daß Menschen, die trauern, gar nicht richtig mitbekommen haben, wann ihre Trauer begann. Denn das sie umhüllende Tuch stellt sich am Anfang nur wie ein leichter Schleier dar. Dieser Schleier wird oft allmählich dichter. Und wenn dieses Tuch zu dick wird, kann die Trauer in die Depression rutschen. Nicht jede Trauer rutscht in die Depression. Depression ist eine zu dick gewordene Trauer. Dann wird es zu einer Krankheitsform.

Der Schock nach einem Verlust

W.W.: Nehmen wir den Fall, daß ein Mensch in Trauer fällt, und nehmen wir gleich ein Extrembeispiel – den plötzlichen Verlust eines Partners, z.B. durch einen Autounfall. Trauer macht ja verschiedene Phasen durch. Als allererstes kommt der Schock. Kannst du diesen Schock ein wenig beschreiben?

Trauer: Der Schock ist noch keine Trauer. Der Schock eröffnet den Zugang zu mir, und ich weiß, daß bald die Begegnung mit mir sein wird. Nach dem ersten Schockerlebnis tritt meist eine Art Dumpfheit ein, eine Gefühllosigkeit. Erst später kommt die Verbindung zu mir.

W.W.: Dieser Schock- oder Dumpfheitsmoment dauert einige Tage. Bereitest du dich dann schon darauf vor, daß du mit diesem Menschen eine Verbindung eingehen wirst?

Trauer: Ja. Psychologisch nennt ihr Menschen dies Muster, mit dem einzelne Trauerphasen ablaufen. Und ganz am Anfang nach diesem Schock bereite ich mich auf die Begegnung mit diesen Menschen vor.

W.W.: Wie ist die Seele eines Menschen in diesen z.B. ersten drei Tagen, wenn er im Schockzustand ist, wenn er z.B. den Verlust nicht wahrhaben will?

Trauer: Diese Seele hat eine merkwürdige Farblosigkeit. Sie hat sich noch nicht für eine Farbe entschieden. Es ist fast etwas Leeres in der Seele. Seelen sind von sich aus auf der astralen Ebene etwas sehr Farbiges, aber wenn die Seele in einen Schockzustand kommt, wird sie farblos, als würden alle Farben weggewischt sein. Die Seele ist orientierungslos, sie ignoriert die Wirklichkeit, oft ist sie auch fast sinn-los. Wenn aber die Seelensinne zurückkommen, bemerken sie mein großes blaues Tuch.

Mit der beginnenden Trauer beginnt die Heilung

W.W.: In diesen ersten Tagen ist die Trauer meist noch nicht gegenwärtig; kümmerst du dich in diesen Tagen schon um den Menschen?

Trauer: Selbstverständlich, denn wenn man die Trauer nicht zuläßt, kann dies krankhaft werden. Ihr Menschen habt ja auch schon gelernt, Trauer wieder zu lernen. Das Blaue der Trauer hat auch etwas Heilendes. Denke auch daran, was die Treue gesagt hat, wie durch den Kontakt zu dem Urblauen Moralität entsteht. Dann wird seelisch etwas heil. Ich bemühe mich also, daß der Schockzustand eines Menschen möglichst rasch überwunden wird, so daß er zu trauern beginnen kann. Denn mit der beginnenden Trauer beginnt auch die Heilung. Allerdings muß man aufpassen, daß die Trauer nicht chronisch wird. Wenn die Trauer in die Depression abrutscht, gerät sie aus dem Blauen heraus und wird grau. Manchmal sogar schwarz.

Wehren gegen den Verlust

W.W.: Dann gibt es eine zweite Trauerphase, in der es dann relativ bunt wird – es kann Wut einsetzen, die Suche nach Schuldigen, Zorn, auch Angst. Wieso entsteht hier ein so unterschiedliches Seelenbild des Menschen, je nachdem, wie dieser mit dem verlorenen Partner verbunden war und wie er selbst in seiner Seele gestrickt ist?

Trauer: Diese bunte Phase ist ein Wehren gegen den Verlust, gegen die Trauer. Seelisch ist die Seele dann auch sehr bunt, aber die Farben der Aura sind mehr neonartig, also eine Art ungesunder Buntheit. Eigentlich ist das eine einseitige Überaktivität der Seele. Es ist fast so, als würde die Seele das aufholen, was vorher ein Mangel war, weil sie im Schockzustand erstarrt war; und nun brechen die Gefühle hervor, meist wesentlich zu heftig.

W.W.: Wie bist du in dieser Phase mit den Menschen verbunden?

Trauer: Ich warte ab und hoffe, daß der Mensch seinen Kontakt zu seinem Schutzengel intensiviert. Ich versuche, den Menschen wieder in das Blaue zu führen, damit seine Seele heilen kann. Denn diese Phase ist ungesund bunt, ungesund seelisch einseitig.

W.W.: Es kann ja auch sein, daß man gegenüber dem oder der Verstorbenen starke Schuldgefühle aufbaut und dann in dieser Phase steckenbleibt.

Trauer: Dann können Krankheitsformen entstehen. Schuldgefühle führen häufig in eine Depression oder in andere seelische Krankheiten, und dann wird die Seele wieder grau. Ein gesund trauernder Mensch kann durchaus im Alltag auch Schönheit erleben, über einen Witz lachen, sich an einem guten Essen erfreuen. Ein Mensch aber, der in die krankhaften Formen der Trauer gerät, kann dies nicht mehr. Er packt diese Teile der Seele, in denen diese Fähigkeiten liegen, weg, verschnürt sie, verschließt sie. Das kann chronisch werden, so daß er ohne Hilfe nicht mehr aus diesem Zustand herauskommt.

W.W.: Wie bist du mit einem Menschen verbunden, wenn er aus diesem Schuldgefühl nicht mehr herauskommt? Ist das dann noch Trauer? Löst du dich dann irgendwann von diesen Menschen?

Trauer: Es ist eigentlich nicht mehr wirkliche Trauer, bzw. es ist eine kranke Ecke von mir. Hier wird mein Tuch zu fest, zu grau, zu spinnenartig. Meine Intention ist es, daß der Mensch in die Mitte kommt, denn dann kann sein Zustand heilen. Ich bin allerdings ein relativ passives Wesen und wende mich nicht an andere Wesen, allerhöchstens an den Schutzengel, und wenn der Mensch ohnehin keinen Kontakt zu seinem Schutzengel hat, wird es sehr schwierig.

Für den Menschen ist es dann wichtig, sich aus seinen Resten der Vernunft an andere Menschen zu wenden, an Psychologen oder an Priester oder an Freunde, damit die dann aktiv werden können. Ganz wichtig ist es für diese Menschen, den Trauernden dahin zu bringen, daß er wirklich einmal weint. Denn dann kommt etwas ins Fließen, und dann kann ich gesundend eingreifen. Wenn der Mensch aber in diesem Schuldgefühl verharrt, auf längere Sicht, dann ist es keine Trauer mehr, und dann löse ich mich von diesem Menschen. Wenn man es mit den Tüchern darstellen will, kann man es so sehen, daß er bei einer beginnenden und fortschreitenden Depression immer mehr in ein schwarzes Tuch gerät. Eine gewisse Zeit, in einem gewissen Bereich, liegen die beiden Tücher, das schwarze und das blaue, übereinander. Aber irgendwann ist mein blaues Tuch zu Ende, und dann ist dieser Mensch aus der Trauer heraus.

Weinen

W.W.: Oft helfen hier auch aggressive Gefühle, um mit dem Verlust fertigzuwerden. Wie bist du bei solchen Gefühlen mit den Trauernden verbunden?

Trauer: Sie versuchen immer, mein Tuch zu zerreißen, und das ist aus meiner Sicht nicht so schön. Wenn Menschen keine Heilung zulassen, macht mich dies traurig, obwohl ich die Trauer bin. Wenn ein Mensch durch einen starken Verlust in diesen aufgewühlten Seelenzuständen ist, besonders dann, wenn er in eine Depressionsphase gerät, ist eine Heilung ohne wirklich durchlebte Trauer nicht möglich. Man kann nicht heilen ohne Trauer. Kommt die Heilung nicht zustande, kann auch eine Traumatisierung daraus folgen, dann wird häufig etwas eingekapselt und zur Seite geschoben, aber es ist nicht durch die Heilung, durch die Trauer hindurchgegangen. Das ist dann unbearbeitetes Gepäck. Das kann sogar zu physischen Organschäden führen, weil sich ein solches eingekapseltes Paket zwischen das Organ und die mit diesem Organ verbundenen Planeten geschoben hat, so daß die Verbindung dieses Organs zu den jeweiligen Planeten nicht mehr möglich oder zumindest gestört ist.

Wenn so etwas psychologisch betreut wird, wird man vermutlich den Menschen erst einmal in eine Trauer hineinführen, damit er wirklich zu weinen und zu trauern lernt. Er muß das zulassen, was er verdrängt hat. Er muß z.B. über den Verlust eines Partners richtig weinen. Er muß diesen Zustand zulassen. Und dann kann es sein, daß ich das bewältigen muß, was ich zu Anfang der Trauerphasen hätte tun können. Ich kann dann diesen Menschen einhüllen und ihn auch heilen.

W.W.: In dieser Phase wechselt man auch oft zu automatischem Handeln. Was ist das?

Trauer: Das ist gar nicht so selten und gehört zu dieser eher farblosen Seelenhaltung dazu. Die Menschen funktionieren im Alltag. Hier übernimmt der Ätherleib sehr viele Funktionen des Menschen. Viele Handlungen des Alltags sind so gut und fest in den Gewohnheitsleib des Menschen eingewoben, daß vieles aus der Gewohnheit des Ätherleibs heraus möglich ist – also z.B. das Frühstück zu bereiten, zur Arbeit zu gehen und vieles mehr. So etwas ist meist nicht bewußt ichgeführt. Normalerweise sind die Seele und der Ätherleib stark miteinander verbunden, oft kann man nicht einmal genau unterscheiden, was genau zum Ätherleib, was genau zum Astralleib gehört. Aber wenn dieses automatische Handeln auftritt, ist dieser Mischbereich getrennt, und der Ätherleib handelt automatisch entsprechend seinen eingeschliffenen Gewohnheiten; und auf der anderen Seite ist die Seele, die nur noch um sich selber kreist. Ein solcher Zustand muß nicht einmal Trauer sein. Oft ist dies auch Verzweiflung, die nicht sehr weit von mir entfernt ist. Es gibt sozusagen – bildlich gesprochen – Tuchbahnen von der Verzweiflung zur Trauer. Es kann auch eine seelische Taubheit entstehen, Schuldgefühle ohnehin. Schuldgefühle sind auch keine Trauer.

Bewußte Trauer gibt Trost

W.W.: Dann gibt es noch eine dritte Phase, wenn sie erreicht wird. In dieser Phase wird der Verlust des Partners bewußter, man sucht den Verlorenen in den Erinnerungen, man sucht gemeinsame Erinnerungen und vieles mehr. Was für eine Phase ist das?

Trauer: In dieser Phase entsteht eine sehr intensive Beziehung zu mir. Der Mensch nimmt das Blau wahr, er nimmt also die Trauer bewußt wahr, auch empfindet er Trost, der durch eine bewußt durchlebte Trauer entstehen kann. Bewußte Trauer gibt Trost! Klingt auf den ersten Blick nicht so glaubhaft, aber es ist so. Wenn man bewußt mit mir umgeht, entsteht beim Menschen Trost. Jede Erinnerung des Menschen an seinen verlorenen Partner ist sehr sinnvoll, man erinnert sich gemeinsam an dasjenige, was man an Schönem zusammen erlebt hat, und man erinnert sich bzw. nimmt das wahr, was davon noch vorhanden ist. Denn alles, was einmal war, ist ja nicht völlig weg. Was man einmal erlebt hat, ist lediglich woanders, aber es ist nicht weg. In dieser Phase werde ich am aktivsten, hier kann derjenige Teil von mir, der aus dem heilenden Geist stammt, seine größte Wirksamkeit entfalten. Und dann kann wieder Heilungs- und Lebenskraft geschöpft werden. Wenn man aktiv trauert, verinnerlicht man das Geschehene, man wird stärker in seiner Seelenkraft und sucht neue Wege im Leben.

W.W.: Wie hilfst du einem solchen Menschen?

Trauer: Ich ermögliche aus meinem blauen Tuch heraus Projektionen des verlorenen Partners, ich schaffe Räume in meinem Sein, in dem sich beide Partner begegnen können. Dies versuche ich in gewissen Umrissen auszugestalten, aber es muß vom lebenden Menschen aktiv übernommen werden. Ich biete sozusagen eine Art Projektionsfläche an. Da ich ja auch mit dem Ätherischen sehr stark verwoben bin, baue ich für die guten Erinnerungen der beiden Partner goldene Brücken, und ich rege ihn an, in eine aktive Bewegung zu kommen, seinen Willen zu aktivieren. Ich als Trauer bin aus der Trinität herausgeflossen, und in dieser dritten Phase des Menschen kommt der Dreiklang der Trinität ziemlich klar heraus: heilen, anschauen, denken, etwas Neues wollen und in Bewegung kommen.

Wer in der Vergangenheit verharrt

W.W.: Nun gibt es aber Menschen, die nicht in Bewegung kommen und die nur im Anblick der Vergangenheit leben, die nur noch in der Erinnerung mit dem Verstorbenen leben, bis hinein in die Aufrechterhaltung der Wohnung, wo sich selbst äußerlich nichts ändern darf. Was für ein Zustand ist das, wenn der Mensch in dieser Weise seelisch verhärtet?

Trauer: Auch das ist eine Form von Krankheit. Diese Menschen sehen nur das Unwandelbare, sie betrachten nur die Vergangenheit, und sie müßten ihr Augenmerk mehr dem Christus und dem heilenden Gott zuwenden, damit sie nicht nur in der reinen Erhaltung der Vergangenheit verharren. Solche Menschen haben kein rechtes Verständnis für den Dreiklang der Trinität. Das sind Menschen, die eine Art Panoptikum bauen. Sie sehen nur noch das, was sie an Gutem mit dem Verstorbenen zusammen erlebt haben, und machen eine Art Wachsfigur aus ihm, übersehen dabei aber, daß man mit der Erschaffung eines solchen Panoptikums auch dem Verstorbenen und seiner Entwicklung in der geistigen Welt schadet. Er lebt ja weiter und macht seinen Durchgang durch die Phasen des Lebens zwischen Tod und neuer Geburt durch, er geht langsam auf die Weltenmitternachtsstunde zu, und dafür braucht er sehr viel Entwicklungskraft und auch Hilfe der lebenden Menschen.

Macht man aber eine Wachsfigur aus dem Menschen, bleibt immer eine Art Klotz an seinem Bein. Es entsteht in ihm dieser Klotz, der ihm eine unwandelbare Ecke mitgibt; zumindest geht dies von dem lebenden Menschen aus. Die Lebenden machen dies natürlich nicht, um den Verstorbenen zu behindern, sondern weil ihnen ein tatsächlicher Zugang zu der Welt der Verstorbenen und der Tatsache der wiederholten Erdenleben fehlt. Auch das kann sehr krankhafte Züge annehmen. Wenn man so etwas macht, schafft man auch eine extrem enge karmische Verbindung zu dem Verstorbenen, weil man ihn in einer Form beläßt, wie man ihn einmal geliebt hat, aber er ist schon sehr viel weiter gegangen in der Welt zwischen Tod und neuer Geburt. Und dann kleben an ihm gewisse Räume oder Gegenstände, in denen er einstmals auf Erden gelebt hat, und dadurch entsteht eine Art Karma, was mitunter sehr intensiv ist.

Wenn sich aber die Menschen nachts begegnen – also der Verstorbene und der Lebende, wenn dieser schläft –, dann begegnen sich oftmals nicht die beiden Iche, sondern der noch lebende und schlafende Mensch begegnet diesem Phantombild. Mit einem solchen Panoptikum schafft man also ein Abbild eines ehemals gelebten Menschen, welches man aber mit den eigenen Ich-Kräften nicht erfüllen kann. Und dann muß man sich fragen, was in dieses Bild einzieht. Ist das etwas Gutes, oder kann da etwas phantomhaft Ungutes einziehen? Denn es gibt eine große Not von Wesen in verschiedenen meist grauen Zwischenwelten und in der dunklen Widersacherwelt, und wenn dann ein Mensch bzw. eine Familie in einer Art Ahnenkultus eine Form schafft oder aufrechterhält, dann gibt es sehr viele Wesen, die nach Entwicklung gieren und in diese geschaffenen Phantombilder einziehen. Und das sind meist keine guten Wesen.

W.W.: Dies geschieht sicherlich oft beim Familienstellen?

Trauer: Ja! Hier kommen aber auch oft Wesen, die mit der Genetik, mit der Verfestigung verbunden sind.

Wandlungen

W.W.: Wie ist es, wenn der Trauernde in eine Wandlung kommt, wenn er seine Trauer verwandelt, wenn er sich vielleicht auch mit spirituellen Gedanken durchdringt, auch an den Verstorbenen denkt – wie ist das für dich, für den Verstorbenen und für den Trauernden selbst?

Trauer: Jede Wandlung ist eine sehr positive Geste und Kraft. Wenn die Wandlung kommt, sind wir beim großen Grundprinzip der Welt, und es gibt immer ein Fortschreiten. Wenn sich ein Mensch in bezug auf die Trauer wandelt, werde ich dadurch ein ganz klein wenig mehr ein zukünftiges Wesen.

Ich möchte aber noch etwas dazwischenschieben: Wenn ein Mensch einen Partner verloren hat, und er verbindet mit ihm ein paar sehr wichtige Gegenstände, die auch zu seiner oder ihrer Biographie gehören, dann ist es selbstverständlich in Ordnung, einige dieser Gegenstände aufzuheben. Denn ich will nicht sagen, daß man sofort nach dem Tod eines Menschen alles wegwerfen muß, was einen mit ihm oder ihr verbindet. Hier muß man das Maß finden, muß zur Ausgewogenheit kommen. Bestimmte Erinnerungsgegenstände, die zum eigenen Biographischen einen Bezug haben, sind keineswegs schädlich; schädlich ist es nur, wenn man *alles* konserviert.

Wenn man richtig in die Trauerarbeit hineingerät, dann sollte auch ein sinnvolles Sortieren beginnen, man sieht das Hinterlassene dieses verstorbenen Menschen durch und beginnt aufzuräumen. Zum einen schafft dies Ordnung in der Welt, zweitens hilft es dem Verstorbenen, und drittens findet man bei diesem Aufräumen möglicherweise die bestimmten Kernstücke, die bestimmten physischen Objekte, die man herausheben und aufbewahren möchte, weil sie eine besondere Erinnerung an den Verstorbenen bzw. die Verstorbene schaffen. Solche Gegenstände kann man dann an einen bestimmten Platz stellen, und dann kann man dem Verstorbenen anhand dieser aufgestellten

Gegenstände immer wieder in der entsprechenden Form begegnen. Dieses Sortieren ist in der Trauerarbeit sehr wichtig.

Das kann auch ein jahrelanger, fortschreitender Prozeß sein. Zu Beginn möchte man vielleicht 50 solcher Gegenstände aufbewahren, aber nach ein paar Jahren stellt man vielleicht fest, daß man davon die Hälfte nicht mehr benötigt usw. Das wäre ein guter Weg. Es ist bei vielen Menschen natürlich auch eine Tradition, bis zum eigenen Tod den Ehering des verstorbenen Partners aufzubewahren oder selbst mit am Finger zu tragen.

W.W.: Wir sind jetzt in der vierten Phase, in der der Trauernde neue Wege geht, sich weiterentwickelt, und vermutlich ist das die Zeit, in der er sich von dir löst. Kannst du einmal beschreiben, wie es ist, wenn der Trauernde sich in dieser Phase allmählich von dir, der Trauer, löst?

Trauer: Das ist wie ein langsames Zurückschlagen dieser Decke. Wenn du es in ein Bild gießen willst, kannst du dir vorstellen, als wärest du in der Hochphase der Trauer in mehrere Trauerdecken gewickelt, und mit einem Male stellst du fest, daß es zu warm ist, und du wickelst dich aus einer Decke heraus und legst sie beiseite und nach und nach dann auch die anderen Decken. Und irgendwann bin ich abgelegt. Das ist kein unangenehmer Vorgang für mich, denn so soll es sein.

Aktivitäten, Rituale; dem Verstorbenen vorlesen

W.W.: Ich möchte noch einige kleinere und auch praktische Gesichtspunkte zur Trauerarbeit ansprechen: Wenn man die Trauer sinnvoll überwinden will, gleich welche, ist es dann richtig, sich abzulenken und in verschiedene Aktivitäten einzusteigen?

Trauer: Prinzipiell ist das sehr sinnvoll, vor allem dann, wenn die Trauer als belastend erlebt wird. Ablenkung und Aktivität sollten allerdings nicht dazu führen, zu extrem zu werden, so daß man keine Möglichkeit mehr hat zu trauern. Die Trauerverarbeitung muß immer möglich sein. Besonders für depressive Trauer ist Aktivität sehr heilsam.

W.W.: Helfen auch verschiedene, teils auch eigene, Rituale?

Trauer: Ja, die sind ganz wichtig. Ein Ahnenkult, in einem ganz kleinen Rahmen, hat auch etwas Gesundendes. Das ist in jedem Volk, bei jedem Menschen vermutlich sehr verschieden. Aber in euren Breiten wird man sich vielleicht ein Foto des Verstorbenen aufstellen, eine Blume oder eine Kerze danebenstellen, es kann auch ein schwarzes Band über die Ecke des Fotos sein, wenn man dies ein wenig dramatisch gestalten möchte. Altäre sollte man nicht errichten, aber eine Erinnerungsecke ist gesund. Denn der Effekt ist, daß man alles Innerliche – alle Trauer, alle Verzweiflung, vielleicht auch Wut – dort hintragen kann. Dann ordnet man es einem Bereich zu, und wenn man das Bedürfnis hat, geht man zu dieser Ecke. Dann weint man vielleicht auch noch einige Minuten dort, und dann kann man wieder fortgehen. Man weiß, daß es diese Ecke gibt und daß man jederzeit zurückkehren kann. Aber diese Ecke muß nicht überall im Leben mit hinkommen. Man kann sich auch über eine gewisse Zeit einen besonderen Tag in der Woche dafür aussuchen oder eine bestimmte Minute an jedem Tag, und dann kann man sich mit dem Verstorbenen an diesem Platz konfrontieren, sich bewußt mit ihm auseinandersetzen, unterhalten. Diese Zeiten dürfen in verschiedenen Lebensphasen auch mal länger oder mal kürzer sein, auch nach Jahreszeiten verschieden, denn vielleicht hat man in der Karwoche oder in der Novemberzeit ein intensiveres Bedürfnis, sich mit dem Verstorbenen auseinanderzusetzen. An einem solchen Ort sollte man dann auch Tränen zulassen. Solche Rituale sind gesundend.

W.W.: Wäre es auch sinnvoll, den Verstorbenen mit spirituellen Gedanken, mit dem, was man aus der Anthroposophie über die Welt zwischen Tod und neuer Geburt weiß, zu begleiten und ihm auch spirituelle Gedanken zuzusenden?

Trauer: Das ist eine schöne Arbeit, selbstverständlich. Man kann sich das Wissen aneignen, in welcher Phase der Verstorbene sich befindet, und man kann dann versuchen, mit ihm mitzugehen, ihn wach zu begleiten. Man kann sich fragen, ob er noch im Kamaloka ist, ob er schon in der Merkursphäre oder wo auch immer ist, und man kann dann versuchen, zu ahnen, was er durchlebt, in welchem Begegnungsraum er sich befindet. Daraus folgend kann man sich vorstellen, wie er sich vermutlich entwickeln wird. Aufgrund des anthroposophischen Kontextes ist dies ja sehr leicht möglich. Wenn man sich mit anthroposophischen Gedanken durchdringt und sie an den Verstorbenen sendet, gedanklich, dann hilft man ihm auch auf dem Weg in der geistigen Welt. An solcher Stelle bekommt man Kontakt zum Verstorbenen. Man kann ihm auch jeden Abend vor dem Schlafengehen etwas vorlesen, oder auch nur einmal in der Woche. Das muß nicht aus der Bibel sein, das muß auch nicht Rudolf Steiner sein, es kann etwas sein, womit sich der Verstorbene während des Lebens intensiv beschäftigt hat. Aber sehr wichtig sind vor allem spirituelle Gedanken. Es kann aber auch das Tagebuch des Verstorbenen sein. Allerdings sollte einem das nicht peinlich sein.

Kummer wird durch Wasser aufgelöst

W.W.: Inwieweit hilft ein Gespräch mit einem anderen Menschen, und inwieweit entlastet dies die eigene trauernde Seele, weil andere Menschen die Trauer mittragen?

Trauer: Das hilft und ist immer eine gute Sache, vor allem deswegen, weil es vermutlich meist Menschen sind, die nicht so tief in der Trauer stecken. Obwohl es auch sinnvoll sein kann, mal zusammen zu weinen. Wasser zieht den Kummer an, und Kummer wird durch Wasser aufgelöst. Wenn das kummerbelastete Leben mit dem Wäßrigen zusammentrifft, wird der Kummer aufgelöst. Es ist immer gesundend, wenn man mit Menschen spricht, die nicht so nah an dieser bestimmten Trauer dran sind. Denn diese Menschen können raten, können stützen, können helfen, haben etwas mehr Distanz, und sie können den Trauernden den Blick auf die Welt wieder neu öffnen. Und solche Tips haben nichts mit irgendeiner bestimmten Religion zu tun.

W.W.: Ist es sinnvoll, sogenannte Trauerreisen zu unternehmen?

Trauer: Warum nicht, aber dies entspricht nicht so sehr eurer Kultur. Eine solche Reise hat sehr viel Aktivität, sie hat vermutlich auch etwas mit einer Suche zu tun. Allerdings sollte man nicht irgendwo in Spanien im Betonbunker landen. Man kann sich auch mit den Trauerriten anderer Länder beschäftigen, falls die einem mehr liegen als das, was man hierzulande durchführt.

W.W.: Wie stehst du zu den Klageweibern, die man z.B. im muslimischen Bereich bestellt und die dann am Sarg ihr Klagegeschrei anstimmen?

Trauer: Aus deren Kultur heraus ist dies zu verstehen. Dem entsprechenden Kulturraum hilft dies, dem Toten nicht unbedingt. Die Klageweiber sind eine Darstellung der jeweiligen Familiengemeinschaft, sie sind also eher zu einer genetischen Geste verkommen. Es sind keine Verwandten, sondern Dienstleisterinnen, aber sie wirken für eine jeweilige Familie. Solche Sitten gibt es schon sehr lange. Sie stellen die Klage des Familienwesens dar.

W.W.: Inwieweit ist es auch sinnvoll, sich bei der Trauerbewältigung phasenweise vom Leben zurückzuziehen?

Trauer: Das muß jeder Mensch aus seiner eigenen Individualität heraus entscheiden, abtasten, ob so etwas für ihn ein sinnvoller Weg ist. Darin kann die Gefahr liegen, daß bei zu starker Konfrontation mit mir, der Trauer, etwas Krankhaftes beginnen kann. Ich kann es nicht jedem empfehlen. Für manche kann es aber auch sehr gesundend sein. Eine Rückzugsphase, in der man sich z.B. sehr intensiv mit der

Biographie des Verstorbenen auseinandersetzt, kann sehr sinnvoll sein, vor allem dann, wenn man den Verstorbenen nicht in seinen ersten Lebensjahrzehnten kennengelernt hat und sich nun mit dieser Zeit seines Lebens intensiv auseinandersetzt. Wenn der Todesfall relativ schnell kommt, kennt der Hinterbliebene nur eine kurze Phase des Lebens des Verstorbenen, und wenn man dann in einer Klausur versucht, das gesamte Leben des Verstorbenen zu überblicken, ist dies eine gesunde Geste.

W.W.: Inwieweit ist es hilfreich, auf die Bewältigung früherer eigener Krisen innerlich zurückzugreifen?

Trauer: Das ist eine gute Methode, denn man kann das, was man einstmals geübt hat, wieder hochholen und nun verfeinern. Aber auch hier liegt eine Gefahr: daß man zu starke Muster bildet und jede Trauersituation nach dem gleichen Muster bearbeitet. Denn es kann sein, daß das eine Muster keineswegs auf eine andere Situation paßt, und dann können sich Reste aus einer aktuellen Trauersituation bilden, die dann auf die lange Bank geschoben werden.

W.W.: Wann ist aus deiner Sicht die Trauer eines Menschen komplett überwunden?

Trauer: Wenn er nicht mehr trauert. Wenn ich weg bin. Wenn der Hinterbliebene, ohne den Verstorbenen zu vergessen, seinen Lebensweg aktiv und freudevoll gestalten kann. Es darf aber nichts in die Verdrängung gehen. Wenn man etwas verdrängt, ist die Trauer nicht abgeschlossen.

Stille Trauer

W.W.: Es gibt sehr viele weitere Trauerformen. Nehmen wir ein paar Beispiele heraus. Man lebt z.B. in einer Partnerschaft und ist darüber traurig, daß sich der Partner niemals ändert. Was ist das für eine Form von Trauer?

Trauer: Das ist eine Form von Trauer, in der man ständig mitleidet, und dann kommt die Mitleidskomponente mit hinein. Man hat Mitleid und fühlt Trauer mit der Änderungsunwilligkeit und Wandlungsunfähigkeit des Partners. Das ist eine Mischung aus Trauer und Mitleid, und es kann daraus auch bei chronischer Trauer Verzweiflung mit hinzukommen. Ich kenne kaum einen Menschen, der diese chronische Wandlungsunfähigkeit des Partners nur betrauert, denn es kommt mehr oder weniger automatisch irgendwann die Verzweiflung.

W.W.: Kein Mensch ist vollkommen, es muß nicht unbedingt eine herausragende Trauer sein, die zur Verzweiflung führt, sondern es könnte ja auch eine kleinere Form der stillen Trauer sein, weil ein bestimmter Bereich wandlungsunfähig ist, alles andere aber sehr schön ist.

Trauer: Das ist stille Trauer, die gibt es häufig. Wenn wir das wieder in unser Bild bringen, so sind dies kleine blaue Schleier bzw. blaue Schleifen, die man irgendwo trägt. Das ist eine bleibende Trauer.

Trauer über eine gescheiterte Initiative

W.W.: Wie ist es, wenn man z.B. von einem anderen Menschen verraten wird, z.B. von einem Freund? Ich meine jetzt nicht den ersten Schock, sondern die Tatsache, daß ein guter Freund einen verraten hat. Was ist das für eine Form von Trauer?

Trauer: Das ist eine sehr dunkle Trauer. Oft mischen sich hier auch Wutkomponenten mit hinein. Man ist über einen solchen Verrat keineswegs nur traurig, denn das wäre eine sehr abgeklärte Seelenhaltung. Trotzdem ist die Trauer eine wesentliche Komponente in einem solchen Fall. Hier bekommt mein blaues Tuch andere Farben hineingewoben: das Schwarze der Verzweiflung, das Rote der Wut, vielleicht auch etwas Grau der Mißgunst und vieles mehr.

W.W.: Was für eine Form der Trauer ist es, wenn man mit einer Menschengemeinschaft zusammenarbeitet, aber viele oder alle anderen nach einigen Jahren Vereinbarungen brechen, das gemeinsame Projekt nicht weiterverfolgen und man darüber sehr traurig ist, weil die einstmals gefaßten Ideale nicht mehr da sind?

Trauer: Hier steigt die Trauer auf eine etwas höhere Seelenstufe, weil es nicht mehr um ein Individuum geht, sondern um eine Gemeinschaft. Man kann um sehr viele verschiedene im Physischen inkarnierte Wesen trauern, um den Verlust eines Partners, um eine ausgestorbene Tierart oder auch ein verstorbenes Haustier, um bestimmte vernichtete Pflanzen und vieles mehr, aber hier sprechen wir über nichtphysische Wesen. Jedes Projekt, jede verwirklichte Idee hat auch ein Wesen, zumindest wesenhafte Anteile. Der Trauerprozeß um eine nicht mehr verwirklichte Idee bzw. eine gescheiterte Gemeinschaft ist eigentlich ähnlich, denn man kann auch hier diese einzelnen Phasen durchmachen, auch wenn sie vermutlich etwas anders ablaufen. Als Besonderheit kann man sich hierfür einen Ort der Trauer wählen, man kann sich hin und wieder mit dem auseinandersetzen, was die ursprüngliche Gründungsidee war, man kann sich ein Vereinsemblem anschauen oder auch einen bestimmten Ort, wo man einmal begonnen hat. Dann kann man sich die ursprünglichen Ideen noch einmal in Erinnerung rufen.

Wenn man sich das Wesenhafte dieses verlorenen oder gescheiterten Projekts klarmacht, kann man mit der wesenhaften Trauer beginnen. Wenn man dies aber nicht macht, weil einem das Wesenhafte gar nicht klar oder wichtig ist oder weil einem das Wesenhafte gar nicht entgegentritt, muß man die Trauer auf ein abstrakteres, gedanklicheres Niveau heben und ins Fühlen und Denken holen. Und hier läuft die Bearbeitung des Scheiterns mit den Fragen nach der Sinnhaftigkeit ab, und man kann sich fragen, warum dieses Projekt während dieser Menschenbiographien nicht möglich war. Außerdem muß man sich fragen, ob das Wesen eines solchen Projekts vielleicht gar nicht lebensfähig war. Vielleicht mußte es sich auflösen, weil es schief und lebensunfähig gewollt oder durchgeführt worden war. Hier sollte die Trauerverarbeitung wirklich auf eine so gedanklich durchdrungene Ebene geführt werden. Dann kann man diese Trauer gut verarbeiten.

Wenn das Ich nicht wahrgenommen wird

W.W.: Um welche Form von Trauer handelt es sich, wenn andere Menschen einen selbst bzw. die eigene Arbeit nicht wahrnehmen und man darüber traurig ist?

Trauer: Das ist eine ichhafte Trauer. Es ist so, als müßte der Mensch, der diese Trauer erlebt, mit einem verhüllten Ich leben. Es ist so, als müßte er mit einem Ich leben, welches für viele Menschen nicht erkennbar ist. Hier entsteht die Trauer des Ichs über dieses Nicht-Erkanntwerden, denn jedes Ich hat den starken Wunsch, in der Welt wahrgenommen zu werden; nur dann kann es sich ichhaft mit der Welt verbinden. Das Ich tut etwas in der Welt, wird aber nicht gesehen, aber das Gesehenwerden durch andere Wesen gehört zu jedem Ich dazu. Jedes Ich fühlt sich verletzt, wenn es nicht wahrgenommen wird.

Eine Hilfe an dieser Stelle kann sein, auch wenn das nicht einfach ist, sich zu sagen: Wenn die Menschen mich nicht sehen, ist das zwar tragisch, aber es gibt ganz viele Wesen, die mich sehen. Das sollte man sich regelmäßig bei der Trauerverarbeitung vergegenwärtigen. Und man kann sich sagen, daß man durch den Christus, den Schutzengel und die Naturwesen, den eigene Hausgeist bzw. Wohnungsgeist und noch sehr viele Wesen mehr wahrgenommen wird. Die Wesen in den Nahrungsmitteln, die Baumwesen, denen ich begegne, und unzählige Wesen mehr – sie alle nehmen mich wahr! Man kann sich sogar einen Ort in der Wohnung oder woanders einrichten, mit einem kleinen Gegenstand, der einen an diesen Zusammenhang erinnert. Man kann eine Kerze hinstellen, einen Stein hinlegen, eine Engelstatue aufbauen – je nach individuellem Wunsch kann man sich diesen Ort einrichten.

Wenn einen Menschen in dieser Weise kaum wahrnehmen, so hat man eine berechtigte Trauer in sich, aber weil man diese Trauer hat, hat man diesen Ort eingerichtet, der einen immer wieder daran erinnert, daß man mit dieser Trauer umgehen kann und daß andere Wesen einen sehr wohl wahrnehmen. An diesem Ort macht man sich immer klar, daß es keineswegs nur Menschen gibt. Es gibt viele Wesen, die einen wahrnehmen.

Die Trauer der zu Frühen

W.W.: Was für eine Trauer entsteht, wenn man etwas geistig Wichtiges in die Welt setzt und andere dies bewußt oder unbewußt nicht verstehen, das geistige Produkt vielleicht schmälern oder gar beschmutzen?

Trauer: Das ist die Trauer der zu Frühen. Das entspricht auch der Trauer gegenüber dem Scheitern an den Widersachern. Auch das ist eine ichhafte Trauer, nur daß es sich nicht um einen selber dreht, sondern um das, was man aus seinem Ich heraus in die Welt gestellt hat.

Das ist auch die Trauer, die sehr viele geistige Wesen haben, z.B. die Vulkanengelwesen, die etwas Geistiges aus der geistigen Welt an die Menschen herantragen – aber die Menschen nehmen sie nicht wahr.

Auch geistige Wesen trauern, wenn sie nicht wahrgenommen werden. Das geht auch sehr vielen Schutzengeln so, die sogar wissentlich in diese Trauersituation kommen, denn vor der Geburt des jeweiligen Menschen haben sie mit ihm Grundzüge seines Lebens durchgesprochen. Trotzdem trauern sie dabei, denn wenn sie nicht über das Verhalten ihres Menschen trauerten, wenn ihnen dieses Verhalten gleichgültig wäre, könnte diese Verletzung nicht heilen. Trauer ist eine notwendige Voraussetzung für Heilung.

Der Mensch, der auf diese Weise trauert, sollte auf jeden Fall den Wert dessen erkennen, was er der Welt gegeben hat, und man kann einem solchen Menschen empfehlen, daß er das, was er der Welt gegeben hat, in die Zeit ziehen läßt. Das ist allerdings nicht ganz leicht. Dadurch verobjektiviert man das, was man in die Welt gestellt hat, und man kann sichergehen, daß die Wirkung irgendwann eintreten wird. Man kann seine Leistung also wie eine Art Kind betrachten, wie ein geistiges Kind. Bei Kindern kommt auch der Moment, an dem man sie loslassen muß, damit sie in die Welt ziehen und in die Wirksamkeit kommen. Wenn die Kinder aus dem Haus gehen, wird auch eine Trauer ausgelöst, aber man läßt sie ziehen. Diese Trauer ist notwendig, weil dieser Riß geheilt werden muß. Auf diese Weise kann man auch seine geistige Leistung wie eine Art Kind betrachten, und wenn man dann diesen Ablöseprozeß gleichzeitig heilt, wird die Wirkung in der Welt auch stabilisiert. Und man kann sicher sein, daß das eigene Beitragen in der Welt eine Wirkung hat!

W.W.: Wir sind also hier im Bereich der zunehmend geistigen Trauer. Kannst du einmal abgrenzen, was seelische und was geistige Trauer ist?

Trauer: Geistige Trauer weint nicht in das Gefühl hinein. Geistige Trauer kann man auch mit Tränen nicht auflösen. Solange die Trauer seelisch ist, helfen Tränen sehr gut. Sie helfen, weil etwas ins Fließen kommt. Bei der geistigen Trauer heilt eigentlich nur die Zeit. Bei der seelischen Trauer ist der Zeitverlauf aus der Vergangenheit in die Zukunft hinein, bei der geistigen Trauer ist der Zeitverlauf aus der Zukunft in die Gegenwart.

W.W.: Um welche Art von Trauer handelt es sich, wenn man z.B. über das Aussterben einer Pflanzen- oder Tierart trauert bzw. über die Vergiftung der gesamten Erde?

Trauer: Dies nähert sich ganz anfänglich der Trauer der Schöpfung an, also der Trauer darüber, daß die Schönheit der Schöpfung, die eigentlich vorhanden ist, beschmutzt wird. Wenn man ein Kind hat und man gestaltet ihm ein wunderschönes Kinderzimmer, das Kind freut sich ungeheuer über dieses Kinderzimmer, freut sich so sehr über dieses Kinderzimmer, daß es in diesem Zimmer wie wild anfängt zu spielen, so daß sehr schnell ganz viel kaputtgeht. Dann hat man eine starke Trauer, auch wegen der eigenen Arbeitsleistung, weil man vielleicht ganz liebevoll jede Ecke bemalt hat. So in etwa ist das.

W.W.: Aber das Bild ist ein wenig schief, denn hier geht es zum einen um ein Kind und auf der anderen Seite um einen Erwachsenen; auch wenn der Erwachsene vielleicht traurig über gewisse Zerstörungsimpulse des Kindes ist, so freut er sich doch am kindlichen Spiel. Bei meinem Beispiel geht es aber um Erwachsene: Die einen vernichten eine Tierart, die anderen trauern darüber.

Trauer: Das stimmt zwar auf der Ebene der Menschen, aber nicht mehr auf der Ebene zwischen geistigen Wesen und Menschen, denn zwischen geistigen Wesen und Menschen ist der Abstand noch größer als zwischen Erwachsenen und Kindern. Als erwachsener Mensch steht man auf Augenhöhe mit den Erdenzerstörern, aber man steht nicht auf Augenhöhe mit dem Weltengeist. Auch hier geht es um ichhafte Trauer, und wenn ein Mensch in der von dir angesprochenen Weise trauert, ähnelt diese Trauer der Trauer, die geistige Wesen über die Menschen in sich tragen. Wenn man die Trauer so empfindet, wie die geistige Welt die Trauer empfindet, wird man die Trauer leichter durchleben und aushalten können, jedoch ohne daß die Trauer verschwindet. Dazu kann man sich vorstellen, daß es höhere Wesen als den Menschen gibt, die an gleichen Stellen trauern, und dann kann man sich deren Trauer anschließen. Das kann helfen. Das kann die Trauer erträglich machen.

Heilungsimpulse in die Welt senden

W.W.: Wie ist es, wenn man über ein real aktuelles Kriegsgeschehen trauert, z.B. aktuell über das in Syrien?

Trauer: Das ist eine gesunde und notwendige Trauer, die für die Welt sehr wichtig ist. Denn in dem Moment, in dem man über ein reales Kriegsgeschehnis trauert, sendet man auch gleichzeitig Heilungsimpulse in die Welt, auch wenn dies nur ein ganz kleines Moment ist. Aber man hat etwas aus Freiheit aktiviert. Aus der eigenen Trauer können Heilungsimpulse in die Welt gehen. Es ist wichtig, daß man über solche Kriegsgeschehnisse trauert und sich mit ihnen beschäftigt.

W.W.: Welche Art von Trauer ist es, wenn man darüber trauert, daß die meisten Menschen die Anthroposophie nicht wahrnehmen, daß die meisten Menschen auch von geistigen Wesen nichts wissen wollen?

Trauer: Das ist ebenfalls eine geistige Trauer, die sehr ähnlich der Trauer in bezug auf das nicht wahrgenommene Projekt ist. Denn es sind Wesenheiten, die nicht wahrgenommen werden, es geht nicht um das eigene Sein oder die eigene Arbeit. Von dem Trauerniveau her ist dies eine geistige Trauer. Allerdings muß man hier auch darauf achten, daß diese Trauer nicht abrutscht, in eine Art Frustration oder gar Verzweiflung. Aber auch hier ist es so, daß die Trauer über die Nichtwahrnehmung der Anthroposophie und geistiger Wesen auch wiederum ein kleiner Ansatz ist, dieses Mißverhältnis etwas zu heilen. Das solltet ihr bei der Trauer über geistige Prozesse nie vergessen. Wer hier aus ehrlichem Herzen und nicht mit Pomp und Hybris trauert, wer wirklich ehrlich betroffen ist und deswegen trauert, der fängt an, diesen Zustand ein ganz klein wenig zu heilen. Durch die Trauer ermöglicht man den Kräften des Heiligen Geistes, an dieser Stelle ein wenig mehr heilend einzugreifen. Aber man muß dies immer aushalten.

Trauer um die verlorene Kindheit

W.W.: Wie steht es um einen Jugendlichen, der trauert, z.B. vor und nach der Pubertät?

Trauer: Ein Jugendlicher kommt in die Pubertät und stellt fest, daß er kein Kind mehr ist; dann trauert mehr oder weniger bewußt um die verlorene Kindheit. Mit einem Male muß er alles mögliche selber machen und findet dies traurig. Es ist eine der menschlichen Grunderfahrungen, Trauer darüber empfinden zu können, daß etwas verschwunden ist. Wenn ein Jugendlicher diese Erfahrungen nicht macht oder wenn die Eltern oder andere Erwachsene diese Trauer bei ihm nicht zulassen, wird er in seinem späteren Leben an Stellen, wo er trauern muß – und jeder kommt an solche Stellen –, Schwierigkeiten haben. Deswegen ist diese Grundtrauer der verlorenen Kindheit ein erster seelisch erlebter Verlust in der Jugend, der eigentlich sehr gesund ist. Kleine Kinder können in dem Sinne nicht bewußt trauern. Sie weinen zwar, aber Trauer können sie nicht erleben. Die Trauererfahrung in der Pubertät ist aber ganz wichtig, um später Trauer verarbeiten zu können. Diese Trauer sollte man nicht einschränken. Man muß schauen, in welcher Weise man ihr oder ihm eventuell durch gute Ratschläge oder durch Fürsorge helfen kann, aber im Grunde müssen die Jugendlichen da alleine durch. Diese Zustände sind sehr gesund, um Trauer überhaupt zu lernen.

Kummer, Heimweh und Jammer

W.W.: Was ist Kummer?

Trauer: Kummer ist mit mir verwandt. Kummer ist der wasserlösliche Anteil von mir; bildlich gesprochen. Kummer ist meist ein zeitlich begrenzter, aber oft sehr massiv auftretender Bereich von Trauer. Man hat eine sehr intensive, meist relativ fest umrissene Zeit, in der man stark im Kummer lebt, aber auf Dauer kann man nicht im Kummer leben. Oft weint man auch in dieser Zeit des Kummers, durchlebt ganz starke Gefühle, meist noch sehr viel direkter als bei der Trauer. Trauer hat meist auch etwas Abgesetztes. Bei der Trauer ist man oft in der Betrachtung, zumindest in der geistigen Trauer.

W.W.: Was ist Heimweh?

Trauer: Es gibt die aus einem permanenten Heimweh erwachsene Trauer. Sie wird von Menschen erlebt, die nicht an dem Ort leben wollen, an dem sie gerade sind, sondern sich nach dem Ursprungsort sehnen. Heimweh selbst ist aber keine Trauer, sondern kommt bei einem Ortsverlust. Ich bin kein Heimweh.

W.W.: Was ist Jammer?

Trauer: Der ist ein wenig aus der Mode gekommen. Die Klageweiber jammern. Jammern hat einen negativen Geschmack, ist ein überhöhter Kummer, der sich der Welt laut mitteilt. Früher war das mal anders. Der Jammer hat sich sehr in etwas Kitschig-Negatives verwandelt, in etwas Überzogenes. In Zeiten, in denen ihr Menschen eine andere Bewußtseinskonfiguration hattet, war das Jammern nicht so negativ besetzt wie heutzutage. Es war ein notwendiges Ventil, um mit dem täglichen Kummer fertigzuwerden. Dies waren aber meist äußere Erlebnisse wie Hunger, viel Arbeit und andere unglückliche Situationen. Man jammerte dann, um ein seelisches Ventil für diese unglücklichen Situationen zu haben.

Pein, Gram und innere Qual

W.W.: Was ist Pein?

Trauer: Auch das ist aus der Mode gekommen. Pein ist wie ein andauernder Nagel im Fleisch. Peinigung hat nicht nur einen kurzen Moment, sondern ist meist eine über längere Zeit andauernde Phase bzw. wird einem von anderen zugefügt. Es ist eine negative Zuwendung von Menschen gegenüber anderen Menschen über einen bestimmten Zeitraum, der sehr schmerzhaft empfunden wird.

W.W.: Was ist Gram?

Trauer: Das ist eher ein krankhafter Zustand. Die Gram ist ein verlorenes Kind von mir, ein Zustand, in dem ich nicht habe heilend wirken können. Gram ist die ungeheilte Trauer. Da hat sich etwas verfestigt. Die Gram hat auch etwas sehr Altes an sich. Ein Mensch kann nach einem langen, entbehrungsreichen und unglücklichen Leben gramerfüllt sein. Gram ist trostlose Trauer. Eine wirkliche Trauer tröstet im Endeffekt, Gram aber kann man nicht trösten. Ich habe zu der Gram eigentlich keine richtige Beziehung, es ist ein von mir abgeschnürter Bereich.

W.W.: Was ist innere Qual?

Trauer: Sie ist etwas mir recht Fernes. Man kann zwar betrauern, daß sich jemand innerlich gequält fühlt, aber innere Qual ist sehr in der Nähe von Magie und ähnlichen Bereichen. Bei äußerer Qual gibt es immer einen Kraftzufluß von dem Gequälten zu dem Quälenden, und das hat immer etwas mit Macht zu tun. Innere Qual ist zwar eine andere Qual, die man sich meist selber zufügt, aber hier sind wir nicht mehr im Bereich der Trauer.

Trübsal, Niedergeschlagenheit und abgrundtiefe Trauer

W.W.: Wie steht es mit Trübsal und Betrübnis? Wieso bläst man Trübsal?

Trauer: Weil Trübsal keine sehr große Substanz hat. Trübsal ist etwas eher Luftiges, was als luftiger Zustand aus jemandem herausquillt. Trübsal ist eine vorübergehende Erscheinung eines nicht erfüllten Wunsches. Betrübnis ist schon ein etwas länger andauernder Zustand.

W.W.: Was sind Niedergeschlagenheit und Bedrückung?

Trauer: Bedrückung wird erlebt, wenn etwas auf einen drückt, meist eine psychische Last. Das Wissen um eine schwerwiegende Tatsache kann zu einer dauernden oder vorübergehenden Bedrückung führen. Wenn dir jemand ein recht schwerwiegendes Geheimnis anvertraut, du darüber nicht sprechen darfst und immer mit diesem Geheimnis herumlaufen mußt, dann kannst du dies als Bedrückung empfinden.

Wer Niedergeschlagenheit empfindet, steht häufig in der Situation, daß sich eine Hoffnung nicht erfüllt hat. Das kann eine große und auch eine absolut geringe Hoffnung auf etwas sein. Man kann z.B. bereits niedergeschlagen sein, wenn man sich ein Stück Kuchen gönnen wollte, dies aber nicht bekommt. Man kann aber auch sehr niedergeschlagen sein, wenn man sich zum ersten oder zweiten Mal mit der Umweltverschmutzung konfrontiert, so daß man einen Schlag auf die eigene Seele bekommt. Danach kann Trauer entstehen. Vielleicht aber auch Wut. Manche verharren auch ein wenig in diesem leichten Schockzustand. Niedergeschlagenheit ist eine Art Schockzustand, mit lähmender Komponente, aber auch mit einem gewissen Erkennen. Man erkennt meist, was einen niedergeschlagen hat.

W.W.: Was ist abgrundtiefe Trauer?

Trauer: Das ist eigentlich Gram. Aber es kommt darauf an, wie lange diese abgrundtiefe Trauer andauert. Es kann auch eine ganz furchtbare und kurze Trauer sein.

W.W.: Gibt es auch so etwas wie fassungslose Trauer?

Trauer: Das kann die erste Trauer sein, vielleicht bei den vier Phasen der erste Schritt, also mehr der Schock. Fassungslose Trauer ist der erste Moment in einer Trauerphase, wenn man z.B. vom Tod seines Partners erfährt. In einem solchen Moment ist man fassungslos traurig. Vielleicht erscheint sie auch kurz nach dem allerersten Schock. Aber es ist noch ein Zustand, in dem man etwas nicht begreift oder etwas nicht wahrhaben will und auch noch nicht so richtig trauert.

Heuchelei macht die Welt krank

W.W.: Wie ist es für dich, wenn einer Trauer nur spielt?

Trauer: Das ist ganz etwas Schlechtes. Das ist Heuchelei und keine Trauer. Ich mag keine Heuchler! Heuchler machen krank, ich dagegen mache heil, ich dagegen gesunde. Heuchelei aber macht die Welt krank. So etwas widerstrebt mir völlig.

W.W.: Was ist hilflose und ohnmächtige Trauer?

Trauer: Hier muß man genauer hinschauen, ob das nicht andere Begriffe für Verzweiflung, Hilflosigkeit und Ohnmacht sind. Ihr Menschen kombiniert manchmal Begriffe und vermengt damit Seelenzustände. Oft sind dies Frühformen der Trauer, die noch vom Schokkerlebnis geprägt sind. Schock ist ohnehin ein eher modernes Wort; früher sprach man dann z.B. von ohnmächtiger Trauer. Wenn man wieder zu einer Besinnung und leichten Abklärung kam, ging diese ohnmächtige Trauer in eine mehr aktive Trauer über. Ohnmächtige Trauer ist oft auch eine Beschreibung dafür, daß man vor einer Situation steht, in der man eingreifen möchte, aber nicht eingreifen kann.

W.W.: Wie stehst du zu nationaler bzw. öffentlicher Trauer?

Trauer: Da trauern verschiedene Menschen. Wenn z.B. jemand von einer Schiffsmannschaft zu Tode kam, trauerte man um ihn, senkte die Fahne auf Halbmast, und dann trauerte diese Gemeinschaft – und das ist eine sehr gute Geste dieses Gemeinschaftswesens. Die gleiche Geste liegt bei einer Staatstrauer vor. Das Wesen des Staates zeigt dann nach außen, daß es etwas wahrgenommen hat, was es traurig macht, und deklariert dies z.B. mit einer Veranstaltung oder dem Senken der Fahne auf Halbmast.

W.W.: Was ist uneingestandene Trauer?

Trauer: Darüber haben wir geredet; das ist alles das, was durch Verdrängungsmechanismen nicht ins Bewußtsein gehoben wird. Auch jedes Trauma gehört dazu.

Tränen sind ein Reinigungsvorgang der Seele

W.W.: Mich interessiert noch das Weinen. Was ist das Weinen? Ist dies eine Wesenheit?

Trauer: Weinen hat zwei Seiten: zum einen die physische Seite, und dann ist dies eine Funktion der Tränendrüsen, durch die Flüssigkeit abgesondert wird. Das Weinen selbst wird dabei durch eine innere Regung ausgelöst; zumindest in den meisten Fällen. Es gibt aber auch andere Ursachen, z.B. wenn man gähnen muß, kann man auch anfangen zu weinen. Und es gibt verschiedene Muskelbewegungen, die zu einem automatischen Weinen führen. Zum andern sind es meist Seelenbewegungen, die einen zu Tränen rühren. Die Seele wirkt dann auf den Ätherleib und der Ätherleib auf den physischen Leib, so daß diese Muskel- und Drüsenbewegung ausgeführt wird. Tränen sind ein Reinigungsvorgang der Seele. Wer Kummer hat, wird meist weinen. Wer gramvoll ist, weint eher nicht. Tränen verhindern auch Traumatisierungen. Das hängt damit zusammen, daß etwas ins Fließen kommt. Eigentlich ist das alles ganz wunderbar.

W.W.: In der Epistel während der Karzeit im Kultus der Christengemeinschaft kommt die Formulierung *„Trübnis rieselt dir im Blute"*. Was bedeutet das?

Trauer: Rieseln ist der Hinweis darauf, daß etwas fließt. Ihr müßt euch Tränen vorstellen, die im Blut rieseln. Damit wird auf eine Ich-Trauer hingewiesen, die aber in Bewegung kommt.

W.W.: Möchtest du zum Schluß noch etwas sagen?

Trauer: Heile durch Trauer, wenn es nötig ist!

W.W.: Vielen Dank.

Trauer: Bitte.

Dankbarkeit

Dankbarkeit: Guten Tag.

Wolfgang Weirauch: Guten Tag. Gibt es Uranfänge der Dankbarkeit, die man heute noch schildern kann?

Dankbarkeit: Man kann heutzutage schildern, ab wann die Dankbarkeit in etwa *die* Dankbarkeit ist, die ihr als Dankbarkeit versteht. Das aber ist nicht mein Uranfang.

W.W.: Kannst du über diese Anfänge etwas berichten?

Dankbarkeit: Entstanden bin ich aus einer Mischung aus Staunen, Befriedigung und Demut. Demut hat mit dem ursprünglichen Dankbarsein sehr viel zu tun. In alten Vergangenheiten konnte man Dankbarkeit und Demut nicht wirklich trennen. In dieser Vergangenheit waren wir ein Wesen. Alle Wesen, die dankbar waren, verharrten auch in Demut. Das war nicht trennbar. Dies aber war ein Zustand in einer gewissen Befriedigung, Zufriedenheit. Natürlich kann man auch unbefriedigt in Demut verharren, aber daraus bin ich nicht geworden. Man könnte diesen damaligen Zustand auch als staunende Demut bezeichnen.

W.W.: Wie würdest du dich heute selber beschreiben?

Dankbarkeit: Es gibt verschiedene Seiten. Einerseits die konventionelle Dankbarkeit, die aus euren gesellschaftlichen Konventionen entsteht und die auch im gegenseitigen Miteinander als Benimm-Regel bezeichnet wird, und dann gibt es die Dankbarkeit aus dem tiefsten Herzen heraus, die bei bestimmten Situationen in euch vom Himmel fällt. In solchen Situationen seid ihr Menschen auch wirklich auf einmal dankbar. Am einfachsten können die Menschen diese Dankbarkeit erleben, wenn sie z.B. aus einer Narkose erwachen und erleben, daß sie eine Operation überstanden haben, daß alles gut verlaufen ist. Dann überkommt euch eine unendliche Lebensdankbarkeit. Außerdem gibt es noch den riesigen Bereich von Floskeln, wenn man sich z.B. nur ganz beiläufig für irgend etwas bedankt. Dazwischen schwinge ich hin und her.

Von Dankbarkeit durchtränkt

W.W.: Kannst du ein Beispiel nennen, auf welche Weise geistige Wesen Dankbarkeit empfinden?

Dankbarkeit: Die geistige Welt ist in einer gewissen Weise von Dankbarkeit durchtränkt. Ab einer gewissen Bewußtseinsstufe ist die geistige Welt von einer gewissen dankbaren Daseinfreude durchzogen. Auch die dunklen Wesen können dankbar sein. Ebenso erleben die höheren Naturwesen und fast alle geistigen Wesen diese Dankbarkeit, aber dazu gehört immer ein gewisses Bewußtsein. Ein Ich gehört aber nicht zwingend dazu.

W.W.: Wofür ist ein geistiges Wesen dankbar?

Dankbarkeit: Die Grundhaltung ist die Dankbarkeit darüber, daß man existent sein darf. Das ist erst ab einem bestimmten Bewußtsein möglich. Selbst bei vielen höheren Tieren kann man eine gewisse Dankbarkeit erleben. Wenn man z.B. einen Hund aus dem Kalten ins Warme bringt, kann er richtige Dankbarkeit ausströmen. Aber er kann nicht das Bewußtsein für seine Existenz aufbringen. Die nimmt er als gegeben hin. Da Tiere seelische Wesen sind, können sie eine gewisse Dankbarkeit erleben. Sie erleben aber nicht den Dank an die Schöpfung.

Das Opfer der Widersacher

W.W.: Inwiefern besteht in der geistigen Welt Dankbarkeit gegenüber den Widersacherwesen, daß sie diese einseitige Aufgabe in bezug auf die Menschheitsentwicklung übernommen haben?

Dankbarkeit: Eine sehr große Dankbarkeit ist allgemein vorhanden. Je höher das Bewußtsein geistiger Wesen ist, desto größer ist diese Dankbarkeit gegenüber den Widersacherwesen. Etwas salopp ausgedrückt: Die Widersachermächte nehmen den anderen geistigen Wesen die Schmutzarbeit ab. Die Widersachermächte haben sich geopfert, und das ist den anderen geistigen Wesen sehr bewußt. Je höher ihr Bewußtsein ist, desto bewußter ist ihnen der gesamte Umfang dieses Opfers. Insofern sind alle anderen geistigen Wesen mit einer großen Dankbarkeit dafür erfüllt, daß sie selbst dieses Opfer nicht haben erbringen müssen.

Hohe Wesen opfern zwar sehr gern, aber sie möchten sich die Fähigkeit des Opferns erhalten, und sie möchten nicht in eine Wesensform übergehen, die nicht mehr gerne opfert. Das ist für sie eine entsetzliche Vorstellung. Denn in dem Moment, in dem man nicht mehr gerne opfert, ist man ein dunkles Wesen.

Du hast hier schon mit vielen Wesen über den Moment des Zurückweisens der einstmaligen Opfer gesprochen, wodurch allmählich die

Widersachermächte entstanden. An dieser Stelle fehlte damals der Dank.

Einbehaltene Dankbarkeit

W.W.: Aber die das Opfer zurückweisenden höheren Wesenheiten haben doch sicherlich Dankbarkeit in sich getragen, obwohl sie das Opfer anderer Wesen abgelehnt haben.

Dankbarkeit: Du gehst also davon aus, daß diese Wesen Dank hatten und haben, aber ihren Dank bzw. ihre Dankbarkeit zurückhielten. Das wird so gewesen sein, denn sie wollten etwas bewirken. Daran erkennt man, daß es auch einbehaltene Dankbarkeit gibt. – Das gibt es auch auf ganz banaler Ebene bei euch Menschen: daß der eine zu dem anderen sagt, daß er ihm seit zwei Jahren dankbar für dies oder jenes sei, und dann sagt der andere vielleicht: Das hättest du mir auch mal sagen können! Auch das ist in gewisser Weise einbehaltene Dankbarkeit. Im asiatischen Bereich spricht man sogar von dem Dank als einem Wesen, indem man formuliert, daß der eigene Dank dem anderen nachfolgen werde.

W.W.: Das bedeutet also, daß Dankbarkeit nicht unbedingt mit Worten geäußert werden muß?

Dankbarkeit: Dankbarkeit hat nicht das Wort nötig. Wenn das dankbare Wesen den Dank nicht ausspricht, so ist dies zwar nicht ganz so, wie es sein sollte, aber ich bin trotzdem bei den dankbaren Wesen anwesend. Immer, wenn ein Wesen Dankbarkeit empfindet, bin ich da.

W.W.: Inwiefern bekommt die Dankbarkeit eine andere Geste, wenn sie auch geäußert wird?

Dankbarkeit: Unter Menschen ist es wichtig, daß man die Dankbarkeit auch äußert. Mir selbst ist es eher gleichgültig.

W.W.: Warum ist es dir gleichgültig?

Dankbarkeit: Ich existiere schon sehr lange. Und ich habe im Laufe der Menschheitsgeschichte schon so viele Moden mitgemacht, auf welche Weise man mich zum Ausdruck bringt, daß mir die jeweilige Äußerung ziemlich gleichgültig ist. Wichtig ist, daß Dankbarkeit vorhanden ist.

W.W.: Aber wenn der eine Mensch dankbar ist und diesen Dank auch ausspricht, dann ist es für den anderen Menschen doch angenehm, und auch er entwickelt vermutlich ein wenig zusätzliche Dankbarkeit.

Dankbarkeit: Das stimmt. Aber für mich ist es trotzdem gleichgültig. Denn wenn der zweite Mensch nach dem Tod sieht, wie dankbar der andere war, obwohl der erste es nicht geäußert hat, so wird er auch mit Freude erfüllt. Ich denke hier langfristiger. Das ist für euch Menschen schwer vorzustellen, aber Dank hat immer eine Wirkung, entweder jetzt oder in Tausenden von Jahren. Dank hat immer dann eine Wirkung, wenn man dieser Wirkung bzw. dem Dank geistig wieder begegnet.

Dankbarkeit gegenüber den Menschen

W.W.: Besteht seitens der geistigen Welt auch Dankbarkeit gegenüber den Menschen dafür, daß diese den Erden-Inkarnationsweg angetreten haben und sich hier unten auf der Erde mitunter ziemlich stark herumquälen müssen?

Dankbarkeit: Ja, es gibt seitens der geistigen Welt gegenüber der Menschheit auch Dankbarkeit. Alle höheren geistigen Wesen sind immer denjenigen Wesen dankbar, die durch ihre Ichheit gehen, und während der Erdenzeit sind dies die Menschen. Denn durch die jeweilige Ich-Entwicklung werden für den gesamten Kosmos bestimmte Fähigkeiten entwickelt und der geistigen Welt zur Verfügung gestellt. Alle höheren geistigen Wesen sind auch einmal durch diese Ichheit hindurchgegangen, wenn auch in einer ganz anderen Form als die Menschen und niemals in einem materiellen Sein.

Besonders alle diejenigen Wesen, die die Grundrisse der Ichheit gebildet haben, sind ganz besonders denjenigen Wesen dankbar, die diese Ichheit nun auf sich genommen haben; in dieser Zeit also den Menschen. Während des Jupiter-Zeitraumes der Erde werden die Tier-Iche eine ganz besondere, wenn auch völlig andere Ich-Stufe durchmachen.

Die Stufe der Ichheit ist zugleich auch immer eine Stufe, auf der diese Wesen durch ein großes Leid gehen, was man auch in der Apokalypse des Johannes nachlesen kann: daß diejenigen, die durch dieses Leid gegangen sind, ihre Kleider rein weiß gewaschen haben. Gegenüber diesen jeweiligen Ich-Wesen wird ein großer Dank aufgespannt. Denn diese Ich-Wesen erarbeiten immer etwas ganz Einzigartiges. Welche Fähigkeiten die Tier-Iche auf dem Jupiter erarbeiten werden, kann heute noch niemand sagen. Die Fähigkeiten, die ihr Menschen erarbeitet, kennt ihr; oder auch nicht. Aber irgend etwas kommt dabei heraus. Vielleicht kommt ja auch die Unfreiheit dabei heraus.

Selbst Ahriman ist Christus dankbar

W.W.: Inwiefern besteht Dankbarkeit aller geistigen Wesen und auch der Naturwesen gegenüber dem Christus dafür, daß er sich aus freien

Stücken der Erde und der Menschheit zugewendet hat und mit seinem Auferstehungsleib das Weiterleben der Menschen und der Erde ermöglicht hat?

Dankbarkeit: Alle Wesen haben diese Dankbarkeit in sich. Ich kenne kein Wesen, das dem Christus nicht dankbar ist, außer verschiedenen Menschen. Aber das ist auch nur kurzfristig. Selbst Ahriman ist Christus dankbar.

W.W.: Bist du sicher?

Dankbarkeit: Ja.

W.W.: Warum?

Dankbarkeit: Ich weiß es! Natürlich ist er auch der Gegenpol des Christus, und bis zum Karsamstag während der Zeitenwende war er auch gegenüber dem Christus undankbar, aber bei der Begegnung mit dem Christus am Karsamstag ist ihm klargeworden, was die Christustat für seine Erlösung bedeuten kann. Und dafür ist er dem Christus dankbar. Ich kenne kein Wesen, welches dem Christus nicht dankbar ist. Und wenn die Menschen wieder in die geistige Welt ziehen, ändert sich auch bei ihnen in bezug auf diese Einstellung alles. Insofern kenne ich Wesen, die in bestimmten Phasen ihrer Existenz dem Christus gegenüber nicht dankbar sind.

W.W.: Kannst du diesen Dank geistiger Wesen einmal etwas näher beschreiben?

Dankbarkeit: Christus vollbringt sehr viel, und dies kostet auch ihn ungeheuer viel Kraft. Der Dank, der dem Christus von sehr vielen Wesen zufließt, ermöglicht ihm dieses Kraftpotential auf einem sehr hohen Niveau. Das ist die ihm zufließende Kraft. Diese Kraft hat er auch für seine Wandlung verwendet.

Natur besteht aus zahlreichen Wesen

W.W.: Inwiefern sind geistige Wesen allen Naturwesen dankbar dafür, daß diese sich bei allen Verfestigungsstufen der Erde in die jeweiligen Bereiche der Erde hineinbegeben haben und nur durch ihr Opfer überhaupt Leben auf der Erde ermöglichen?

Dankbarkeit: Ich versuche dies grundlegend zu schildern, weiß aber nicht, ob menschliche Worte dafür ausreichen. Sprache ist nicht immer ganz ideal, um alles auszudrücken.

Es gibt unzählbare Mengen von Naturwesen, die sich bei den jeweiligen Verfestigungsschritten geopfert haben. Hohe geistige Wesenheiten haben ihre jeweiligen Willensimpulse gekreuzt, so daß dadurch Materielles entstehen konnte. Durch diese geistigen Kräfte hierarchischer Wesen, die sich im rechten Winkel kreuzen, entstand und entsteht Raum und Substanz. Und in diesem Raum ist alles das, was ihr Natur nennt. Natur aber besteht aus zahlreichen Wesen. Und die hohen geistigen Wesen, die diesen Raum aufspannen, sind diesen Naturwesen ungeheuer dankbar dafür, daß diese Wesen bereit sind, in ihrem Raum die Aufgaben zu übernehmen, die notwendig sind. Die höheren geistigen Wesen haben genügend damit zu tun, diesen Raum aufzuspannen, aber das einzelne Aufbauen der feineren Strukturen in diesem Raum wird von den Naturwesen übernommen. Dafür bekommen sie von den höheren Wesen durch eine Kraftübertragung Dank. Anders kann ich dies nicht in menschlichen Worten ausdrücken. Bei diesen Naturwesen handelt es sich ja nicht nur um die ganz kleinen Gnomen, Undinen, Sylphen und Salamander, und ihr solltet euch von allen diesen mehr niedlichen Vorstellungen befreien, die die Menschen oft haben, sondern neben diesen kleinen Wesen gibt es auch sehr viele große Wesen.

Heller Bote

W.W.: Schauen wir ein wenig auf den Menschen ...

Dankbarkeit: ... Menschen stehen auf der Ich-Stufe, und da wird es sehr kompliziert mit der Dankbarkeit.

W.W.: Kannst du einmal den seelisch-geistigen Prozeß schildern, der zwischen zwei Menschen entsteht, wenn A etwas für B macht und B beginnt, Dankbarkeitsgefühle zu entwickeln? Was geschieht dann in der Seele von B?

Dankbarkeit: Ganz urständig macht B die Geste des Staunens mit, zumindest sehr kurz. Das Staunen ist so alt, das kannst du dir gar nicht vorstellen! Ich bin dem Staunen gegenüber dankbar, daß es das Staunen gibt, denn ohne das Staunen gäbe es mich nicht. Dieses vom Menschen eigentlich nicht wahrgenommene Staunen macht in ihm eine Tür auf. Dadurch wird ihnen mehr oder weniger bewußt, daß ein anderer Mensch für ihn etwas gemacht hat. In diesem Moment tritt ein Wesen in diesen Menschen B, und diese Türöffnung ermöglicht eine Begegnung mit einem Teil von mir. Es ist keine Abschnürung von mir, aber ein Teil von meiner großen Wesenheit tritt in diesen Menschen ein. Ich bin zugleich das Eine und das Viele.

Der Dank ist zwar etwas Universelles, und alle Menschen erleben die Dankbarkeit, aber er ist in verschiedenen Bereichen der Erde, bei verschiedenen Menschengruppen unterschiedlich koloriert. Je nach Kultur drückt man die Dankbarkeit in sehr verschiedenen Formen aus.

W.W.: Welche Formen entstehen in der Seele des dankbaren Menschen?

Dankbarkeit: Das sind meistens sehr schöne und bunte Gestalten. Es gibt aber auch sehr verzweifelte Gesten, wenn z.B. ein Mensch, den man nicht ausstehen kann, einem etwas Gutes tut. Es fällt manchmal sehr schwer, jemandem dankbar zu sein, den man nicht leiden kann. Das gibt es häufiger, als man denkt. In einem solchen Fall kann der Dank diesen Menschen sehr verändern, weil er ihn heraussetzen muß. So etwas betrachte ich mit Wohlwollen. Wenn Menschen dankbar sind, senden sie ein kleines Lichtpäckchen aus sich heraus, und in diesem Päckchen ist immer ein wenig Christus enthalten.

W.W.: Welche Form entsteht zwischen zwei Menschen, wenn der eine dem anderen Dankbarkeit erweist?

Dankbarkeit: Es entsteht eine Brücke zwischen ihnen. Es kann auch so sein, daß sehr viele Menschen einem einzigen Menschen Dankbarkeit erweisen, z.B. eine Schulklasse der Lehrerin oder dem Lehrer. In einer solchen Gruppe von Menschen bildet sich dann ein Dankeswesen, welches alle gleichzeitig erleben. Ganz allgemein schickt ein Mensch, der einem anderen dankbar ist, einen hellen Boten zu diesem Menschen. Und dieser Bote bringt ihm Licht. Wenn man den Dank zurückhält, geschieht dies nachtodlich.

W.W.: Was geschieht bei A, wenn B Dank entwickelt?

Dankbarkeit: Im Hintergrund arbeitet er vielleicht etwas Karma ab, sofern beide Menschen karmisch miteinander verbunden sind. Aktuell bekommt er etwas Kraft in sein Lebensgefüge, um seinen Lebensweg in positiver Gestaltung weiter vollziehen zu können. Meistens ist Dankbarkeit mit positiven Taten verknüpft, allerdings nicht immer.

W.W.: Inwiefern ist Dankbarkeit ein Gefühl, inwiefern kann Dankbarkeit aber auch ein Gedanke mit oder ohne Gefühl sein, inwiefern kann Dankbarkeit auch zu einer Haltung werden?

Dankbarkeit: Grundlegend ist Dankbarkeit ein Gefühl, aber dazu gehört ein waches Bewußtsein. Ein Dankbarkeitswesen aus meiner Gesamtwesenheit hat also verschiedene Ebenen. Auf der seelischen Ebene erlebt der Mensch dies als Gefühl, aber in höheren Seelengliedern erlebt der Mensch die Dankbarkeit auch auf einer gedanklichen Ebene, als einen dankbaren Gedanken. Es geht aber auch eine Stufe tiefer, auf einer Lebensebene, wenn man z.B. ganz allgemein dankbar dafür ist, daß man gesund ist. Und dann gibt es noch eine sehr hohe Ebene, z.B. eine kollektive moralische Ebene, die mehr oder weniger sinnvoll ist. So etwas entsteht z.B., wenn ein Land einem anderen Land in Zeiten der Not hilft, so daß aus dem geholfenen Land diese

Dankbarkeit entsteht. Dann entsteht eine gewisse Dankesverpflichtung von dem einen Land zum anderen. Sie richtet sich weniger an den einzelnen Menschen, sondern an das gesamte Volk.

Im Kern ist Dankbarkeit immer Dankbarkeit

W.W.: Es gibt ja bei den einzelnen Menschen unterschiedliche Dankbarkeitsstufen, verschiedenste Intensitätsstufen. Wie kann man die näher beschreiben?

Dankbarkeit: Die reinste Dankbarkeit erlebt man, wenn man nach schwerer Krankheit wieder gesund geworden ist. Man ist von reinster Dankbarkeit erfüllt, wenn einem klar wird, daß man weiterleben kann. Gleichermaßen erlebt man diese hohe Stufe der Dankbarkeit, wenn man aus einer schweren Not gerettet worden ist.

Dann gibt es die vielen gemischten Formen von Dankbarkeit, z.B. wenn man ein Geschenk bekommt, welches aus reinem Herzen geschenkt worden ist, welches man aber selber ganz scheußlich findet. Dann erwartet der Schenkende Dankbarkeit, man selber weiß, daß er sich sehr bemüht hat, und dann entsteht oft eine Art schwächliches Dankbarkeitsgefühl bei dem Beschenkten. Hier tauche ich nur sehr dünn mit meinem Wesen ein. Hier muß man sich allerdings fragen, inwieweit dies noch Dankbarkeit ist. Meist bin ich dies noch, aber es mischt sich immer eine andere Wesenhaftigkeit hinein. Das kann man mit Konvention beschreiben, und ein solches Wesen fordert bestimmte Gefühle ein, oft auch begleite durch ein Gefühle der Heuchelei. Oft werden diese Gefühle sogar mit einer ziemlichen Vehemenz und Macht eingefordert. Und hier geht es schon in eine ahrimanische Richtung. So etwas geht bis in die Erziehung hinein, wenn man seinen Kindern befiehlt, daß sie gegenüber diesem oder jenem gefälligst dankbar zu sein hätten. Das kann richtig sein, aber es kann auch falsch sein. Hier entsteht ein schiefes Stück, aber es ist doch ein schiefes Stück meiner Wesenheit.

W.W.: Kannst du einmal darstellen, welche unterschiedlichen Dankbarkeitsgefühle bei einem Menschen entstehen, wenn er z.B. den Tieren und Pflanzen gegenüber dankbar ist, andererseits aber einem Menschen wegen einer Tat, die dieser für ihn getan hat? Sind dies unterschiedliche Dankbarkeitsempfindungen?

Dankbarkeit: Nein, eigentlich nicht, sie sind nur anders gefärbt. Es geht eigentlich nur darum, daß bei der einen Dankbarkeit weniger Bewußtsein ist als bei der anderen. Leider haben die Menschen z.B. gegenüber Pflanzen wenige Dankbarkeitsempfindungen, was ich eigentlich nicht verstehe, weil die Pflanzen dafür sorgen, daß die Menschen leben können. Sie opfern sich in einer derartigen Weise für den Menschen, daß eigentlich ständig Dankbarkeitsempfindungen seitens der Menschen entstehen müßten. Bewußt entwickeln sehr wenige Menschen gegenüber den Pflanzen diese Dankbarkeitsempfindungen. Natürlich gibt es Ausnahmen, wenn Menschen sich z.B. für jeden Apfel, den sie essen, bedanken. Dankbarkeit hat immer etwas mit Bewußtsein zu tun.

W.W.: Welche Form von Dankbarkeit ist es, wenn man denjenigen Wesen, die einen Kultus ermöglichen, Dankbarkeit gegenüber entwickelt?

Dankbarkeit: Das ist auch eine Dankbarkeit, die sich nicht sonderlich von allen anderen Dankbarkeitsgefühlen unterscheidet, auch wenn es eine unterschiedliche Färbung und einen unterschiedlichen Auslöser hat. Das kann man eigentlich auf alles anwenden, denn im Kern ist Dankbarkeit immer Dankbarkeit. Eine Dankbarkeit gegenüber geistigen Wesen, die Kultus ermöglichen, ist natürlich eine Dankbarkeit auf einer hohen Bewußtseinsstufe. Es gibt aber auch die Dankbarkeitsempfindungen eines Kindes, welches einen wie auch immer gearteten Kultus erlebt. Ein Kind kann an dieser Stelle sogar sehr dankbar sein, wird dies aber nicht formulieren. Das ist dann eine Dankbarkeit auf einer ganz anderen Bewußtseinsebene.

Falsche Dankbarkeitsempfindungen

Man kann sich aber auch in eine Dankbarkeit hineinstilisieren, indem man Gefühle dafür entwickelt, daß man an dieser oder jener Stelle gefälligst Dankbarkeit zu entwickeln habe. Das ist dann nicht sonderlich echte Dankbarkeit. Diese falschen Dankbarkeitsempfindungen können auch ganz besonders in bezug auf Kultus entstehen. Das muß gar nicht bösartig sein, entsteht beim Menschen aber oft dann, wenn man z.B. gegenüber höheren Wesen meint, dankbar zu sein, diese aber nicht wahrnehmen kann. In diesen Gefühlen fühle ich mich nicht wirklich wohl. Ich werde dann mehr oder weniger herbeigedacht. Oder ich werde auf eine sehr komische Art herbeigewollt. Dann ist mehr oder weniger nur mein Schatten oder mein Spiegelbild anwesend.

W.W.: Es gibt ja so etwas wie Dankesschuld, wenn A etwas für B tut und B sich zu Dank verpflichtet fühlt. Was ist diese sogenannte Dankesschuld im Unterschied zu echter Dankbarkeit?

Dankbarkeit: Hier kann etwas sehr Schiefes entstehen, denn diese Dankesschuld ist eigentlich etwas anderes als Dankbarkeit, und ich fühle mich in dieser Dankesschuld nicht wirklich zu Hause. Echte Dankbarkeit kommt aus einer Demutshaltung. Bei einer Dankesschuld erlebt der Mensch aber keine Demut, sondern eine Art Zwang.

W.W.: Diese Dankesschuld bist du nicht selbst?

Dankbarkeit: Nicht wirklich. Die Dankesschuld verkleidet sich als Dankbarkeit. Vielleicht nimmt sie Teile von mir an. Das ist bei krassen Formen des formalen Danks nicht anders. Dankesschreiben sind z.B. etwas ganz Formales, nichts Selbsterlebtes. Genauso ist die Dankesschuld eine nicht selbst erlebte Dankbarkeit. Man kann erleben, daß man real in einer Dankesschuld steht, aber man empfindet keine Dankbarkeit.

W.W.: Inwiefern hat die Dankbarkeit einen Bezug zu objektiven Geschehnissen? A rettet B das Leben, A tut also etwas objektiv Gutes, aber B ist nicht dankbar. Ein zweites Beispiel: Ein Mensch entwickelt aufgrund irgendwelcher Illusionen ein starkes Dankbarkeitsgefühl, obwohl es dafür keine objektive Grundlage gibt.

Dankbarkeit: Das zweite Beispiel kommt häufiger vor. Im ersten Fall kann es ja so sein, daß B Selbstmord machen wollte, A ihm aber das Leben rettet. A hat zwar eine gute Tat getan, aber nicht im Sinne von B. Dankbarkeit ist nicht notwendigerweise mit etwas objektiv Gutem verbunden. Sie kann völlig losgelöst von dem jeweiligen Geschehnis sein. Dankbarkeit entsteht nur in dem jeweiligen Menschen, auf einer der verschiedenen Ebenen, einer gefühlten, einer gedachten, mitunter gewollten Ebene. Es kann sogar so sein, daß A B das Leben rettet, aber B merkt dies gar nicht. Auch das sind relativ häufige Geschehnisse, die am Bewußtsein der betroffenen Menschen vorbeigehen. Im Verkehr passiert dies täglich unzählige Male. Jemand fährt unvernünftig, ein vernünftiger anderer Fahrer reagiert darauf und rettet ihm damit das Leben. Der unvernünftige Fahrer merkt dies aber nicht einmal. Man nennt dies allerdings nicht Lebensrettung, allerhöchstens Unfallvermeidung. Vermutlich würde der Dank aber kommen, wenn man für das Geschehnis ein Bewußtsein hätte. Das Bewußtsein und die Bewußtseinsebene spielen bei der Dankbarkeit eine erhebliche und sehr entscheidende Rolle. In der Rückschau nach dem Tod wird dieser Mensch das allerdings merken. Dann wird die Dankbarkeit aufkommen.

Erwartete Dankbarkeit

W.W.: Man schenkt einem Menschen etwas und erwartet Dankbarkeit. Ist dies überhaupt noch Dankbarkeit?

Dankbarkeit: Nein. So etwas passiert sehr oft im Leben der Menschen. Das ist eingeforderte Dankbarkeit.

W.W.: Erwartete Dankbarkeit hat aber auch sehr viele Ebenen. Man kann dies in einer aufdringlichen Weise erwarten, es kann aber auch sein, daß man ganz selbstlos etwas schenkt und Dankbarkeit eigentlich kommen sollte und man diese in einer bescheidenen Weise erwartet. Was ist das?

Dankbarkeit: Die eher selbstlose erwartete Dankbarkeit ist keine zwingende, von ihr geht kein Druck aus. Wenn es aber ganz selbstlos ist, erwartet man nichts. Wenn aber ein Mensch selbstlos etwas für einen anderen Menschen tut, dieser das aber überhaupt nicht registriert und nicht dafür dankt, entsteht oft ein Schuldverhältnis. Und das wird sich, wie immer, irgendwann regeln. Diese Menschen sehen sich irgendwann wieder. Wenn zwischen den beiden Menschen A und B kein Mißverhältnis entsteht, der eine selbstlos etwas tut und der andere dafür dankbar ist, man dies gegenseitig auch ausspricht und sich so näherkommt, dann entsteht ein gemeinsamer Raum zwischen diesen beiden Menschen, und sie schaffen ein kleines Dankbarkeitswesen.

W.W.: Inwiefern erhöht eine spirituelle oder religiöse Grundhaltung eines Menschen das Dankbarkeitsempfinden?

Dankbarkeit: Sie erhöht dieses Dankbarkeitsempfinden auf jeden Fall, weil ein solcher Mensch eher in die Demutshaltung kommt, eher in die Urdankesgesten hineinwächst. Solche Menschen danken auch oft dafür, daß sie existent sind, daß sie leben dürfen, daß sie von Gott geschaffen worden sind oder ähnliches. Dankbarkeit ist in einer religiösen Stimmung sehr viel eher erlebbar. Eine kopfige und intellektuelle Gesinnung hat mitunter ein distanzierteres Verhältnis zur Dankbarkeit.

W.W.: Wie ist die Seele eines Menschen, der keine Dankbarkeit entwickeln will, weil er meint, er habe es nicht nötig oder es stände ihm alles zu?

Dankbarkeit: Diese Seele ist sehr bewegungslos und vor allem sehr dunkel, denn Dankbarkeit hat immer etwas mit einem Hellerwerden der Seele zu tun. Diese Seele ist nicht nur dunkel, sondern auch stumpf und vor allem nicht auf dem Wege zu einem höheren Bewußtsein. Diese Seele ist noch nicht im Bewußtseinsseelenbereich angekommen. Und wenn dieser Mensch dann noch meint, alles, was ihm zufällt, stehe ihm auch zu, gerät er in die Hybris. Vermutlich ist eine solche Seele auch luziferisch tangiert, da ein solcher Mensch absolut überheblich sein wird. Ein solcher Mensch hat nachtodlich keine schöne Zeit. Er kann also auch mitunter eine sehr grelle Seele haben. Wenn es mehr in die Arroganz geht, ist er eher ahrimanisch tangiert. Diese Menschen, die meinen, daß ihnen vieles zusteht, sind eher luziferisch tangierte Menschen, während dagegen die ahrimanisch tangierten Menschen meist solche sind, denen alles ohnehin egal ist, was mit Dankbarkeit zu tun hat. Dankbarkeit ist für diese Menschen oft nur eine konventionelle Größe, sie werden sich selbstverständlich für jeden Espresso bedanken, genauso werden sie sich vermutlich für eine Lebensrettung bedanken – aber das geschieht alles auf dem gleichen Niveau.

Die Fähigkeit zu danken muß man lernen

W.W.: In der jüdischen Tradition ist die Dankbarkeit sehr im Vordergrund, z.B. in den Psalmen und in den Gebeten. Darin liegt eine Erziehung zur Dankbarkeit, die man auch ähnlich im Islam findet. Ist diese Erziehung zur Dankbarkeit, die teils auch mit Versprechungen und Geboten und Verboten verbunden ist, zu streng, da sie nicht freiwillig ist? Ist dies eine andere Form von Dankbarkeit als eine solche, die man aus freien Stücken entwickelt?

Dankbarkeit: Selbstverständlich sind das andere Formen der Dankbarkeit, andere Wesensschichten von mir, denn eine erzwungene Dankbarkeit bzw. eine Dankbarkeit in einem System ist keine wirkliche Dankbarkeit aus Freiheit heraus. Ein Muß zur Dankbarkeit ist keine wirkliche Dankbarkeit. Auch den hiesigen Gegenden ist es noch gar nicht so lange her, daß die Kinder vor ihren Eltern knien mußten, um ihre Dankbarkeit zu erweisen. Dadurch wird natürlich keine Dankbarkeit gezeigt, sondern es ist eine Strafe und Machtgeste. Da wird etwas Dank genannt, was nur mit Macht und Unterwürfigkeit zu tun hat. Natürlich muß man bei Kindern – und so war es auch in alten Zeiten mit Erwachsenen – das Bewußtsein für die Dankbarkeit heranziehen, aber nicht mit Strafmethoden. Die Fähigkeit zu danken muß man lernen. Letztlich ist dies eine Schulung des Bewußtseins. Vor vielen Jahrtausenden war diese Erziehung auch bei den Erwachsenen notwendig.

W.W.: Wird man durch selbstlos entwickeltes Dankbarkeitsgefühl zufriedener, stärkt dies das eigene Wohlbefinden, wird man dadurch vielleicht sogar glücklicher?

Dankbarkeit: Auf jeden Fall! Letztlich öffnet man sich dadurch auch der Christuswesenheit. Die Seele wird in einem heller. Man ist auch nicht mehr so depressiv. Die Freude kommt auf. Freude und Dankbarkeit können oft Hand in Hand gehen. Wenn man ein Geschenk bekommt, freut man sich und ist zugleich dankbar. Beides kann sich sehr gut vermischen. Beides tritt meist gleichzeitig auf, genauso die Zufriedenheit.

W.W.: Können Menschen, die Dankbarkeit in einer schönen Weise entwickelt haben, andere Menschen eher um Unterstützung bitten, wenn sie selbst in Not sind, wodurch dann das soziale Miteinander gefördert wird?

Dankbarkeit: Selbstverständlich. Es geht immer darum, daß Dankbarkeit möglichst aus einem Bewußtseinsfortschritt entwickelt werden sollte, aus Freiheit heraus. Dankbarkeit entwickelt sich aus Bewußtseinsfortschritt; das ist ganz wichtig! Dankbarkeit entwickelt sich weniger aus Selbstlosigkeit. Allerdings kann sie mit Selbstlosigkeit gekoppelt sein. Ein Regenwurm kann nicht dankbar sein, denn ihm fehlt dazu jegliches Bewußtsein. Es gibt aber auch Menschen, die andere nicht um Hilfe bitten mögen, weil sie dann meinen, selbst zu Dank verpflichtet zu sein. Dahinter steht die Verpflichtung zum Dank, die man nicht eingehen möchte. Eigentlich meint man damit eine Gegenleistung, eine Gegentat, die man Dank nennt. Das aber ist kein Dank. Eine solche Gegentat, die man vielleicht ableistet, ist eine Möglichkeit, um um den Dank herumzukommen.

Türöffner für die Dankbarkeit

W.W.: Gibt es Dankbarkeitsübungen für Menschen, die Dankbarkeit lernen wollen?

Dankbarkeit: Am besten übt man das Staunen. Man sollte sich in Situationen bringen, die staunenswert sind. Man kann sich einen Sonnenaufgang am Meer anschauen, und das darf ruhig auch ein wenig kitschig sein. Wenn man dann ins Staunen kommt, kann man in einem Nachhall dazu kommen, dankbar zu sein. Man kann dankbar sein, so etwas erlebt zu haben, man kann dankbar dafür sein, daß es diese Naturphänomene gibt.

W.W.: Staunen ist also der Türöffner für die Dankbarkeit?

Dankbarkeit: Ja. Man muß aber nicht den Sonnenaufgang nehmen, sondern man kann auch ein schönes Musikstück nehmen. Man kann auch jemanden bitten, eine schwere Tasche für einen zu tragen, z.B. im Bereich eines Bahnhofs, und wenn das dann jemand für einen tut, kann man darüber staunen, daß dies jemand tut. Und dann kann man diesem Menschen gegenüber Dankbarkeitsgefühle entwickeln. Man kann sich aber auch hinsetzen und meditieren und die Dankbarkeit über den gedanklich-meditativen Weg erleben. Das ist aber immer ein etwas kühlerer Weg.

W.W.: Wie kann man lernen, den Selbstverständlichkeiten des Lebens gegenüber dankbar zu sein, die aber in Wirklichkeit gar nicht selbstverständlich sind, also z.B. dankbar zu sein dafür, daß man in unseren Gegenden zu essen hat, eine warme Wohnung hat, sozial mehr oder weniger abgesichert ist und vieles mehr?

Dankbarkeit: Dazu sollte man sich immer mal wieder entschleunigen, bewußt stehenbleiben und dabei innehalten und sich klarmachen, daß diese Selbstverständlichkeiten keine Selbstverständlichkeiten sind. Und hier haben wir wieder den Punkt, daß Dankbarkeit einen gewissen Bewußtseinsgrad erfordert. Wenn man auf diese Weise innehält und sieht, was einen alles am Leben erhält, was einen an Schönem umgibt, und wenn man diese Selbstverständlichkeiten bewußt durchdringt, kann man Dankbarkeit entwickeln. Wenn man noch keine Dankbarkeit entwickeln kann, sollte man zumindest staunen darüber, was alles im eigenen Umfeld möglich ist. Man sollte also den Blick darauf lenken, was man hat, und nicht darauf, was man noch nicht hat. Und für das, was man hat, sollte man auch dankbar sein.

W.W.: Was für ein Wesen ist die Undankbarkeit?

Dankbarkeit: Dieses Wesen gibt es nicht.

W.W.: Warum nicht?

Dankbarkeit: Wenn man in einer undankbaren Haltung ist, öffnet man sich zwar verschiedenen eher dunkleren Wesen, aber den Undank selbst gibt es nicht. Das wäre die Abwesenheit von Dank. Jeder Mensch, der nicht dankt, ist undankbar. Wenn man aktiv aus einem Bewußtseinsschritt heraus undankbar ist, öffnet man sich den luziferischen oder ahrimanischen Wesen, der Wut oder dem Haß, und letztlich ist dies eine Ablehnung der Christuswesenheit.

W.W.: Sind Dank und Dankbarkeit dasselbe?

Dankbarkeit: Ja und nein. Es sind andere Ebenen. Der Dank ist eher meine physische Ebene, während dagegen die Dankbarkeit mehr meine seelische Ebene ist. Der Dank hängt oft mit einer Tat zusammen, wird oft auch ausgesprochen, ist konkreter, ist mehr in der Gegenwart, ist auch geformter als die Dankbarkeit. Dankbarkeit ist mehr ein Gefühl, während der Dank eher mein Körper ist.

Kleine Schritte machen

W.W.: Wie kann man Kinder, vor allem durch Vorbild, zur Dankbarkeit erziehen?

Dankbarkeit: Indem man die Kinder das Staunen lehrt, durch Zeigen. Heutige Kinder kommen manchmal seelisch blind auf die

Welt, und dann muß man sie auf ihre Umwelt aufmerksam machen, z.B. darauf, wie schön die Vögel singen, wie schön gerade die Sonne lacht, wie wunderbar köstlich der Regen fällt. Und man sollte in der Gegenwart der Kinder selbst dankbar sein. Man sollte auch grunddankbar dafür sein, daß man ein Kind erleben darf.

W.W.: Wie kann man wieder neu lernen, den Naturwesen und anderen geistigen Wesen für alles dankbar zu sein, was sie tun?

Dankbarkeit: Das ist die schon oft hier besprochene Bewußtseinsfrage, der sich der Mensch stellen muß. Alle bewußtseinsfördernden Übungen sind hier die Grundlage für ein solches Verhalten. Man sollte z.B. gegenüber den Pflanzen unendlich dankbar sein, denn ohne sie könnte man nicht leben. Gleichzeitig sollte man den Wesen gegenüber dankbar sein, die die Pflanzen wachsen lassen, und das sind die Naturwesen. Bei Dankbarkeitsübungen sollte man eher die kleinen Schritte machen, nicht gleich ins große Ganze gehen. Ihr solltet Euch beispielsweise bewußt mache, daß die Vögel noch singen im Frühjahr und dafür auch Euch selbst dankbar sein. Vor einigen Jahrzehnten waren so viele Umweltgifte in der natur verbreitet, daß der besagte stumme Frühling kurz bevorstand. Wenn dies so weitergegangen wäre, und ihr nicht zur Besinnung gekommen wärt, hätten wir heute kein Vogelsingen mehr.

W.W.: Wie kann man mehr Dankbarkeit für die Liebe des Partners entwickeln?

Dankbarkeit: Bete für ihn bzw. sie! Beten erhöht immer die Dankbarkeit. Und selbstverständlich sollte man ein Bewußtsein erlangen für alles das, was der Partner tut. Hier haben wir wieder die Verknüpfung von Bewußtsein und Dankbarkeit. Man kann ihm dafür dankbar sein, daß er einen liebt. Wenn man das erkennt, ist man dann eigentlich automatisch dankbar.

W.W.: Vielen Dank. Möchtest du zum Schluß noch etwas sagen?

Dankbarkeit: Vielen Dank.

Hochmut

Wolfgang Weirauch: Guten Tag.

Hochmut: Guten Tag.

W.W.: Kannst du einmal sagen, was an dir die Komponente Hoch und was an dir die Mutkomponente bedeutet?

Hochmut: Ich nenne mich übrigens Jupiter.

W.W.: Wieso das denn?

Hochmut: Der Name Jupiter, nicht die Wesenheit Jupiter, ist für mich ein Synonym des Hochmuts verschiedener Humanisten. Viele von ihnen hatten den Hochmut mit Löffeln gefressen.

Als in der deutschen Sprache der Begriff Hochmut entwickelt wurde, gehörte zu der Entwicklung von Überheblichkeit eine ganze Menge Mut. Man mußte Mut aufbringen, um sich über etwas zu stellen, sich hochzustellen. Daher kommt der Begriff Hochmut. Ein feiger Mensch ist eher unterwürfig, nicht hochmütig. Ein hochmütiger Mensch hatte also den Mut, sich über etwas zu stellen. Das ist mit hoch gemeint. Der Übermut ist im Deutschen noch etwas anders belegt.

W.W.: Ist mit „hoch" auch eine gewisse Hochgestimmtheit gemeint?

Hochmut: Eigentlich nicht. Zumindest hier im mitteleuropäischen Raum hat der Hochmut mit einer Hochstimmung, im Sinne einer fröhlichen Stimmung, nichts zu tun. Zum Hochmut gehört eher eine verbissene Ernsthaftigkeit.

Luzifer aus der Tasche gefallen

W.W.: Warum gibt es überhaupt den Hochmut?

Hochmut: Einfach ausgedrückt: er ist Luzifer aus der Tasche gefallen. Luzifer war der erste, der den Hochmut kultivierte. Er dachte, daß er etwas besser könne als der Vatergott. Das war hochmütig!

W.W.: Bist du selbst auch hochmütig, oder vertrittst du nur den Hochmut?

Hochmut: Ich bin nicht hochmütig. Ich habe genügend damit zu tun, den Hochmut, den ich durch meine Anwesenheit hervorrufe, zu führen. Dazu muß man nicht hochmütig sein, man wird sogar demütig. Es gibt sogar einen gewissen Hochmut im Tierreich. Hochmut ist nicht nur auf die Welt der Menschen beschränkt. Hochmut hat etwas mit Seele zu tun. Und es gibt Tiere, die schon sehr viel Seelisches ausgeprägt haben. Schau dir manche Katze an, da kommt durchaus so etwas wie Hochmut im Tierreich hervor.

W.W.: Wie ist es für dich, eine seelische Komponente vertreten zu müssen, die du selbst als Charakterzug nicht innehast?

Hochmut: Ich habe sie nicht, aber ich bin der Hochmut. Den Hochmut zu vertreten ist meine Aufgabe. Modern ausgedrückt: Es ist mein Job. Ich hadere nicht mit dieser Aufgabe, allerdings habe ich sie mir auch nicht ausgesucht. Wir Gefühlswesen hatten nicht die Wahl, etwas anderes zu sein. Das ist für euch Menschen mit eurem Freiheitsdrang ganz schwer vorzustellen. Manche dieser astralen Wesen leiden an sich, ich allerdings nicht. Du darfst dir allerdings auch nicht vorstellen, daß mir das Hochmütigsein als das allerschönste Gefühl der Welt vorkommt. Ich sehne mich nicht danach, hochmütig zu sein. So weit geht es nicht. Trotzdem wertschätze ich dieses Gefühl, vor allem aber meine Arbeit.

Um gewisse Prozesse in der Weltentwicklung auszulösen, war und ist der Hochmut sehr wichtig. Der Hochmut hat durch sein Sein geistigen Wesen in ihrer Entwicklung immer wieder klargemacht, daß gewisse Einseitigkeiten fehlerhafte Entwicklungen waren, weil durch diese einseitigen Entwicklungen etwas Hochmütiges herausgekommen ist. Und er hat auch des öfteren klargemacht, daß der Hochmut zu Ergebnissen führen kann, die eigentlich nicht gewünscht sind. Zumindest gibt es Entwicklungen des Hochmuts, die nicht gewünscht sind, vor allem, wenn man sie noch mit zu starken Seelenregungen kombiniert.

Widerstand

In der Welt der Menschen hat der Hochmut immer wieder dazu geführt, daß bei anderen Widerstand entwickelt worden ist. Das Erleben eines hochmütigen Menschen ist für andere Menschen ein ungeheurer Antrieb, sich zur Wehr zu setzen. Ihr ahnt gar nicht, wie viele Menschen durch den Hochmut bestimmter Menschen einen eigenen Antrieb bekommen, sich gegen diesen Hochmut zur Wehr zu setzen. Meist wird dadurch der Impuls ausgelöst, es dem Hochmütigen zu zeigen. Auch das, was mit dem deutschen Sprichwort *„Hochmut kommt vor dem Fall"* zusammenhängt, hat sehr viel Entwicklung hervorgerufen.

Hochmutleuchten

W.W.: Ich möchte noch einen Blick in die geistige Welt werfen. Über Luzifer als hochmütiges Wesen hast du schon ein wenig gesprochen. Was zeichnet ein hochmütiges geistiges Wesen aus, und wie strahlt der Hochmut eines solchen geistigen Wesens in die Umgebung aus?

Hochmut: Das ist interessant, denn oft ist Hochmut mit Intelligenz verbunden, aber wenn man sich Ahriman anschaut, das intelligenteste Wesen, wird man feststellen, daß er nicht hochmütig ist. Ich selbst komme nicht an ihn heran. Luzifer dagegen ist sehr hochmütig.

Ein hochmütiges geistiges Wesen strahlt ein gewisses Leuchten aus. Selbst im Namen Luzifer ist schon eine Erklärung des Hochmutes enthalten, denn Luzifer bedeutet Lichtträger. Aber was ist das für ein Licht? Es ist kein mildes und sanftes Licht, nicht das milde Licht der Christuswesenheit, sondern es ist das gnadenlose Licht des Luzifer. Es ist kein gutes und schönes Licht, es ist eher grell, es ist ein Überleuchten, es ist ein falsches Leuchten. Diese Art zu leuchten zeichnet den Hochmut aus. Überall dort, wo man spürt, daß ein bestimmtes Leuchten überzeichnet und falsch ist, kommt man in die Nähe des Hochmuts. Ahriman leuchtet nicht, deswegen kann ich nicht an ihn herankommen. Aber dort, wo etwas leuchtet, kann ich herankommen und versuchen, ob ich dieses Leuchten in ein Hochmutleuchten verwandeln kann. Bei Wesen, die nicht leuchten, kann ich dies nicht. Ahriman wäre für euch viel leichter erkennbar, würde er leuchten. Aber er leuchtet nicht. Deswegen versteckt er sich so gut. Eigentlich wirkt Ahriman sogar gegenteilig. Er schluckt das Licht.

W.W.: Das ist einleuchtend.

Hochmut: Im wahrsten Sinne des Wortes!

Die Feinheiten des Lebens gehen verloren

W.W.: Schauen wir auf den Menschen: Was geschieht bei einem Menschen, wenn der Hochmut in einem gewissen Moment in ihn einzieht bzw. wenn er eine hochmütige Haltung einnimmt?

Hochmut: Er stellt sich über die anderen. Er kommt sich toll vor, um es primitiv auszusprechen. Sein einseitiges Leuchten wird so grell, daß er die Realität um sich herum verliert. Je länger dieses Leuchten anhält, je älter dieser Hochmut in dieser Person ist, desto greller wird dieses Leuchten, desto weniger können die Details um ihn herum erkannt werden, die etwas relativieren, etwas wieder in die Realität zurückführen würden. Alles um ihn herum wird durch seinen Hochmut überstrahlt. Das ist im materiellen Bereich wie bei einer Fotografie; wenn man alles überstrahlt ausleuchtet, gehen die Feinheiten verloren. Ein Mensch, der kraß hochmütig ist, ist nicht mehr in der Lage, die Feinheiten des Lebens wahrzunehmen.

W.W.: Bläht sich dann sein Astralleib auf, oder wie ist das seelisch zu sehen?

Hochmut: Ja, man kann sagen, daß sich sein Astralleib aufbläht, zumindest gewisse Teile dieses Wesensgliedes. Es klingt jetzt vielleicht ein wenig albern, aber übersinnlich sieht es dann so aus, als würde der Astralleib an der oberen Spitze eine Art leuchtende Birne bilden.

Besser als alle anderen

W.W.: Nun kann der Hochmut ja eine Momenterscheinung bei einem Menschen sein, andererseits kann er zu einem Charakterzug werden. Was ist hier der Unterschied?

Hochmut: Es kann folgende Situation entstehen: Ein Schüler wird von der Lehrerin oder dem Lehrer für eine hervorragende Arbeit gelobt. Dann kann beim Schüler eine gewisse Euphorie eintreten, so daß er vorübergehend hochmütig wird. Er segelt dann vielleicht mit hochmütigem Kopf durch die Schule. Diese Art von Hochmut löst sich nach einer gewissen Zeit aber wieder auf, der Schüler kommt wieder runter von seinem hohen Roß. Eure Sprache kennt hier sehr viele Sprichworte, die dieses Phänomen beschreiben.

Die Schule ist ein gutes Beispiel, denn es gibt sicherlich auch Schüler, die ständig gute Ergebnisse einfahren, was dann dazu führen kann, daß ein vielleicht vorerst sehr bescheidener Mensch immer mehr in einen Zustand gelangt, in dem er weiß, daß er gut in bezug auf seine Schulleistungen ist. Und aus dem Wissen, daß er gut sei, wird dann bei ihm die seelische Haltung, daß er besser als die anderen sei. In diesem Moment beginnt der Hochmut. Wenn ein Mensch dann daraus die grundlegende Haltung entwickelt, daß er ohnehin besser ist als alle anderen, wird der Hochmut zu einer Gewohnheit, und der Realitätsverlust setzt ein.

W.W.: Wir haben also zwei Zustände: zum einen den momentanen Hochmut, der wie eine leuchtende Birne an der Spitze des Astralleibs sitzt ...

Hochmut: ... und die verblitzten Augen, die die Realität nicht mehr sehen können.

W.W.: Dann gibt es noch die gedankliche Komponente des Hochmuts, denn der Hochmut ist keineswegs nur ein Gefühl. Was hat es damit auf sich?

Hochmut: Das ist ein sehr wichtiges Element des Hochmuts. Bisher haben wir hauptsächlich diese Hochmut-Blase besprochen, die mehr im Gefühlsmäßigen sitzt, ein Zustand, bei dem nicht sehr viel gedacht wird. Es kann auch eine vorübergehende Euphorieblase gelebt werden. Aber der langsam sich aufbauende Hochmut, der zu einer Charaktereigenschaft wird, hat ganz viel mit dem Denken zu tun. Hier könnte man versucht sein, doch etwas Ahrimanisches in diesem Denken zu erkennen, aber dem ist nicht so, denn es gibt ja auch ein luziferisches Denken. Luzifer ist keineswegs dumm, er hat sehr viel mit der Weisheit und dem Erkenntnishochmut zu tun.

Im Hintergrund verborgen schlummert der Hochmut

W.W.: Wie ist deine Position zu einem hochmütigen Menschen?

Hochmut: Ich sehe, daß bei ihm eine Leuchtquelle ist. Ich sehe, daß in einem vorübergehenden Hochmutsanfall diese Leuchtquelle zu lodern beginnt. Dann komme ich in seine Nähe und versuche, mich mit ihm zu verbinden, indem ich versuche, den Hochmut in dieses Leuchten hineinzudrücken. Ich schaue immer und überall bei allen Wesen, ob sich ein Leuchten bei ihnen verändert und ob ich dann bei diesen Wesen arbeiten muß. Eigentlich ruft ihr Menschen mich. Auch hochmütige Tiere rufen mich auf ihre tierische Art.

W.W.: Von dir aus kommst du nicht?

Hochmut: Nicht wirklich. Ich habe zwar die Aufgabe zu kommen, aber es ist nicht wie bei manchen anderen Gefühlen, daß ich bedränge.

W.W.: Und wenn du dich mit einem Menschen verbunden hast, willst du dann bei ihm bleiben, oder möchtest du wieder weg?

Hochmut: Das hängt von dem jeweiligen Menschen ab. Solange er in der hochmütigen Stimmung oder in der hochmütigen Charaktereigenschaft bleibt, bin ich bei ihm. Bei derartigen Beziehungen habe ich nicht unbedingt eigene Wünsche, auch wenn ich ganz gerne wiederkomme. Es sind Mischungen. Ich kann auch lebenslange Freundschaften mit hochmütigen Menschen eingehen, denn es gibt Menschen, die mich so in ihren Charakter integrieren, daß es eigentlich keine Chance in dem betreffenden Leben mehr gibt, mich loszuwerden. Oft gibt es auch Höflichkeitsstrategien bestimmter Menschen, daß sie ihren Hochmut nicht zeigen, aber im Hintergrund verborgen schlummert der Hochmut sehr wohl, und ich bin bei ihnen.

Sich Gott überlegen fühlen

W.W.: Es gibt eine ganze Menge Eigenschaften, die mit dir verwandt sind, aber andere Begriffe eingenommen haben. Beginnen wir einmal mit der Hybris, dem Übermut. Was ist dieser im Gegensatz zu dir?

Hochmut: Wenn du Hybris im momentanen Sprachgebrauch nehmen willst, ist die Hybris eigentlich der Hochmut gegenüber der göttlichen Welt. Bisher haben wir eigentlich nur über den Hochmut gegenüber Gleichberechtigten gesprochen. Bei der Hybris geht es aber eigentlich um den Hochmut gegenüber übergeordneten Wesenheiten, also in bezug auf Engel und höhere geistige Wesenheiten. Das ist die Haltung, die der Mensch einnimmt, wenn er sich zum Gott machen möchte. Hybris führt dazu, daß der Mensch meint, daß er Gott überlegen ist.

Hybris hat allerdings noch weitere Charakterzüge. Ursprünglich war mit Hybris der Übermut gemeint. Und der Übermut ist eigentlich die Haltung, in der man die eigenen Kräfte überschätzt. Mit dem heutigen Verständnis gilt Übermut eigentlich als etwas Kindliches bzw. kindlich Gebliebenes, indem man sich selbst überschätzt, auch aus Spaß an der Freude, und Sachen macht, die man mit etwas Abstand und einem rationalen Blick nicht tun würde. Das nennt ihr zur Zeit aber nicht Hybris.

Stolz

W.W.: Kannst du dich einmal von dem Stolz abgrenzen? Stolz kann ja manchmal berechtigt sein, oft aber auch nicht. Was ist Stolz?

Hochmut: Wenn der Stolz leuchtet, komme ich hinzu. Dann geschieht es oft, daß eine Tür aufgeht und ich mich mit dem stolzen Wesen verbinde. Der Stolz ist eine von den Leuchtkräften, die mich stark rufen. Stolz hat sich im Laufe der Jahrhunderte bei euch Menschen sehr gewandelt. Stolz war in eurem vergangenen Wertesystem über Jahrhunderte hinweg eine Notwendigkeit. Z.B. war ein gewisser Familienstolz wichtig, damit sich in diesem Umkreis etwas entwickeln konnte. Eine gewisse Zeit war es notwendig, stolz zu sein, aus einem gewissen Haus oder Familienstrom zu stammen, damit sich diese spezifische Entwicklung fortsetzen konnte.

Aber Stolz hat einen Wertewandel erfahren. Stolz wird heute als antiquiert erlebt, zumindest dann, wenn es um eine Familie oder ein Volk geht. Stolz, Deutscher zu sein, ist eigentlich etwas Furchtbares. Diesen Stolz vergangener Zeiten erlebt ihr heute mit einem deutlich aufgeklärterem Bewußtsein.

Ein lebenswerter Stolz ist aber dann möglich, wenn man eine Arbeit erfolgreich abgeschlossen hat. Darüber kann man stolz sein, aber dies ist ein vorübergehender Stolz. Das ist fast genauso wie der vorübergehende Hochmut über eine erfolgreiche Schularbeit. Diese Art von Stolz erlebt ihr positiv, während der kontinuierliche Stolz heutzutage einen bitteren Beigeschmack hat. Wenn heute ein Mensch Stolz äußert oder verkündet, kommt eigentlich automatisch die Frage, worauf dieser Mensch denn stolz ist. Wenn er stolz auf etwas ist, wofür er keine Leistung erbracht hat, ist dieser Stolz nicht mehr zeitgemäß. Wer z.B. in eine adelige Familie hineingeboren wird, hat dazu keine Leistung erbracht, folglich hat er darauf nicht stolz zu sein. Stolz hat nur dann einen positiven Charakter, wenn er aufgrund einer persönlichen Leistung als eine Art Gefühl auftritt.

An dieser Wandlung sieht man, wie sich die Menschen im Laufe der Jahrhunderte verwandeln. Und wenn ein solcher Mensch z.B. nur aufgrund seines adeligen Namens stolz ist, erlebt ihr diesen Menschen nicht nur in seinem Stolz, sondern auch in seinem Hochmut.

Anmaßung und Dünkel

W.W.: Was ist Anmaßung?

Hochmut: Anmaßung ist oftmals ein Ergebnis des Hochmuts. Wenn der Hochmut schlecht erzogen ist, kommt die Anmaßung. Wenn man also den Hochmut in flapsiger Form heraushängen läßt, erlebt der andere Mensch dies als Anmaßung. Das hat viel mit der Erziehung und dem Benehmen zu tun, aber an sich sind Anmaßung und Hochmut ziemlich verwandt. Anmaßung ist auch ein wenig der tätige Hochmut.

W.W.: Was ist Dünkel?

Hochmut: Den gibt es eigentlich gar nicht mehr, der Dünkel ist fast ausgestorben. Dünkel ist ein aus der Mode geratenes Gefühl. Aber vor 100 Jahren und zuvor wurde dieser Begriff wesentlich häufiger gebraucht, z.B. in bezug auf den Standesdünkel. Er beschreibt einen Hochmut aufgrund von Nichtigkeiten, eine Selbstüberschätzung aufgrund von unwichtigen Dingen. Der Dünkel ist sozusagen mein kleiner Bruder. Man entwickelt z.B. Dünkel, weil man einen Porsche fährt oder einen adeligen Namen hat.

W.W.: Was ist Blasiertheit?

Hochmut: Blasiertheit geht mit Dünkel Hand in Hand. Man könnte sagen, daß die Blasiertheit der französische Begriff für den deutschen Dünkel ist.

Arroganz und Angeberei

W.W.: Was ist dagegen die Arroganz?

Hochmut: Arroganz hat nicht viel mit Hochmut, Anmaßung und Dünkel zu tun. Arroganz ist eine Schutzfunktion, um die verletzliche Seele zu schützen, und wird von Menschen entwickelt, die ihrer selbst sehr unsicher sind.

W.W.: Und Angeberei?

Hochmut: Angeberei ist viel weitläufiger, viel allgemeiner und kann sich auf alles beziehen, während sich Dünkel und Blasiertheit fast nur auf gesellschaftliche und scheinbar wertvolle Dinge beziehen. Angeben kann man aber mit allem. Man kann damit angeben, einen matschigen Apfel zertreten zu haben, man kann auch mit gesellschaftlichen nicht anerkannten Dingen angeben. Angeberei bezieht sich deutlich mehr auf tatsächliches Tun, während sich Dünkel, Blasiertheit und Hochmut mehr auf einen Status beziehen. Natürlich kann man auch mit seinem Status angeben, aber eben auch mit sehr banalen Dingen. Man kann mit seinem Porsche angeben, man kann aber auch einen Dünkel haben, weil man Porschefahrer ist. Aber der Porsche selbst löst keinen Hochmut aus.

W.W.: Wieweit bist du mit Eitelkeit und Narzißmus verwandt?

Hochmut: Es gibt Berührungen, wir sind uns nicht fremd. Die Eitelkeit geht oft Hand in Hand mit meinen nicht so noblen Kindern, vor allem der Blasiertheit und dem Dünkel. Hier gibt es große Überschneidungen.

Selber schuld

W.W.: In der christlichen Terminologie war der Hochmut bzw. der Stolz eines der sieben Hauptlaster, der sogenannten Todsünden. Wie schmeckt das für dich?

Hochmut: Diese sogenannten Todsünden sind heute ein ziemlich schwieriges Thema. Es gibt einen Anteil an diesen sieben sogenannten Todsünden, der nur dem Machterhalt der Kirche dient. Das sollte man sich in Ruhe klarmachen. Diese sogenannten Todsünden sind aus den Christusworten so nicht ableitbar. Auch die zehn Gebote sind nicht christliche, sonder alttestamentarische, auch wenn Christus einige dieser Gebote bestätigt. Aber er bestätigt nicht alle. Und hier sollte man genau schauen, inwieweit die sogenannten sieben Hauptlaster bzw. Todsünden nur dem Machterhalt der Kirche dienen, die sie ausspricht. Todsünden haben besonders bei der katholischen Kirche einen wirtschaftlichen Faktor geschaffen, als der Ablaßhandel blühte.

W.W.: Was geschieht in der Seele eines Menschen, wenn er auf andere Menschen herabsieht, weil es Fremde sind, weil es Flüchtlinge sind, weil sie dümmer oder ärmer sind, weil sie eine andere Religion oder Hautfarbe haben? Was geschieht in diesem Moment, in dem sich dieser Mensch auch mit dir verbindet? Ist dies nicht auch zu einem Teil Feigheit?

Hochmut: Es ist einerseits Feigheit, andererseits eine Schutzfunktion, sogar in mehrfacher Hinsicht. Ein Mensch kann z.B. insofern hochmütig werden, als er die Formulierung *„selber schuld"* ausspricht. Auch das ist Hochmut. Wenn man eine solche Haltung einnimmt, braucht man sich nicht zu kümmern, braucht nicht ins Handeln zu kommen, braucht vor allem auch nichts abzugeben, denn der andere ist ja angeblich selber schuld. Ein solcher Mensch wird durch seinen Hochmut geschützt vor seelischen, wirtschaftlichen und moralischen Verlusterlebnissen. Das ist die deutliche Schutzfunktion, die dieser Mensch entwickelt, indem er in den Hochmut geht.

W.W.: Welcher Teil der Seele dieses Menschen erhebt sich denn über den anderen Menschen?

Hochmut: Der Verstandesseelenbereich ist einer der Auslöser. Und die Verstandesseele motiviert die Empfindungsseele, daß diese einen unangemessenen Platz in der Seelenordnung einnimmt. Die Verstandesseele fordert also die Empfindungsseele auf, sich über die Verstandesseele zu setzen.

Ich bin nicht hochmütig

W.W.: Es ist also bei allen besprochenen Zusammenhängen immer eine Wertung vorhanden. Wie empfindest du den Gedanken der Gleichberechtigung bzw. der Gleichwertigkeit?

Hochmut: Ich habe an diesem Gedanken nichts auszusetzen.

W.W.: Aber er entspricht dir ja nicht. Wenn alle Menschen diesen Gedanken vollständig inhalieren würden, wären sie ja nicht mehr hochmütig.

Hochmut: Deswegen kann ich aber trotzdem zugeben, daß dieser Gedanke eine große Berechtigung hat. Du vergißt, daß ich selber nicht hochmütig bin. Wenn ich als nichtmenschliches Wesen auf euch Menschen schaue, komme ich ja notwendigerweise zu dem Schluß, daß ihr alle von der Wertigkeit her nicht unterschiedlich seid.

W.W.: Wenn alle Menschen so denken würden, würde es dich also überflüssig machen?

Hochmut: So schnell wird das nicht geschehen. Falls doch, gibt es noch immer die Katzen. Auch ein Hirsch strahlt eine gewisse Hochmütigkeit aus. Und Luzifer gibt es auch noch eine ganze Weile.

W.W.: Du erwähntest schon das Sprichwort *„Hochmut kommt vor dem Fall"*; was genau bedeutet dies?

Hochmut: Dieser Ausspruch kommt aus den Verstandesseelen der Menschen. Er bedeutet, daß man durchaus erkennt, daß ein sich hochmütig gebender Mensch keineswegs mehr wert ist als die anderen und daß man es diesem zeigen möchte. Man knüpft sich also denjenigen vor, der sich auf ein unangemessenes Maß erhoben hat, der sich auf ein zu hohes Roß gesetzt hat, und man unterstützt, daß er wieder zu Fall kommt, so daß er wieder auf die eigene Augenhöhe zurückfällt.

W.W.: Welche Beziehung hast du zur Demut?

Hochmut: Eine gute. Was meinst du, wieviel Demut ich haben muß, um den Hochmut aller Wesen auszuhalten! Ihr Menschen seid viel hochmütiger als ich.

W.W.: Ist es nicht schrecklich, etwas vertreten zu müssen, was man innerlich nicht fühlt?

Hochmut: Nein, das ist nicht schrecklich. Das könnt ihr Menschen euch gar nicht vorstellen. Ich sehe die Notwendigkeit des Hochmuts, ich sehe die Notwendigkeit, die der Hochmut in der Welt hat, und insofern kann ich ihn gut vertreten. Das ist für mich kein Problem. Ich habe an dieser Stelle keinen Leidensdruck.

W.W.: Möchtest du zum Schluß noch etwas sagen?

Hochmut: Wenn du dieses Wort einmal etwas anders betrachtest und statt Hochmut hoher Mut nimmst, wird dies mit einem Male ein wunderbares in die Zukunft führendes Gefühl.

W.W.: Vielen Dank.

Hochmut: Bitte.

Ohnmacht

Verena Staël von Holstein: Es wird schwierig werden, mit diesem Wesen zu sprechen, denn es ist ein Wesen ohne Macht, gleichzeitig auch ein Wesen weitgehend ohne Sprache.

Müller, Hausgeist der Mühle: Vielleicht redest du mit mir?

Wolfgang Weirauch: Geht das?

Müller: Warum nicht. Gerade Hausgeister haben auch oft das Gefühl der Ohnmacht, z.B. wenn die Menschen in ihren Häusern irgend etwas machen, was für das Haus schädlich ist, was man als Hausgeist aber nicht verhindern kann. An dieser Stelle erleben wir Hausgeister Ohnmacht. Das Wesen der Ohnmacht ist ein Wesen, welches eigentlich nicht kommunizieren kann, da es ohn-mächtig ist.

Riesiger Wattebausch

W.W.: Das Wesen Ohmacht scheint ein sehr interessantes Wesen zu sein, denn sowohl die meisten Menschen als auch die meisten geistigen Wesen haben Macht bzw. möchten Macht haben, im negativen wie im positiven Sinne. Kannst du das Wesen der Ohnmacht ein wenig charakterisieren?

Müller: Ich nehme dieses Wesen wie eine Art blinden Fleck wahr, wie eine Art geistiges Radiergummiwesen. Immer, wenn man sich diesem Wesen der Ohnmacht nähert, verschluckt sich in seinem Umkreis vieles. Auch wenn man dieses Wesen versucht anzuschauen, entzieht es sich dem Blick. Zumindest erlebe ich dieses Wesen so. Man kann in seinem Umkreis nichts machen.

W.W.: Aber dieses Wesen kann ja nicht nichts sein, sondern muß etwas sein.

Müller: Ja, es ist wesenhaft, es ist nicht nichts. Es ist auch nicht das Nichts. Von meinem Erleben her ist dieses Wesen sogar ein ziemlich großes Etwas. Von eurer materiellen Betrachtungsebene her könnte man dieses Wesen wie einen riesigen Wattebausch beschreiben. Wenn man in dieses Wesen hineinschlüpft, ist man inmitten dieser Watte und bekommt nichts mehr von seiner Umgebung mit, und wenn man von außen darauf schaut, kann man in dieses Wesen hineindrücken, findet aber keine wirkliche Kontur.

W.W.: Kannst du etwas zum Entstehungsprozeß dieses Wesens Ohnmacht sagen?

Müller: Nach meiner Blitzumfrage aller hier anwesenden Wesen kann ich sagen, daß dies ein sehr altes Wesen ist. Entstanden ist dieses Wesen – auch wenn dieser Begriff nicht ganz richtig ist –, als die ersten Wesen bemerkten, daß ihre Macht beschränkt ist. In dem Moment war das Wesen Ohnmacht notwendig. Das ist schon sehr lange her in der Weltentwicklung.

W.W.: Kannst du beschreiben, was es für geistige Wesen bedeutet – mit Einschluß aller Naturwesen –, wenn ein geistiges Wesen ohnmächtig ist?

Müller: Ohnmacht ist für Menschen genauso wie für höchste geistige Wesen gleich. Lediglich bei Menschen gibt es noch eine zweite Form von Ohnmacht, die es für uns nichtphysische Wesen nicht gibt. Ich denke dabei an das In-Ohnmacht-Fallen. Das beschreiben wir aber lieber besser als Bewußtlosigkeit. Geistige Wesen können nicht in Ohnmacht fallen. Wir können uns nur ohnmächtig fühlen.

Die Ohnmacht des Hausgeistes

W.W.: Kannst du einmal für dich selbst schildern, wie es ist, wenn ein geistiges Wesen oder ein Naturwesen ohnmächtig ist?

Müller: Ein hohes Engelwesen wird diese Ohnmacht an gewaltigeren Dingen erleben als ich als Hausgeist, aber von dem Erlebnis her ist es gleich. Wenn wir in einem Haus leben, in dem zugleich Menschen leben, die an nichts Geistiges glauben, die nur davon überzeugt sind, daß das Materielle das einzige ist, dann kann es sein, daß dieser Mensch etwas in seinem Haus umändert, was diesem Haus nicht guttut. Nehmen wir ein drastisches Beispiel: Der Mensch schießt ein Loch in die Hauswand, dann ist dieses Haus auf unsinnige Weise beschädigt, aber der Hausgeist kann nichts dagegen tun. In einem solchen Moment erlebt der Hausgeist ein unglaubliches Gefühl von Ohnmacht.

Es ist etwas anderes, wenn ein Mensch auszieht und das Haus allmählich verfällt, denn in diesen Prozessen sind wir Hausgeister nicht ohnmächtig. Diese langsamen Verfallsprozesse laufen mit uns ganz allmählich zusammen ab. Eine mutwillige Zerstörung der Bausubstanz eines Hauses ist dagegen für uns eine Ohnmachtssituation. Selbst ein Kriegsgeschehen bekommen wir noch teilweise mit, es sei denn, ein Haus wird plötzlich von einer Rakete getroffen. Das wäre dann eine vergleichbare Ohnmachtssituation. Wenn aber ein Mensch weiß, daß sein Haus in drei Wochen abgerissen wird, er dies aber nicht seinem Hausgeist mitteilt und dann nach drei Wochen ein Bagger mit einer Abrißbirne kommt, entsteht für uns diese Ohnmachtssituation. Wir haben nicht die Macht, daran etwas zu ändern.

W.W.: Aber ist dies nicht bei Naturwesen, speziell auch bei Hausgeistern, äußerst häufig so?

Müller: Das ist tendenziell so, aber nicht ganz so. Wir können z.B. die Menschen sehr viel mehr beeinflussen, als ihr dies gemeinhin denkt. Wände von Häusern können wir nicht umreißen, insofern bin ich für dieses Gespräch über die Ohnmacht ein sehr guter Gesprächspartner. Wasser- und Windwesen sind z.B. nicht so ohnmächtig. Sie haben andere Rückzugsmöglichkeiten. Wesenheiten, die sehr ortsgebunden sind, vor allem in Bauwerken, haben oft ein starkes Ohnmachtsempfinden.

W.W.: Wenn du in einem Zustand der Ohnmacht bist, auf welche Weise tritt dann das Wesen der Ohnmacht mit dir in Verbindung?

Müller: Es stülpt sich über mich, so wie ihr Menschen erleben würdet, wenn man euch einen Sack über den Kopf stülpen würde. Man hat keine Möglichkeit für irgendeine Bewegung, man hat keine Möglichkeit zu einer geistigen Wahrnehmung. Aber es ist immer alles sehr relativ, denn die Ohnmacht kommt keineswegs für meine gesamte Wesenheit, also für mein gesamtes Haus, sondern meistens nur für einen gewissen Teilbereich. Und dann sind gewisse Teilbereiche von meiner Wesenheit lahmgelegt. Wir haben dann an einer bestimmten Stelle eine Eingriffsbehinderung. Es ist wie eine Teilfesselung.

Wenn Ohnmacht herrscht, ist niemand mehr zuständig

Macht hat eine Menge mit dem Urgrund allen Seins und mit Ahriman zu tun. Bei der Ohnmacht aber ist auch Ahriman verschwunden. Das sind die wenigen Momente im Leben eines Hausgeistes, in denen er sich wünscht, daß Ahriman wenigstens ein wenig anwesend wäre. Wenn Ohnmacht herrscht, ist niemand mehr zuständig. Das ist das Schlimme!

W.W.: Wie kann ich mir das näher vorstellen – muß man in einem solchen Moment der Ohnmacht warten, bis dieses Ohnmachtsgefühl verschwindet?

Müller: Ich habe zwar hier in dieser Mühle in der Vergangenheit schon Beschädigungen durch randalierende Truppen erfahren, aber niemals einen solchen Ohnmachtszustand, daß ich gestorben wäre. Trotzdem habe ich deutliche Momente der Ohnmacht erlebt. Als Mensch kann man seelisch und auch physisch an der Ohnmacht sterben. Wenn ein Mensch sich seelisch ohnmächtig fühlt, geht er seelisch weitgehend zugrunde. Wir Hausgeister werden in solchen Situationen immer kleiner, immer dünner, und dadurch sind wir immer weniger in der Lage, irgend etwas zu bewerkstelligen. Und dadurch fühlen wir uns noch ohnmächtiger. Das ist wie eine kontinuierliche Abwärtsspirale mit der Folge, daß auch das äußere Haus verfällt.

W.W.: Wenn der Mensch ein Haus ganz oder teilweise zerstört – wie verhält sich dann dieses Geschehen zu dem Wesen der Ohnmacht? Kommt dies herein, weil es herein muß, oder hat das Wesen der Ohnmacht aus sich heraus auch eine geringfügige Aktivität, zu den Wesen zu gehen, die dann in den Zustand der Ohnmacht fallen?

Müller: Ich erlebe die Ohnmacht eher als eine Art Antiwesen, als das Gegenteil eines Wesens. Ich erlebe die Ohnmacht als ein Wesen, welches in geistiger Hinsicht eigentlich nichts kann; es ist ein Nichtwesen. Wenn ich die Ohnmacht erlebe, erlebe ich eine Art Wesen, die so ist, wie wenn ein Wesen kein Wesen sein will. Das ist schwierig zu beschreiben. Wenn man ohnmächtig ist, ist man am wenigsten Wesen als Wesen.

Geistige Wesen haben zwar nicht die Sinne wie ihr Menschen, aber sie haben übersinnliche Sinne, also auch einen Gleichgewichtssinn. Auch Engel haben einen Gleichgewichtssinn, sonst würden sie sich nicht in ihrem Gleichgewicht halten. Und wir Hausgeister müssen bis in die physische Welt hinein das Haus im Gleichgewicht halten. Wenn wir das Haus nicht mehr im Gleichgewicht halten können, bedeutet dies, daß die zerstörerischen Kräfte in die Substanz des Hauses eingreifen. Damit dies nicht geschieht, arbeiten wir Hausgeister an der Verhinderung dieser Zerstörung. Und das machen wir rund um die Uhr an jedem Tag in jedem Jahr. Wenn jemand in die Bausubstanz ein Loch reißt, ohne es mir mitzuteilen, kommt hier etwas aus dem Gleichgewicht. Ein regulärer Umbau dagegen ist etwas Verjüngendes. Ohnmacht und Gleichgewicht haben eine Menge miteinander zu tun. Und auch wenn ihr Menschen im anderen Sinne ohnmächtig werdet, kommt ihr aus dem Gleichgewicht. Man kann also aus dem seelischen Gleichgewicht kommen und auch aus dem physischen Gleichgewicht.

Wesen ohne Wesenskern

W.W.: Schauen wir auf den Menschen: Ein sich ohnmächtig fühlender Mensch fühlt sich hilflos, ausgeliefert, bewegungsunfähig. Kannst du diesen Zustand einmal beschreiben?

Müller: Ich erlebe im Schauen auf euch Menschen, daß ihr eigentlich immer irgendwo einen Bereich in euch habt, in dem ihr euch ohnmächtig fühlt. Wenn ihr bewußtseinsmäßig sehr wach seid, seid ihr in eurer seelisch-geistigen Gestalt sehr klar konturiert. Wenn man aber plötzlich eine schlechte Nachricht bekommt, wird man seelisch aus dem Gleichgewicht geworfen und fühlt sich ohnmächtig. Für mich ist das dann so, als würden die Konturen dieses Menschen mit einem Male schwammig werden. Es ist so, als würde sich das Ich einhüllen.

W.W.: Was genau geschieht mit diesem Ich?

Etschewit, der Nasse: Man kann von außen nicht in das Ich hineinblicken, es aber von außen betrachten. Wenn das Ich eines Menschen vorher relativ groß und ausgebreitet war, wird es im Zustand der Ohnmacht sehr viel kleiner in bezug auf den Raum, den dieses Ich einnimmt. Es fühlt sich in dem eigentlich nötigen Raum in der Welt eingeschränkt.

W.W.: Das ist eine äußere Beschreibung. Aber wer macht was im Zustand der Ohnmacht?

Etschewit: Wenn der Mensch mit der Ohnmacht in Berührung kommt, kommt er in Berührung mit ganz uralten Kräften. Die Ohnmacht ist mit denjenigen Wesen verbunden, die Macht haben. Sonst könnte man die Ohnmacht nicht erleben. Diejenigen Wesen, die Macht haben, sind auf der einen Seite die ahrimanischen Wesen, auf der anderen Seite ist dies der Urgrund allen Seins. Man ist also hier im Bereich der Ohnmacht auch mit einer trinitarischen Kraft oder mit eigentlich dem stärksten Widersacher verbunden. Das Erleben eines Bruchteils eines Fetzens einer dieser beiden Wesenheiten blockiert euch Menschen so, verschreckt euer Ich so, daß es sich wegduckt. Man kann sogar aus positiven Erlebnissen heraus ohnmächtig sein.

W.W.: Aber wie darf ich dies im Zusammenhang mit der Ohnmacht verstehen? Die Ohnmacht ist ja auch ein Wesen; wie kommt sie bei einem solchen Zustand mit hinzu?

Etschewit: Müller hat die Ohnmacht sehr schön beschrieben, denn die Ohnmacht ist das wesenloseste Wesen. Und die Ohnmacht ist gleichviel ohn-mächtig, wie Ahriman mächtig ist. In bezug auf den Vatergott ist es allerdings schwierig, denn er ist auch der Urgrund der Ohnmacht. Er umschließt im Gegensatz zu Ahriman alles Sein.

W.W.: So ganz klar ist mir die Wesenhaftigkeit der Ohnmacht nicht.

Etschewit: Das ist auch schwierig zu beschreiben, denn du suchst nach einem Wesenskern. Die Ohnmacht ist aber dasjenige Wesen, dessen Wesenskern so wenige Konturen hat, daß man diesen Wesenskern nicht wahrnehmen kann. Es ist ein Wesen ohne Wesenskern.

W.W.: Ist das Nichts auch ein Wesen?

Etschewit: Nein. Das Nichts gibt es nicht. Es ist die Abwesenheit von allem. Es gibt allerdings Wesen, die das Ganz-Wenige betreten. Das Nichts ist für euch Menschen nur in der Logik gedanklich faßbar, denn sonst könntet ihr im Nichts gar nichts wahrnehmen. In dem Moment, in dem ihr etwas wahrnehmt, in dem ihr im Sein etwas wahrnehmt, muß es auch ein Nichts, ein Nichtsein geben. Sein und Nichts sind aber eigentlich identisch. Das hat Hegel in seiner Logik versucht darzustellen. Denn wenn man das Nichts beschreibt, kommt man zum Sein, wenn man das Sein beschreibt, kommt man zum Nichts. Der Übergang ist das Werden. – Das Nichts ist also kein Wesen, die Ohnmacht aber ist ein Wesen, wenn auch ein sehr wesenloses Wesen.

W.W.: Was geschieht mit dem Wesensgefüge des Menschen, vor allem mit seinem Ätherleib und seinem Astralleib, wenn ein Mensch sich in einer seelischen Ohnmacht befindet?

Müller: Die sogenannten höheren Leiber stecken ineinander. Und ich kann beobachten, daß ein Mensch dann, wenn er in einer seelischen Ohnmacht ist, durch die wesensgemäße Begegnung mit der Ohnmacht in eine Lockerung der Wesensglieder kommt. Die Ohnmacht ist wie ein Katalysator. Ein Katalysator ist im Physischen ein Stoff, der sich nicht verändert, aber eine Veränderung herbeiführt. Und weil dieses Wesen Ohnmacht anwesend ist, verändert sich eure wesensgliedermäßige Verbindung. Durch diesen Katalysator verändert sich der Mensch so, daß er entweder sein Bewußtsein verliert oder in eine Lähmung gestoßen wird. Die Ohnmacht ist ein Wesen, das gerade noch ein Wesen ist, ohne eigentlich ein Wesen zu sein. Es ist das wesenloseste Wesen, welches ich kenne.

Seelische Fesselung

W.W.: Warum kann ein Mensch, der ohnmächtig ist, nicht mehr handeln bzw. seinen Willen gebrauchen?

Müller: Weil dieses Wesen ihn fesselt. Wenn er in eine richtige Ohnmacht fällt und bewußtlos ist, kann er nicht mehr handeln, weil Ich und Astralleib gelockert sind, z.B. weil der Mensch durch einen großen Schreck in die Ohnmacht gestoßen worden ist. Bei der seelischen Ohnmacht entsteht die Fesselung.

W.W.: Wieso ist Ohnmacht oft mit Angst verbunden?

Müller: Weil das Erleben einer überwältigenden Machtfülle Angst verursacht.

W.W.: Man spricht auch von ohnmächtiger Wut – was ist das?

Müller: Das ist ein Zustand nach der Ohnmacht, eine Folge von etwas. Wenn die Wut hinzukommt, ist die eigentliche Ohnmacht überwunden, aber die Wut kann sich auch nicht entladen, weil sie keinen konkreten Gegner hat. Wut hat eigentlich den Impuls, gerichtet zu sein. Im Fall einer ohnmächtigen Wut ist die Wut ungerichtet. Das Ziel ist unerreichbar. Man kann nicht handeln.

W.W.: Wut und Ohnmacht scheinen mir nicht das Traumpaar zu sein. Verbinden sich in einem solchen Fall Ohnmacht und Wut?

Müller: Nein, sie verbinden sich nicht, denn sie haben eigentlich eine Nichtbeziehung. Der Mensch wird mehr oder weniger zwischen Wut und Ohnmacht hin- und hergeworfen. Ohnmächtige Wut kennen wir Geistwesen auch. Dabei fliegt man permanent zwischen zwei extremen Polen hin und her.

In einer Glasglocke

W.W.: Was ist die eher langfristig vorhandene Ohnmacht, z.B. aus Frustration, aus Enttäuschung?

Müller: Das ist ein Zustand, in dem man krank wird, denn die Lebenskräfte gehen zurück und verschiedene – meist seelische – Krankheiten nehmen überhand. Eine länger erlebte Ohnmacht kann zu Wahnvorstellungen führen, indem die Menschen sich Wesen ausdenken, die es gar nicht gibt. Ein solcher physisch-psychisch kranker Mensch sitzt vielleicht herum und gebiert verschiedenste Wesen, die es aber gar nicht gibt, die nur seinen Wahnvorstellungen entspringen, und mit diesen Wesen beschäftigt er sich dauernd. Aus unserer Perspektive ist das sehr schrecklich anzuschauen. Die tatsächlichen Wesen, die eigentlich zu ihm wollen, z.B. seinen Engel, nimmt er nicht mehr wahr. Ein solcher Mensch sitzt in einer Art Glasglocke und schafft sich verschiedenste Wesenheiten, die letztlich nur auf ihn einhacken.

W.W.: Der zeitliche Aspekt der Ohnmacht ist bei den Menschen schwer zu fassen, auch ist er meist verschieden. Er kann recht schnell eintreten, mitunter aber auch sehr langsam, und er kann sich auch relativ langsam wieder lösen. Kannst du beschreiben, wie sich die Ohnmacht langsam wieder löst?

Müller: Das ist im jeweiligen einzelnen Fall sehr differenziert zu sehen. Was ich bei der Beobachtung von Menschen erfahren habe, ist, daß auch eine Dauerohnmacht zurückbleiben kann, z.B. durch eine Traumatisierung in der Kindheit. Und diese Dauerohnmacht werden die Betroffenen meist nie wieder ganz los. Meist ist dies eine Ohnmacht, die sich auf ein bestimmtes Gebiet bezieht, z.B. bei Frauen durch erlittene gewalttätige Übergriffe. Diese Frauen erleben dann in bezug auf jeden Mann etwas, was sie nicht verändern können, weil sie ihr traumatisches Erlebnis auf die Mannheit übertragen. Auch das sind Ohnmachtserlebnisse. Diese Frauen haben in ihrer Seele einen Raum geschaffen, bzw. er wurde in sie hineingedrückt, einen Raum, in dem etwas von diesem Wattewesen Ohnmacht zurückgeblieben ist. Und immer, wenn sie innerlich in eine bestimmte Richtung schauen, sehen sie nicht die Wirklichkeit, sondern die Watte der Ohnmacht.

Ohnmächtigkeit kann auch Impulse hervorrufen

Es gibt natürlich Menschen, die diesen Bereich bearbeiten wollen und es auch nach und nach schaffen – um im Bild zu bleiben –, immer etwas von dieser Watte abzurupfen, so daß diese mit Ohnmacht erfüllte Stelle immer kleiner wird und im besten Falle irgendwann verschwindet. Es kann aber auch Zorn oder Wut aufkommen, so daß von den Menschen diese Watte schnellstmöglich bearbeitet wird. Das geschieht oft auch im sozialen Miteinander, indem z.B. ein Arbeitnehmer in einer Firma arbeitet und ohnmächtig unter seinem Chef leidet. Das könnte z.B. dazu führen, daß er seine Position in der Firma radikal ändert oder auch kündigt. Ohnmächtigkeit kann also auch Impulse hervorrufen. Und wenn ein solcher Mensch eine neue Stelle bekommt, ist dieses Kapitel Ohnmacht für ihn abgeschlossen. Bei einer Traumatisierung ist das aber eher nicht der Fall.

W.W.: Es gibt ja auch noch ganz andere Formen der Ohnmacht, indem man z.B. kurz vor dem Ertrinken ist und absolut handlungsunfähig ist oder indem man gewalttätig attackiert wird – ist das auch Ohnmacht?

Müller: In solchen Situationen erleben die Menschen eher keine Ohnmacht, denn dazu haben sie gar keine Zeit, da das überwältigende Geschehnis sie so stark beeinträchtigt. Sie sind eigentlich nur mit dem Überleben beschäftigt, auch wenn sie, von außen betrachtet, ohne jegliche Macht sind.

W.W.: Ist die Ohnmacht in einem solchen Fall nur deshalb nicht da, weil die Menschen sie sie nicht erleben?

Müller: Die Menschen sind zwar ohne Macht, aber die Ohnmacht ist meist nicht anwesend, wenn die Menschen sie nicht erleben. Wenn die Menschen nicht diesen kurzen seelischen Blickkontakt mit den Machtwesen haben, ist auch die Ohnmacht nicht da. Sonst müßte nämlich jeder Mensch zu fast jedem Zeitpunkt ohnmächtig sein, denn in bezug auf die großen Zusammenhänge ist der Mensch nur bedingt handlungsfähig bzw. überhaupt nicht. Man braucht also eine innere Wahrnehmung dieser Ohnmacht. Wir brauchen nur Ahriman herauszugreifen, und schon wissen wir, daß wir gegenüber diesem Wesen in keiner Machtposition sind, also eigentlich ohnmächtig. Die Ohnmacht ist nur anwesend, wenn sie seelisch wahrgenommen wird.

Der Wunsch nach Macht

W.W.: Es gibt menschliche Situationen, in denen der Mensch vorübergehend ohnmächtig ist, z.B. weil er gemobbt wird, weil er zu sehr in die Ecke gedrängt wird oder weil er anderweitig gequält wird, und dann kann bei diesen Menschen etwas umschlagen, so daß sie in die Handlung kommen und gegebenenfalls auch zum Täter werden. Was liegt dabei vor?

Müller: Viele Menschen wollen in einem solchen Fall auch Macht haben. Oft können Menschen erst Macht beurteilen und ergreifen, wenn sie sich einmal richtig ohnmächtig gefühlt haben. Gerade bei Menschen, die in einem äußeren Zusammenhang wenig Macht haben, kommt oftmals dieser Wunsch nach Macht empor, weil sie aufgrund von Ohnmachtserlebnissen wissen, daß sie wenig Macht haben. Bei diesen Menschen kann das Ohnmachtsgefühl z.B. in Rache umschlagen, in eine bewußte oder unbewußte Rache. In so einem Fall verbinden sie sich mit einem höheren Wesen, meist mit einem ahrimanischen, und daraus kann dann eine sogenannte negative Tat entspringen. Wenn ein Mensch z.B. in einer beruflichen oder familiären Ohnmachtssituation ist, auch noch feige ist und sich nicht zu wehren wagt, dann verbindet er sich möglicherweise mit einem der negativen Wesen und tritt nach unten auf die noch Schwächeren.

W.W.: Was geschieht mit einem solchen Menschen, der in einer familiären oder beruflichen Situation ohnmächtig ist, aber dann die noch Schwächeren tritt oder quält? Was geschieht mit diesem Menschen, wenn er Macht nach unten auslebt?

Müller: Das ist eine Form von Sadismus. Er gibt sich der negativen Seite der Welt hin. Er folgt den dunklen Wesen. Er verneint in solchen Situationen die Christuswesenheit. Laß dir das von einem alten Hausgeist sagen: Die guten Wesen mißbrauchen ihre Macht nicht, die negativen Wesen sehr häufig! Wenn du also ein Wesen triffst, welches seine Macht mißbraucht, ist es auf jeden Fall ein schlechtes Wesen. So einfach ist das!

W.W.: Ein kleines Kind ist eigentlich unter den Menschen das ohnmächtigste Wesen überhaupt ...

Müller: … aber es erlebt seine Ohnmacht nicht.

W.W.: Dann ist die Ohnmacht auch nicht bei ihm?

Müller: Nein. Ohnmacht erlebt das Kind eigentlich erst dann, wenn der Trotz hinzutritt. In Begleitung des Trotzes erlebt das Kind die ersten Ohnmachtserlebnisse.

Die totale Ohnmacht

W.W.: Was passiert, wenn man als Erwachsener plötzlich in eine Situation kommt, in der man handeln möchte, aber absolut nicht kann, z.B. wenn man sieht, wie eine größere Gruppe von Menschen einen anderen Menschen zusammenschlägt? Welche Verbindung hat man in einem solchen Fall zur Ohnmacht?

Müller: Dann verschwindet man ganz in dieses Wesen der Ohnmacht. Ähnliches erlebt man, wenn man irgendwo eingeklemmt auf der Autobahn in einem Auto sitzt oder vielleicht sogar noch einen Lkw auf sich zurasen sieht – in einem solchen Fall erlebt man die totale Ohnmacht. Das ist auch oft das Gefühl, welches wir Hausgeister erleben, wenn der Mensch gedankenlos und ohne uns vorzubereiten in die Substanz des Hauses eingreift. Wir können als Hausgeister nicht ganz aus dem Haus verschwinden. Theoretisch könnten wir es, aber es ist uns nicht gestattet. Dann nämlich würde zu viel in der Welt durcheinandergeraten.

W.W.: Ist innere Lähmung das gleiche wie Ohnmacht?

Müller: Nicht unbedingt, denn eine Lähmung kann aus verschiedenen Ursachen entspringen. Aber die Ohnmacht kann eine innere Lähmung erzeugen. Man kann die innere Lähmung auch als eine Folgesituation oder Folgekrankheit der Ohnmacht erleben. Die echte Ohnmacht ist eigentlich nur sehr kurz, alles andere sind die Folgen. Auch das Erleben dieses Wattewesens ist eigentlich schon eine Folge der Ohnmacht.

W.W.: Es gibt längerfristige Ohnmachtssituationen, in denen ein Mensch ständig unterdrückt wird – als Kind oder Jugendlicher, in der Ehe, im Staat, im Gefängnis. Wenn ein Mensch in einem solchen Zusammenhang ist, aus dem er nicht herauskommt, und ständig diese Ohnmacht erlebt, was ist das dann für eine Ohnmacht?

Müller: Auch hier sind die eigentlichen Ohnmachtserlebnisse eher kurz, alles andere ist eigentlich eine Erinnerung, wenn auch eine sehr lebendige, an diese Ohnmachtserlebnisse. Diese eher bewußteren Ohnmachtserlebnisse können aber immer wieder kurz aufleben. Wenn eine Frau in der Ehe von ihrem Mann geschlagen wird, erlebt sie in diesem Moment die Ohnmacht, in allen anderen Situationen ist es eine Nachbearbeitung dieser Ohnmacht. Die eigentliche Ohnmacht erlebt sie nur im Moment der Schläge. Natürlich kann sich diese Ohnmacht regelmäßig wiederholen. Ein Mensch, der das Ohnmachtserlebnis vergangener Tage erneut reflektiert, erlebt selbstverständlich auch die Ohnmacht wieder. Das geschieht immer dann, wenn sich der betreffende Mensch seiner Situation bewußt wird.

Saugender Wille der Ohnmacht

W.W.: Weißt du, ob die Ohnmacht will, daß Menschen ohnmächtig sind?

Etschewit: Der Wille der Ohnmacht läuft entgegen dem Willen anderer Wesen. Vordergründig hat die Ohnmacht keinen Willen. Aber wenn man diese andere Art des Willens der Ohnmacht berücksichtigt, kann man formulieren, daß die Ohnmacht will, daß ein Mensch ohnmächtig ist. Es ist aber eine ganz andere Form von Wollen. Aus Sicht der Menschen ist dies eher ein Nicht-Wollen. Die Ohnmacht will nicht nicht, daß es sie gibt.

W.W.: Theoretisch kann ich das denken, aber gefühlsmäßig nicht nachvollziehen. Kannst du das noch ein wenig anders beschreiben?

Etschewit: Ich kann versuchen, es über den Willen zu beschreiben. Wille ist etwas, was z.B. bei Menschen aus ihm gerichtet nach außen wirkt. Man kann diesen Willen ergreifen oder nicht. Aber er ist zumindest latent vorhanden. Es ist eine Kraft, die strahlt. Bei der Ohnmacht mußt du dir den Willen so vorstellen, daß er auf die Ohnmacht zukommt und in diesem Wesen versinkt. So gesehen ist es ein umgekehrter Wille. Trotzdem ist es ihr eigener Wille. Es ist kein Wille, der von einem anderen Wesen in die Ohnmacht hineinströmt, sondern es ist der saugende Wille der Ohnmacht selbst, der sich in ihr befindet. Die Ohnmacht saugt den Willen ein. Deswegen wird ein Mensch, der Ohnmacht erlebt, immer willenloser.

W.W.: Saugt die Ohnmacht aus den ohnmächtigen Wesen etwas Willenskraft heraus?

Etschewit: Nein, so kann man es eigentlich nicht sagen. Vielleicht kann man es vom ersten Moment her ein wenig so beschreiben, aber das Ohnmachtswesen saugt nicht den Willen von anderen Wesen auf, sondern es hat einen Willen, der nach innen läuft. Er wirkt so, als ob gesaugt würde.

W.W.: Ist es wie ein Fluß, dessen Wasser mehr oder weniger von selbst den Abhang hinunterfließt? Also wie ein Fluß, dessen Wasser natürlich nicht vom Meer angesaugt wird?

Etschewit: So kann man es beschreiben. Der Fluß fließt von selbst, hier saugt niemand. Und auf diese Weise fließt der Wille der Ohnmacht nach innen. Aber ganz genau kann man dieses Bild auch nicht mit dem saugenden Willen der Ohnmacht vergleichen, denn es gibt in bezug auf den Fluß auch noch einen Willen der Erde. Gravitation ist der Wille der Erde. Die Gravitation allerdings könnte man als einen Saugvorgang beschreiben.

Schwall frischen Wassers

W.W.: Hat die Ohnmacht eine Art Lustempfinden, wenn sie eine Verbindung zu einem ohnmächtigen Wesen eingeht?

Müller: Eigentlich nicht; das kann man nicht beschreiben. Wenn ich mich in solchen Zustand hineinversetze, erlebe ich eher so etwas wie eine Anti-Lust. Frust. Der nicht vorhandene Wesenskern der Ohnmacht erlebt statt Lust Frust.

W.W.: Warum sind Menschen oft geneigt, die eigene Ohnmacht nach außen zu verbergen, zu überspielen?

Müller: Das ist Scham. In alten Zeiten schämte sich eigentlich nur der Führer einer Gruppe von Menschen, nicht so sehr der einzelne Mensch. Dies ist heute anders, denn die Scham überträgt sich mehr und mehr auf den einzelnen Menschen. Und deswegen versucht ein sich ohnmächtig fühlender Mensch aus Schamgefühl seine Ohnmacht zu verbergen. Scham und Peinlichkeit sind Gefühle, die sich bei einem Menschen in Ohnmacht einstellen, aber zur eigentlichen Ohnmacht keine Beziehung haben.

W.W.: Wie kann ein Mensch lernen, sich aus einer Ohnmacht zu befreien?

Müller: Das ist oft nicht ganz leicht. Am besten ist es, wenn er Verbindung mit seinem Schutzengel aufnimmt, denn in diesem Moment verbindet er sich mit einem mächtigeren Wesen, als er selbst es ist. Und der Schutzengel ist ein sehr gebendes Wesen. Wenn er gerufen wird, schüttelt er etwas wie einen Schwall frischen Wassers auf diesen sich ohnmächtig fühlenden Menschen, wodurch dieser sich weniger ohnmächtig fühlt. Wenn man so etwas machen will, muß man natürlich davon überzeugt sein, daß es diesen Schutzengel gibt, und ein Atheist hat es an dieser Stelle schwerer. Solche Menschen greifen eher zu Ausgleichshandlungen. Oder sie treten nach unten auf noch schwächere Menschen.

W.W.: Möchtest du zum Schluß noch etwas sagen?

Müller: Ich hätte die Bitte, daß ihr bei euren Handlungen aus eurem mehr oder weniger freien Willen heraus öfter einmal bedenken solltet, daß ihr in der euch umgebenden und euch eigentlich gewogenen elementaren Welt Ohnmachtsgefühle auslöst. Diese Ohnmachtsgefühle machen die elementaren Wesen nicht glücklich. Hierfür solltet ihr Menschen mehr Bewußtsein ergreifen. Natürlich lesen wir die Gedanken der Menschen, wenn ein Mensch z.B. an seinem Haus etwas ändern will. Aber wenn man es bewußt einem elementaren Wesen oder einem Hausgeist mitteilt, hat dies eine wesentlich andere Qualität. Impulsive Taten der Menschen können wir aber *nicht* voraussehen!

Und außerdem möchte ich hinzufügen, daß wir nicht immer automatisch alle Gedanken der Menschen lesen, sondern es bedarf hier schon des gerichteten Willens seitens des Menschen. Wir elementaren Wesen lesen keineswegs immer die Gedanken der Menschen, denn wir haben ganz andere Sorgen. Wir sind auch nicht neugierig. Wenn Menschen so etwas annehmen, ist dies eine rein menschliche Vorstellung. Menschen denken auch so ungeheuer viel Unsinn, daß es gar nicht auszuhalten wäre, dies immer fortwährend mitzulesen. Ich sehe die Gedanken der Menschen in meinem Haus, aber ich lese sie nicht unbedingt, etwa dem vergleichbar, wie du jetzt die Dose vor dir auf dem Tisch siehst, sie aber nicht genau betrachtest.

W.W.: Vielen Dank.

Müller: Bitte.

Bescheidenheit

Wolfgang Weirauch: Ich möchte gerne mit der Bescheidenheit sprechen.

Verena Staël von Holstein: Ich glaube, daß das nicht geht.

W.W.: Warum nicht?

V. Staël von Holstein: Sie ist zu bescheiden dazu.

W.W.: Ich denke, daß wir das trotzdem versuchen sollten.

Bescheidenheit: Wir können es versuchen. Guten Tag.

W.W.: Guten Tag. Was ist Bescheidenheit in der geistigen Welt?

Bescheidenheit: Eigentlich war die ganze geistige Welt bis zu einem bestimmten Zeitpunkt in sich bescheiden, weil kein Wesen die hierarchische Struktur der geistigen Welt in Frage gestellt hatte. Allerdings war das keine bewußte Entscheidung zur Bescheidenheit. So gesehen muß man eigentlich formulieren, daß die geistigen Wesen in der Urvergangenheit eigentlich nicht bewußt bescheiden waren, denn sie bemerkten erst, daß sie eigentlich bescheiden waren, als das erste Wesen unbescheiden gegenüber seinem Schöpfer auftrat. Sie bemerkten also ihre Bescheidenheit erst im Rückblick.

Als dann die ersten unbescheidenen Wesen auftraten, haben sich sehr viele Wesen entschieden, bescheiden in ihrer Position zu bleiben. Zur Bescheidenheit gehört auch, daß man dem Machtmißbrauch entsagt. Dieser Verzicht ist eine Qualität, die die Wirklichkeit verändert. Nach der Entstehung des Bösen wurden sich die anderen Wesen ihrer Bescheidenheit bewußt. Auch mußten sie beginnen, sich zu definieren, sich zu entscheiden.

Bei den höheren Wesenheiten ist Bescheidenheit einer der Gründe des Verzichts auf den Machtmißbrauch. Es gibt Wesen, die ihre Macht ganz anders gebrauchen könnten, wenn sie sich nicht zur Bescheidenheit entschieden hätten, und dann wäre die Wirklichkeit eine ganz andere. Sie unterlassen den Machtmißbrauch u.a. deswegen, weil sie bescheiden sind.

W.W.: Gibt es noch andere Charakterzüge eines bescheidenen geistigen Wesens im Unterschied zu einem hochmütigen geistigen Wesen?

Bescheidenheit: Eigentlich ist die Triebfeder, also der Wille, zur Bescheidenheit bzw. andererseits zum Hochmut, das Entscheidende; darüber hinaus gibt es Unterschiede in der Konfiguration der geistigen Wesen. Wesen, die sich bewußt zur Bescheidenheit entschieden haben, sind solche, die bewußt auf hervorstechende Attribute verzichtet haben.

Bescheidenheit und Hochmut

W.W.: Wie darf ich mir die Kommunikation zweier gleichrangiger Wesen vorstellen, die Kommunikation eines bescheidenen mit einem hochmütigen geistigen Wesen?

Bescheidenheit: Sie kommunizieren wenig miteinander. Auch bei Menschen ist dies tendenziell ähnlich. Bescheidene Menschen kommunizieren eher nicht mit hochmütigen Wesen, hochmütige eher nicht mit bescheidenen. Natürlich gibt es in der geistigen Welt Strukturen, die jedem Wesen seinen Platz zuweisen; und diese Strukturen sind mächtige Strukturen, so daß es schwierig sein kann, den entsprechenden Platz nicht einzunehmen. Das ist dann aber nicht Unbescheidenheit. Und diese mächtigen Strukturen könnten mißbraucht werden, aber hier hilft die Bescheidenheit den bescheidenen Wesen, diese Strukturen und ihre Macht nicht zu mißbrauchen. Aus Bescheidenheit!

W.W.: Als wir mit dem Hochmut sprachen, stellte sich heraus, daß der Hochmut keineswegs selbst ein hochmütiges Wesen ist, sondern nur den Hochmut zu repräsentieren hatte. Welche Beziehung hast du zum Hochmut?

Bescheidenheit: Wir verstehen uns gut. Häufig werden wir erst dann bemerkt, wenn wir nebeneinanderstehen. Aber ich habe keine Berührungsängste mit dem Hochmut, weil der Hochmut in sich ein integres Wesen ist. Er hat auch keinerlei Berührungsängste mit mir, weil auch ich ein integres Wesen bin. Was das eine Wesen ausklappt, klappt das andere Wesen zurück.

W.W.: Tretet ihr bei einem Menschen auch einmal zusammen auf?

Bescheidenheit: Selten. Trotzdem sind wir nur erlebbar, wenn man uns beide kennt oder bemerkt, aber bei unterschiedlichen Wesen. Wobei ich einschränken muß, daß wir bei Menschen zwar nicht zeitgleich auftreten, durchaus aber einem Wesen. Dort treten wir sogar häufig auf, denn Menschen zeigen oft gegenüber sogenannten höhergestellten Menschen Bescheidenheit, gegenüber sogenannten abhängigen oder sogenannten niedergestellten Menschen Hochmut. Es geschieht nur nicht zeitgleich. Ihr Menschen beschreibt das mit einem sehr schönen Satz: nach oben buckeln, nach unten treten.

W.W.: Aber dieses Nach-oben-Buckeln ist ja keine richtige Bescheidenheit!

Bescheidenheit: Einerseits stimmt dies schon, andererseits bin ich bei diesem Zustand des Buckelns auch mit dabei. Die Bescheidenheit hat viele Facetten.

W.W.: Es gibt bei den Menschen zwei unterschiedliche Formen der Bescheidenheit. Die einen sind vom Charakter her meist beständig bescheiden, während andere nur in einem bestimmten Moment bescheiden sind. Trittst du mit beiden Menschen in eine engere Beziehung?

Bescheidenheit: Ich trete mit beiden in Beziehung, und wenn ich eine Beziehung eingehe, längerfristig oder kurzfristig, gibt es kaum Unterschiede in meiner Verbindung zu dem jeweiligen Menschen. Trotzdem bin ich bei dem einen Dauergast in seiner Seele, während der andere mir nur in bestimmten Situationen Türen öffnet, so daß ich nur vorübergehend in seine Seele einziehe.

Helles Gewand

W.W.: Ist Bescheidenheit dasselbe wie Genügsamkeit?

Bescheidenheit: Nein. Bescheidenheit bezieht sich eher auf nichtmaterielle Bereiche, wenn auch nicht ausschließlich, während sich Genügsamkeit mehr auf materielle Bereiche bezieht.

W.W.: Wenn ein Mensch bescheiden ist, will er meist wenig für sich selbst; welche Seelengestalt entsteht dabei in diesem Menschen?

Bescheidenheit: Es entwickelt sich eine Klärung seiner Seelengestalt. Denn fast alle anderen Seelenhaltungen überformen die Seele, z.B. die Raffgier. Wenn ein Mensch dagegen Bescheidenheit lebt, ob spontan oder als Dauergeste, erscheint das Kleid dieser Seele wie ein helles Gewand, während der nicht bescheidene Mensch oft in wilden Seelenfarben erscheint.

Verzicht

W.W.: Ist Bescheidenheit auch oft mit einem Verzicht verbunden?

Bescheidenheit: Teilweise schon, aber bei der Genügsamkeit würde ich den Verzicht eher im Vordergrund sehen. Wirklich bescheidene Menschen verzichten eigentlich nicht, denn sie haben das, worauf sie verzichten müßten, eigentlich nicht nötig. Das ist nicht nur für die Menschen so, sondern verhält sich auch für rein geistigen Wesen ziemlich identisch. Ein wirklich bescheidenes Wesen hat wenig mit einem Verzicht zu tun. Ein bescheidenes Wesen ist bescheiden und erleidet keinen Verlust, wenn ihm etwas abgeht, worauf andere nur schwerlich verzichten könnten.

W.W.: Was für ein Wesen ist der Verzicht?

Bescheidenheit: Er hängt mit den sogenannten Opfer-Wesen zusammen. Wenn man bescheiden ist, ist es mit dem Opfern nicht so ganz einfach, denn man hat weniger zu opfern. Irgend etwas hat natürlich jedes Wesen zu opfern. Aber ein Mensch mit vielen Besitztümern oder mit starken seelischen Gesten kann leichter etwas opfern als ein grundbescheidener Mensch. Ob es demjenigen schwerer fällt, auf etwas zu verzichten, der in Reichtümern schwelgt, und dem Bescheidenen leichter fällt, auch auf das Wenige zu verzichten, welches er besitzt, steht auf einem anderen Blatt.

W.W.: Steiner spricht darüber, daß ein kleiner täglicher Verzicht – z.B. auf alltägliche Kleinigkeiten wie z.B. ein Stück Schokolade oder eine Zigarette – eine gute Willensübung ist. Kannst du sagen, warum?

Bescheidenheit: Wenn man bewußt auf etwas verzichtet, dringt man mit seinem Ich bewußt in sein seelisches Gefüge ein, man unterdrückt bewußt mit dem Willen ein Gelüst, wodurch der Wille an dieser Stelle gekräftigt wird. Immer wenn das Ich auf eine seelische Regung stößt, entsteht die Frage, wer die Oberhand behält – die mächtige seelische Regung oder der vom Ich ausgelöste Wille.

Bescheidenheit ist eine Haltung

W.W.: Welche Unterschiede gibt es zwischen Bescheidenheit und Demut?

Bescheidenheit: Demut hat eine grundreligiöse Geste, die die Bescheidenheit nicht haben muß. Bescheidenheit im Religiösen ist auch möglich, hat aber eine ganz andere Farbe als die Demut. Demut ist eine Seelengeste; sie entsteht, wenn man aus dem reinen Fühlen heraus erkennt, daß ein anderes Wesen größer ist als man selbst. Dann entsteht als Gefühlsgeste die Demut. Bescheidenheit ist nicht so stark ein Gefühl. Bescheidenheit ist weit mehr eine Haltung. Man kann Bescheidenheit auch anerziehen. Ein Mensch bzw. auch ein geistiges Wesen, welches zur Bescheidenheit erzogen wird, kommt in echte Kontaktaufnahme zu mir. Das geht dann in Richtung des Anstands.

W.W.: Ist die Bescheidenheit, die man als Kind oder Jugendlicher durch Sozialisation anerzogen bekommen hat, eine andere Bescheidenheit als diejenige, die man als Erwachsener bewußt erwirbt?

Bescheidenheit: Der Vorgang zur Erlangung dieser beiden unterschiedlichen Formen von Bescheidenheit ist ein jeweils gravierend anderer. Selbstverständlich habe ich eine andere seelische Qualität und Färbung, wenn sich ein Mensch bewußt, aus Freiheit heraus, zur Bescheidenheit durchringt, als wenn es ihm nur anerzogen worden ist. Das Ergebnis, die Haltung, ist aber die gleiche. Der Antrieb, zu dieser Haltung zu kommen, ist ein anderer.

W.W.: Was ist der Unterschied zwischen Bescheidenheit und Zurückhaltung?

Bescheidenheit: Bescheidenheit ist eine Haltung und eine Grundgeste, während Zurückhaltung etwas ist, was man ganz bewußt in einem bestimmten Moment initiieren muß. Man hält etwas mit ichbewußten Willenskräften zurück. Dieser zusätzliche Bewußtseinsschritt kann, muß aber nicht bei der Bescheidenheit vorhanden sein. Selbstgenügsamkeit ist dagegen eher etwas, was mit mir verwandt ist. Uns beide kann man leicht verwechseln.

W.W.: Was ist der Unterschied?

Bescheidenheit: Selbstgenügsamkeit kann durchaus auch aus einer Arroganz stammen. Ein selbstgenügsamer Mensch kann auch so arrogant sein, daß er sich als den absolut Besten ansieht. Er ist sich selbst genug. Das muß aber keineswegs diese Arroganz bedeuten. Aber diesen Schritt der Selbstgenügsamkeit würde die Bescheidenheit nicht machen, denn dazu wäre sie zu bescheiden.

W.W.: Dazu paßt ein Zitat von Mohammed Ali: „Es ist schwierig, bescheiden zu sein, wenn man so großartig ist wie ich."

Bescheidenheit: Das ist reine Arroganz. Das führt auch zu einer echten Selbstüberschätzung. Sicherlich hängt auch seine Erziehung damit zusammen.

Es gibt auf der anderen Seite aber auch Menschen, die durch die Erziehung, oder auch aus sich heraus bescheiden sind, die gar nicht anders können, als bescheiden zu sein. Solche Menschen müßte man stark verändern, man müßte sie ziemlich zu etwas zwingen, damit sie einmal unbescheiden sind. Oft sind sich diese Menschen ihrer Bescheidenheit nicht so sehr bewußt – aber auch das ist trotzdem Bescheidenheit.

W.W.: Wichtig ist ja auch, worauf sich Bescheidenheit bezieht. Bescheidenheit kann sich auf materielle Güter, also auf Vermeidung von unnötigem Luxus, beziehen; andererseits gibt es auch seelische Bescheidenheit und genauso geistige Bescheidenheit.

Bescheidenheit: Sehr wohl. Vor allem der Bereich der geistigen Bescheidenheit ist meine Urheimat, alles andere ist eher Genügsamkeit, auch wenn es sich unter euch Menschen im Sprachgebrauch vermischt hat.

W.W.: Was ist geistige Bescheidenheit?

Bescheidenheit: Wenn man z.B. nicht mit seinen geistigen Fähigkeiten angibt. Wenn man verinnerlicht, daß die eigenen geistigen Fähigkeiten nicht so wichtig sind, als daß man sich mit ihnen hervortun müßte.

W.W.: Ist es unbescheiden, wenn man sich für alles interessiert, wenn man weitgehend jede Frage stellt und so viel Erkenntnis wie möglich haben möchte, zum Nutzen der Allgemeinheit?

Bescheidenheit: Wenn es zur Sucht wird, ist es keineswegs bescheiden, aber wenn es nicht egoistisch ist, ist das Interesse für alles keineswegs unbescheiden. Die Unbescheidenheit ist übrigens meine Rückseite. Es ist kein einzelnes Wesen. Wenn ich von einem Menschen weggehe, ist er unbescheiden, wenn ich auf ihn zukomme, ist er bescheiden.

Der Welt Bescheidenheit lehren

W.W.: Was wäre eine notwendige Bescheidenheitsgeste, was wäre ein nötiges Maß an Bescheidenheit für einen Menschen der westlichen Welt angesichts der Ressourcenverschwendung in der heutigen Zeit?

Bescheidenheit: In diesen Bereich gehört die Bescheidenheit auf jeden Fall, und es würde euch Menschen im Westen sehr gut anstehen, wenn ihr die übrige Welt Bescheidenheit lehren würdet, wenn ihr mehr zurücktreten würdet mit euren persönlichen Egoismen und wenn ihr mit der Geste energisch zurücktreten würdet, zu glauben, daß ihr diese Welt aufbrauchen dürft. Hier stände euch Bescheidenheit sehr zu Gesicht. Zwar ist diese Erde für den Menschen da, aber durchaus nicht nur für den Menschen.

Anmaßung im Gewande der Bescheidenheit

Im Zusammenhang mit der Bescheidenheit müßt ihr allerdings sehr vorsichtig sein. Manchmal scheint es nur so, als würde Bescheidenheit auftreten – aber das ist dann eine Mogelpackung, und jemand anders steckt darin. Es gibt oft Intentionen, die sich als Bescheidenheit tarnen, und zwar deswegen, weil Bescheidenheit seit längerer Zeit ein Bestandteil eures Erziehungsmodells ist. Wenn man einem anderen Menschen Bescheidenheit vorlebt, auch wenn man gar nicht bescheiden ist, hat man mitunter Vorteile. Das kann in Wirklichkeit Unterwürfigkeit sein, es kann aber auch eine echte Finte sein, auf jeden Fall eine Mogelpackung. Das hat mit mir nichts zu tun. Es hüllt sich dann etwas in meine Gewänder, möglicherweise sogar die Gier, eine Gier auf einen Arbeitsplatz, eine Gier auf Geld, eine Gier auf eine Machtstellung, eine Gier auf einen Menschen.

W.W.: Was für eine Gestalt zieht in die Seele eines solchen Menschen ein, wenn er Bescheidenheit heuchelt, eigentlich aber gierig ist?

Bescheidenheit: Dann ziehen Dämonen in seine Seele. Eine solche Haltung ist immer von Dämonen begleitet. Gerade dann, wenn es um Machtmißbrauch geht, sieht man die meisten dämonischen geistigen Wesen um einen solchen Menschen herumschwirren. Mit Dämonen habe ich keinerlei Verwandtschaft, denn Dämonen sind so konzipiert, daß sie überhaupt nicht bescheiden sein können. Dämonen können nur unterwürfig sein.

W.W.: Nehmen wir aber noch einmal einen solchen Menschen, der sich nach außen äußerst geschickt und bescheiden darstellt, der mit seiner Bescheidenheit kokettiert, obwohl er in Wirklichkeit z.B. einen starken Machtimpuls oder eine bestimmte Gier hat. Viele Menschen, so nehmen wir einmal an, erkennen diese falsche Bescheidenheit nicht, bemerken nicht diese Anmaßung im Gewande der Bescheidenheit und sprechen auch wohlwollend über diesen angeblich bescheidenen Menschen – ist in einem solchen Menschen nicht doch ein wenig von dir, wenn auch zwangsweise?

Bescheidenheit: Ja, ein kleiner Bereich von mir muß dann auch in diese Seele einziehen, aber das ist eine sehr unschöne Seite von mir. Das ist eine Art Vergewaltigung, eine permanente Verdrehung meines Wesens. Das Spiegelbild bei den Menschen, die diesen anmaßenden Menschen im Gewande der Bescheidenheit als einen bescheidenen Menschen verkennen, hat aber eine echte Berührung mit mir. Denn diese Menschen glauben tatsächlich, daß bei dem anderen Menschen Bescheidenheit vorhanden sei. Aber der Heuchler vergewaltigt mein Wesen, und das ist etwas ganz Schlimmes. Er verdreht mein Wesen, meine Macht. Auch ich bin ein mächtiges Wesen, wenn auch in einem eher hintergründigen Sein. Wenn man die Bescheidenheit, wenn man diese hintergründige Macht vergewaltigt, muß man damit leben, daß gewaltige Wesen wie Dämonen einziehen. Und wenn die Dämonen erst einmal da sind, muß man sich sehr anstrengen, um sie wieder loszuwerden.

W.W.: Wie ist das für dich, wenn man deinen Mantel bzw. deine äußere Hülle benutzt, nicht aber dein wirkliches Wesen?

Bescheidenheit: Das ist sehr schlimm für mich, weil ich nach und nach, in homöopathischen Dosen, verändert werde. Diese Vorgänge gehört zu den Entwicklungen, bei denen sich moralische Werte über Zeiten in ihr Gegenteil verkehren können. So etwas gibt es nicht nur in bezug auf die Bescheidenheit, sondern auch in bezug auf andere Werte, die einstmals einen ganz anderen Inhalt hatten als heute. Ein Wertewandel kann allgemein in der Gesellschaft vor sich gehen, er kann aber auch dadurch unterstützt werden, daß einzelne Menschen – wie in meinem Fall besprochen – Lügen, Heucheleien und ähnliches in einem anderen Gewand leben. Dann kann über eine längere Zeit durch diesen Mißbrauch ein allgemeiner gesellschaftlicher Wertewandel eingeleitet werden. Form bzw. Begriff und Wesen bzw. Inhalt hängen zusammen.

Die Welt wird dunkler

W.W.: In den letzten Jahrzehnten, eigentlich schon seit einigen Jahrhunderten, zieht ein Großteil der Weltbevölkerung eine äußerst unbescheidene Spur durch die Erde – durch Ausbeutung, Verschwendung, Zerstörung, Vergiftung. Was geschieht dadurch, daß durch deine dunkle Seite eine so große Gestalt in die Welt zieht?

Bescheidenheit: Ganz banal: Die Welt verändert sich. Du redest momentan mit meiner hellen Seite, der Bescheidenheit, und ich nehme wahr, daß die Welt allgemein dunkler wird. Die Erde wird ein dunklerer Platz als zuvor. Die Erde wird immer mehr zu einem Platz, an dem sich dämonische Wesenheiten wohler fühlen als zuvor. Wenn ihr mit der physischen Erde so unbescheiden umgeht, öffnet ihr verschiedensten dämonischen Kräften diese Sphäre, und sie sind sehr erpicht darauf, in diese Sphäre eindringen zu können. Normalerweise können sie in dieser Welt nicht leben, aber wenn ihr Menschen ihnen diese Tore öffnet, dringen sie immer mehr ein.

W.W.: Zwar bist du nicht nur für die Menschen zuständig, aber doch zu einem großen Teil. Wenn nun alle Menschen unbescheiden wären, würdest du dann zu einem weitgehend dunklen Wesen werden?

Bescheidenheit: Ja. Ich würde mich zu einem sehr großen und dunklen dämonischen Wesen verwandeln. Wenn es die Bescheidenheit nicht mehr gäbe, sondern nur noch die Unbescheidenheit, wäre mein Wesen umgestülpt.

W.W.: Hast du keinen Eigenwillen? Bist du nur abhängig von dem, wie Menschen sich einstellen, also bescheiden oder unbescheiden?

Bescheidenheit: Ich habe einen Eigenwillen, aber wenn alle Menschen unbescheiden wären, könnte ich nicht gegenhalten. Aber auch hier muß man über das Prinzip sprechen, daß es nicht um die Quantität geht, sondern um die Qualität einzelner Menschen und ihre Haltung. Solange mir auch nur noch ein Mensch die Treue hält, bleibe ich *auch* die Bescheidenheit.

Bescheidenheit leben

W.W.: Wie kann man es als Mensch lernen, wieder bescheidener mit der Erde, den Lebewesen auf ihr und auch z.B. mit den Naturwesen umzugehen?

Bescheidenheit: Zuerst muß man einfach die Bescheidenheit zulassen. Zweitens muß man den sehr großen Schritt vollziehen, anzuerkennen, daß die Erde und die mit ihr lebenden Wesen – auf allen Ebenen – auch ein eigenes Recht haben. Man muß anerkennen, daß die Erde und alle ihre Wesen nicht dazu gemacht sind, als Sklaven für die Menschen zu dienen. Ihr müßt z.B. die Naturgeister, die mit der Erde verbunden sind, endlich einmal aus ihrem Sklavendasein entlassen. Bescheidenheit fällt euch Menschen leichter in bezug auf vermeintlich höhere Wesen, weil man glaubt, daß diese sogenannten höheren Wesen wertvollere seien. Bescheidenheit wird oft mit dem Wertebegriff verknüpft. Ihr solltet mich aber auch mit allem anderen verknüpfen. Das gilt für alle Ebenen. Ihr solltet weniger Wasser verbrauchen und weniger Rohstoffe, ihr solltet weniger Lebewesen töten, aber auch weniger fluchen. Ihr solltet auch bescheidener mit bestimmten Begriffen umgehen. Bescheidenheit kann man also auch dann anwenden, wenn es um den großen Bereich des Lassens geht. Man muß nicht immer alles machen oder sagen, was man machen und sagen kann. Wer sich in dieser Weise übt, dessen Seele wird gerade und schöner. Bildlich gesprochen: Ein solcher Mensch wäscht seine Gewänder rein.

Bescheidenheit trennt

W.W.: Welcher Unterschied besteht zwischen dir und der Mäßigkeit?

Bescheidenheit: Hier kommt es darauf an, wie man die Mäßigkeit definieren möchte, womit die Mäßigkeit gefüllt ist. Man kann sich in Maßen halten, man kann die Mäßigkeit aber auch so definieren, daß von etwas nicht genug vorhanden ist, also wenn ein Mensch z.B. mäßig intelligent ist. Eigentlich ist die Mäßigkeit ein wunderbarer

Begriff, weil dieser Begriff bzw. dieses Wesen aktiv dazu aufruft, sich in Maßen zu halten.

Mit dem Maß habe ich nicht so sehr viel zu tun, sondern mehr mit dem Scheiden. Wir haben zwar keine Probleme miteinander, aber das Scheiden bzw. das Maßhalten sind unterschiedliche Ansätze. Das Scheiden hat einen trennenden Ansatz. Man kann auch ein Metall vom Gestein scheiden, aber wenn man z.B. Gold mißt, weist man dem Gold einen Wert zu; aufgrund des Maßes. Bescheidenheit dagegen trennt auch immer etwas.

W.W.: Was ist Anspruchslosigkeit im Gegensatz zu dir?

Bescheidenheit: Anspruchslosigkeit ist oft eine Art blinder Stelle bei den Menschen, wenn ich das einmal bescheiden so formulieren darf. Dort, wo ein Mensch anspruchslos ist, hat er oft eine gleichgültige Beziehung zu dem Objekt oder dem Gebiet, in bezug auf das er anspruchslos ist. Es gibt allerdings große Ähnlichkeiten zwischen einem bescheidenen und einem anspruchslosen Lebenswandel. Aber bei einer Anspruchslosigkeit ist es eher so, daß man das, auf das man Anspruch haben könnte, oft gar nicht wahrnimmt. Wer bescheiden ist, der scheidet sich meist mit einem bewußteren Akt von dem, was er gebrauchen könnte. Wer z.B. anspruchslos in bezug auf sein Essen ist, der will nur satt werden, weil er die verschiedenen Geschmacksrichtungen gar nicht wahrnimmt oder würdigt. Das meinte ich mit dem blinden Fleck.

W.W.: Dann gibt es aber eine gewisse Verdrehung deines Wesens, z.B. dann, wenn ein Gastgeber den Ausspruch tätigt: „Nur keine falsche Bescheidenheit!" Was ist das für eine Haltung?

Bescheidenheit: Daran sieht man, wie weit es bereits in euren Sprachgebrauch eingezogen ist, daß Bescheidenheit auch einfach nur eine Hülle sein kann, oft eine anerzogene Hülle. Hiermit anerkennt nämlich der Volksmund, daß es mich in dämonischer Verkleidung gibt, und der Gastgeber sagt eigentlich: lasse deine Dämonen zu, greife zu, verhalte dich so, wie du wirklich bist. Also unbescheiden.

W.W.: Wenn ein Mensch sparsam lebt – wo liegen hier die Grenzen zwischen Bescheidenheit und Geiz?

Bescheidenheit: Bescheidenheit hat nur bedingt etwas mit dem Materiellen zu tun. Bei der Genügsamkeit gibt es viele Übergänge zum Geiz. Bescheidenheit extrem ausgelebt führt eher zur Anspruchslosigkeit.

W.W.: Möchtest du zum Schluß noch etwas sagen?

Bescheidenheit: Seid euch klar darüber, daß ich eine sehr hintergründige Macht habe. Wirklich bescheidene Wesen zwingen oft ihre

Umwelt dazu, sich an ihnen zu reiben und sich über bestimmte Züge von einem selbst klarzuwerden. Insofern übt Bescheidenheit eine richtige Macht aus.

W.W.: Vielen Dank.

Bescheidenheit: Bitte.

Peinlichkeit

Wolfgang Weirauch: Ich beginne mal mit der Bedeutung der Peinlichkeit im Rahmen der menschlichen Entwicklung, da sich bei diesem Begriff im Laufe der Zeit ein großer Bedeutungswandel ergeben hat. Früher verstand man unter Peinlichkeit einen unter Strafe erhaltenen körperlichen Schmerz, heute wird unter Peinlichkeit etwas Beschämendes verstanden. Bist du für beide Bedeutungen – heute wie früher – ein und dasselbe zuständige Wesen?

Peinlichkeit: Das ist eine peinliche Frage! Dieser Wertewandel ist mir sehr peinlich.

W.W.: Warum?

Peinlichkeit: Die Antwort auf deine vorletzte Frage ist ja und nein. Ich war für die frühere Form der peinlichen Befragung zuständig, und deswegen hängt es mir irgendwie noch an, zumindest peinlicherweise ein bißchen. Aber ich bin es insofern nicht mehr, als jetzt die Pein für die damalige Peinlichkeit zuständig ist, die auch peinlicherweise in meinem Namen mit enthalten ist. Und die Pein hat mit dem Schmerz zu tun, nicht mit der Beschämung. Ich bin nicht die Pein, aber ich war damals die Pein. Ich bin – etwas übertrieben ausgedrückt – aus der Pein als eine Art Witzfigur ausgegliedert. Das ist sehr peinlich! Ich bin eine Art Kind der Pein. Früher allerdings waren wir länger zusammen, denn man unterschied nicht zwischen Pein und Peinlichkeit.

Körperlicher, seelischer, geistiger Schmerz

W.W.: Trotzdem gibt es Ähnlichkeiten zwischen euch. Früher war die Pein bzw. Peinlichkeit ein körperlicher Schmerz, heute ist die Peinlichkeit ein seelischer Schmerz.

Peinlichkeit: Ja, gerade bei jungen Leuten ist die Peinlichkeit heute ein starker seelischer Schmerz. Peinlichkeit gibt es eigentlich nur bei Menschen. Bei Engeln gibt es keine Peinlichkeit, allerdings Pein. Denn die Peinlichkeit ist auch damit verbunden, daß man im Nicht-Sehen ist. Wenn man im Sehen lebt, wenn man im geistigen Wahrnehmen ist, weiß man, warum sich z.B. ein anderer Mensch versprochen hat, warum er etwas Komisches gemacht hat – und dann muß es nicht mehr peinlich sein.

Aber der von dir angesprochene seelische Schmerz ist ganz wichtig, und gerade jungen Menschen ist ja besonders viel peinlich; so ungefähr im Lebensalter zwischen zwölf und 20. Vor allem in dieser Phase erleben sie ganz besonders ihre Seele. Dadurch kannst du sehen, daß mein Wesen, die Peinlichkeit, sehr viel mit seelischen Bedrängungen zu tun hat.

W.W.: Früher verstanden wir unter Peinlichkeit den körperlichen Schmerz, heute verstehen wir unter Peinlichkeit den seelischen Schmerz; wird es einmal so kommen, daß man unter Peinlichkeit geistigen Schmerz verstehen wird?

Peinlichkeit: Es geht in diese Richtung, es hat sogar schon angefangen. Allerdings solltet ihr eure Seele nicht so klein reden. Die Seele ist kein Kitsch, die Seele ist etwas ganz Gewaltiges.

Bei Jugendlichen bin ich eigentlich immer da

W.W.: Kannst du dein Wesen ein wenig beschreiben?

Peinlichkeit: Wer sich meine Gestalt vorstellen will, muß sich eine Gestalt vorstellen, deren Oberkörper weggebogen ist; meist zur Seite. Pubertierende Jugendliche, etwas abgeschwächt auch Erwachsene, haben regelmäßig für mich ein Zimmer reserviert, in dem ich wohne.

W.W.: Warum ist Jugendlichen so viel peinlich?

Peinlichkeit: Weil sie sich in diesem Lebensalter ihrer Seele bewußt werden. Eigentlich ist es ein sehr gesundes Zeichen, auch wenn ihnen peinlicherweise fast alles peinlich ist. Sie zeigen etwas von ihrer Seele, und das ist ihnen peinlich. Es ist ihnen weniger peinlich, daß sie etwas Bestimmtes gesagt haben, sondern mehr, daß sie den Mut hatten, etwas von ihrer Seele zu zeigen. Es ist ihnen peinlich, ihre eigene Seele zu zeigen, weil sie diese selbst noch gar nicht kennen. Diese Entblößung löst eigentlich die Peinlichkeit aus. Wenn die Menschen älter werden, so ungefähr ab dem 20., 21. Lebensjahr, ist den Menschen eher peinlich, wenn sie mit einem unbedachten Wort oder einer unbedachten Handlung einen anderen in eine peinliche Situation geführt haben. Es ist ihnen also eher peinlich, daß sie dem anderen in seiner Seele zu nahe getreten sind. Dieser Wechsel erfolgt also ungefähr zwischen Pubertät und beginnendem Erwachsensein.

W.W.: Wie verbindest du dich mit einem Menschen, der das Empfinden der Peinlichkeit akut hat?

Peinlichkeit: Ich ziehe in seine Seele ein. Bei Jugendlichen bin ich eigentlich immer da. Bei kleineren Kindern ist es nur eine Art Miterleben mit dem Gefühl der Peinlichkeit anderer Menschen. Aber irgendwann kommt der Moment, in dem sie selbst merken, daß ihnen etwas peinlich ist; und das ist der Moment für mich, in diese Seele einzuziehen. Aber dann bin ich immer da.

W.W.: Was ist der Unterschied zwischen Peinlichkeit und Scham bzw. dem Schamgefühl?

Peinlichkeit: Heutzutage ist die Scham etwas anderes als die Peinlichkeit. Scham ist eher mit der Geschlechtlichkeit und den Liebeskräften verbunden, Peinlichkeit ist etwas seelisch Allgemeines. Man schämt sich, wenn man einem Menschen, den man liebt, einen echten Schmerz zugefügt hat. Bei Menschen, die einem eher fremd sind, ist einem das eher peinlich. Scham ist die intimere Ebene. Es gibt aber auch Scham in bezug auf Menschen, die einem eher fremd gegenüberstehen. Dies trifft z.B. auf sogenannte Behinderte zu, wenn man ihnen gegenüber unverhältnismäßig auftritt, also wenn man z.B. einem Blinden eine Zeitung vorhält und ihn auffordert, diese zu lesen. Wenn dieser Mensch dann sagt, daß er blind sei, schämt man sich. Darüber hinaus sollte man Scham empfinden bei allem, was die Menschen anderen Wesen – Menschen, Tieren, Pflanzen, Naturwesen und der gesamten Erde – antun. Es gibt allerdings Bereiche, wo Scham und Peinlichkeit Hand in Hand gehen.

W.W.: Was ist Verlegenheit?

Peinlichkeit: Das ist eher auf der intellektuellen Ebene. Verlegenheit ist nicht ganz so seelisch tiefgründig wie die Peinlichkeit.

W.W.: Aber ein kleines Kind kann auch verlegen sein.

Peinlichkeit: Ja. Aber ein Kind kann sich auch richtig schämen, z.B. gegenüber der Mutter, weil das Kind die Mutter liebt. Wenn das kleine Kind gegenüber einem anderen Menschen verlegen wird, den es jetzt nicht unbedingt liebt, dann ist diese Verlegenheit nicht ganz so seelisch, sondern eher aus einem Wissen heraus, weniger aus dem Gefühl.

Jeder Pickel im Gesicht ist ihnen peinlich

W.W.: Warum entstehen Peinlichkeitsgefühle eigentlich meist nur im Zusammenhang mit anderen Menschen, unter dem Blick anderer, weniger während des Alleinseins?

Peinlichkeit: Das ist nicht immer so. Aber meist ist es schon so, da hast du recht. Das hängt damit zusammen, daß es den Menschen peinlich ist, die eigene Seele zu zeigen oder die andere Seele zu sehen. In einer Gruppe ist es so, daß die Gruppe auf der einen Seite einen Schutzraum gibt, auf der anderen Seite aber jeder seine Seele ein wenig zeigen muß. In der Gruppe traut man sich, seine Seele etwas zu zeigen. In einer Gruppe kann es zur erhöhten Peinlichkeit führen, weil man sich wegen des Schutzraums dieser Gruppe eher traut, ein wenig mehr von seiner Seele zu zeigen. Hierfür gibt es heutzutage den Modebegriff Fremdschämen. Aber damit ist eigentlich etwas Falsches ausgedrückt, denn man müßte Fremd-Peinlichsein sagen.

Trotzdem erlebt man die Peinlichkeit auch alleine, gerade unter Jugendlichen. Denn sehr viele Jugendliche stehen vor dem Spiegel, und jeder Pickel im Gesicht ist ihnen peinlich.

W.W.: Aber das hängt doch nur damit zusammen, daß sie wissen, daß sie über kurz oder lang wieder unter Menschen treten müssen. Wären sie auf einer einsamen Insel, wäre es ihnen nicht so peinlich.

Peinlichkeit: Das stimmt.

W.W.: Warum kommen Peinlichkeitsgefühle meist überraschend?

Peinlichkeit: Weil das Aufreißen der Seele, das Zeigen der Seele ein plötzlicher Vorgang ist. Plötzlich ändert sich etwas, plötzlich tritt etwas in den Raum, was vorher unter einer Art Schutzhülle verborgen war, was nicht bekannt war. Peinlichkeit entsteht im Regelfall, wenn eine Konvention, ein normales Verhalten durchbrochen wird, und das geschieht plötzlich.

W.W.: Schamgefühl, Peinlichkeit, auch Verlegenheit entstehen heute meist, wenn die Intimsphäre verletzt oder bloßgestellt wird. Warum ganz besonders in bezug auf diesen Bereich?

Peinlichkeit: Das muß man differenzieren. Bei Erwachsenen ist dies meist so. Bei den pubertierenden Jugendlichen ist es teilweise anders. Ihnen ist es sogar peinlich, wenn sie ein Kleidungsstück in einer falschen Farbe anhaben. Peinlichkeit hat bei ihnen eher etwas mit ihrer Außenwirkung zu tun. Peinlich ist ihnen, wenn etwas durchbrochen wird, was sie eigentlich darstellen wollen. Sie schaffen es noch nicht, dasjenige dauernd aufrechtzuerhalten, was sie eigentlich darstellen wollen. Darum brauchen sie die Stütze äußerer Hilfsgegenstände; und deswegen bricht ihre Darstellungsbemühung auch so schnell zusammen.

W.W.: Es gibt also ein gesellschaftliches Korsett, welches vorgibt, wie man sich zu verhalten hat, und wenn man dagegen verstößt, ist man peinlich berührt.

Peinlichkeit: Genau. Unter Jugendlichen kann sich das auch auf die Gruppe übertragen, und dann gibt es eine Gruppenpeinlichkeit. Wenn die Normierung einer Gruppe durchbrochen wird, ist es auch den anderen peinlich.

Mutter von Milliarden von Peinlichkeiten

W.W.: Wenn das Ich, eine geistige Leistung, die Ehre oder etwas Ähnliches verletzt wird, entsteht nicht Peinlichkeit, sondern eher Zorn, Trauer oder gar ein Vernichtungsgefühl. Warum ist das so?

Peinlichkeit: Ja, mit diesen Zusammenhängen habe ich wenig zu tun. Die Peinlichkeit ist sehr in das Äußere gerutscht. Das ist mir sehr peinlich. Aber es ist so. Und ich muß jetzt diese Aufgabe übernehmen. Die Peinlichkeit wird sich in einigen 100 Jahren in ihrer Bedeutung bzw. in ihrem seelischen Empfinden verschieben, mehr in Richtung einer intellektuellen Ebene.

W.W.: Peinlichkeiten entstehen eigentlich meist in bezug auf Nichtigkeiten, also wenn man z.B. beim Nasebohren erwischt wird, beim Lesen der Bild-Zeitung oder beim Lesen von Groschenromanen, die eigentlich unter dem eigenen Niveau liegen, was man aber nicht gerne zugeben möchte. Peinlichkeit entsteht also immer dann, wenn etwas aufgedeckt wird, was nicht der Norm entspricht und was eigentlich eine Art subjektive Unzulänglichkeit für einen selbst bedeutet. Warum ist das so?

Peinlichkeit: In diesem Moment bin ich bei den Menschen, weil sie das Empfinden haben, daß ihr hehres Bild wankt. Auch anderen Menschen kann eine solche Situation peinlich sein, weil das hehre Bild, welches sie von dem anderen hatten, ebenfalls ins Wanken gerät. Aber bei Erwachsenen können Zustände entstehen, bei denen die Scham beginnt, teilweise mit verheerenden Folgen. Wenn z.B. ein Mensch einen anderen sehr verehrt hat, wenn dieser Mensch den anderen sehr wertgeschätzt hat und nun bemerkt, daß er sehr peinliche Sachen macht, dann ist es ihm peinlich, dann schämt er sich für diesen Menschen, und im schlimmsten Falle kann dies sogar zu einer Gewalttat führen.

W.W.: Bleiben wir noch einmal bei zwei Menschen ...

Peinlichkeit: ... sei doch nicht so peinlich genau!

W.W.: Doch. Der eine liest also gerne Groschenromane und möchte, daß diese Leidenschaft nicht bekannt wird. Ein anderer deckt es auf, und beiden Menschen ist es peinlich. Was geschieht in diesem Fall zwischen beiden Menschen? Und in einem zweiten Fall: gleiche Umstände, aber dem Groschenromanleser ist es gleichgültig, ob der andere dies weiß, und nur dem anderen ist es peinlich. Welche seelischen Gestalten entstehen in beiden Fällen?

Peinlichkeit: Ich bin die Mutter von Milliarden von Peinlichkeiten, und jeder Mensch hat einige Babys von mir in seiner Seele. Es gibt nur sehr wenige Menschen, denen gar nichts peinlich ist. Häufig findet man diese in Politikerkreisen. Denen ist höchstens privat etwas peinlich.

Wenn zwei Menschen Peinlichkeit empfinden, entsteht eine Art Brücke zwischen ihnen, eine Peinlichkeitsbrücke, und dadurch wird das peinliche Erleben und der entstehende Stimmungsraum größer. Wenn nur ein Mensch Peinlichkeit empfindet, ist dieser Peinlichkeits-Stimmungsraum kleiner, und es gibt keine Peinlichkeitsvereinigung.

Das kann man auch in bezug auf Gruppen sehen: Wenn in einer Gruppe allen etwas peinlich ist, wird die Peinlichkeitsempfindung verstärkt. Trotzdem bin ich auch im Bereich desjenigen Menschen, der keine Peinlichkeit empfindet, denn alle Menschen haben irgendwo ein seelisches Hinterstübchen, in dem sie Peinlichkeit empfinden. Aber alle diese seelischen Gestalten, die Peinlichkeiten in den einzelnen Stübchen der Menschen, sind eher kleine seelische Gestalten. Allein deswegen schon, weil sich die Peinlichkeiten meist auf Kleinigkeiten beziehen.

W.W.: Warum sind Schamgefühl und Peinlichkeit häufig auch von vegetativen Prozessen wie Herzklopfen und Erröten begleitet?

Peinlichkeit: Weil die Seele im Körper sitzt.

W.W.: Ein anderes Gefühl, wie z.B. das Mitleid, führt aber nicht zum Erröten.

Peinlichkeit: Ich sitze im unteren Bereich der Seele, im Bereich der Empfindungsseele, das Mitleid nicht. Deswegen bin ich mehr mit dem Leiblichen verbunden und führe dort zu entsprechenden Reaktionen. Die Empfindungsseele hängt sehr stark mit dem Ätherleib zusammen, und deswegen wird eher eine leibliche Reaktion ausgelöst. Wegen dieser starken Verbindung werden die Lebensprozesse beeinflußt. Wenn man auf diese Weise Peinlichkeit empfindet, führt es seelisch zu einer Art Fluchtreflex, und dieser Fluchtreflex führt dann zum Erröten.

W.W.: Warum wird beim Erleben einer Peinlichkeit, mehr noch bei der Scham, der Blick gesenkt? Was ist dies für eine Geste?

Peinlichkeit: Das tut man, weil man seine Seele gezeigt hat und weil man empfindet, daß nach eigener Einschätzung die Seele etwas Peinliches oder Schamhaftes gemacht hat. Und dies möchte man verbergen. Deswegen senkt man den Blick. Im Blick ist viel Seele und wenig Ich.

Die Seelen gefrieren

W.W.: Noch einmal zurück zu dem Fremdschämen. Was ist damit eigentlich gemeint?

Peinlichkeit: Hier gibt es zwei Formen. Man kann dadurch verletzt sein, daß die Welt so korrupt ist, daß die Menschen sich so ungeheuer daneben benehmen, daß sie sich weltzerstörerisch benehmen – und dann schämt man sich, Mensch zu sein. Es gibt auf der anderen Seite aber genauso das Fremd-Peinlichsein. Dies tritt oft im Verhältnis der Kinder zu ihren Eltern auf. Beide sitzen zusammen im Kaffee, die Mutter kleckert mit der Schlagsahne, und dem Kind ist dies ungeheuer peinlich. Das ist dann dem Kind sehr peinlich für die Mutter. Das ist eigentlich Fremd-Peinlichkeit. Diesen Begriff prägt man aber nicht, sondern man prägt für alle Fälle zusammen nur den Begriff des Fremdschämens. In diesem Bereich ist den Mädchen anderes peinlich als den Jungen. Hier gibt es also geschlechtsspezifische Unterschiede. Gerade dann, wenn Pubertierende in Peinlichkeitsgefühlen gegenüber ihren Eltern in der Öffentlichkeit vergehen, ist es selbst mir schon fast zu peinlich. Jede Generation hat ihre Bereiche, die sie peinlich empfindet, und hier gibt es einen ziemlich schnellen Wandel. Das ist oft von Jahrgang zu Jahrgang verschieden. Die einen Jugendlichen tragen ganz breite Gürtel, einer anderen Gruppe es außerordentlich peinlich, überhaupt einen Gürtel zu tragen.

W.W.: Was ist der Unterschied zwischen dir und dem Unbehagen?

Peinlichkeit: Das Unbehagen ist eigentlich ein Schwächling. Das Unbehagen geht sehr ins Physische hinein. Ein Stuhl bereitet einem Menschen Unbehagen, sein Leib bereitet ihm Unbehagen. Es kann einem aber auch eine Stimmung unbehaglich sein.

W.W.: Nehmen wir an, eine Gruppe sitzt zusammen, und jemand sagt etwas, so daß allen anderen der Atem stockt und die sogenannte peinliche Stille eintritt. Was ist das für ein Moment?

Peinlichkeit: Dann gefrieren die Seelen. Eigentlich ist das ein sehr schöner Moment, weil dann sämtliche Seelenbewegungen für einen Moment stillstehen und man sie intensiver beschauen kann. Alle Seelen können sich in diesem Moment wahrnehmen. Natürlich nehmen sie sich in diesem Moment eher in einer einzigen Seelenhaltung wahr, aber wenn nach diesem Moment das richtige Wort in den Raum gesprochen wird, kann sehr viel bewirkt werden.

Schulen sind ein Ort von Peinlichkeiten. Wenn ein solcher peinlicher Moment entsteht, ist es ein guter pädagogischer Kniff, in diesem Moment etwas völlig anderes zu machen oder zu sagen.

W.W.: Wie ist es, wenn man die Peinlichkeit direkt anspricht?

Peinlichkeit: Wenn man das geistig anschaut, wäre es eigentlich der richtige Weg. Man schaut die Peinlichkeit an, man untersucht die Ursachen und sieht zugleich, wie man damit umgehen kann, und dann kann die Peinlichkeit aus der Welt geschafft werden. Aber das machen die meisten Menschen nicht. Sie können es in einem solchen Moment meist auch nicht.

Es gibt auch in bezug auf Nationalitäten unterschiedliche Peinlichkeiten. Dies sollte man auch noch mit berücksichtigen.

Menschen lassen ihre Seele fremdsteuern

W.W.: Eine neue Form der Peinlichkeit entsteht auch durch das Internet und die sozialen Netzwerke, indem man über Gebühr Dinge von sich preisgibt, in Text- und Bildform. Was ist das für eine Art von Peinlichkeit?

Peinlichkeit: Daß sich sehr viele Menschen durch die sozialen Netzwerke abhängig machen, ist so ungefähr das Peinlichste, was momentan in der Welt lebt. Die Menschen lassen ihre Seele fremdsteuern.

W.W.: Eine starke Tendenz hierbei ist aber auch, daß vielen Menschen ihre eigene Bloßstellung nicht peinlich ist. Warum ist das so?

Peinlichkeit: Hier spielen eine gewisse Verblendung und der Sog, mitmachen zu müssen, eine große Rolle. Oft herrscht auch eine Unkenntnis in bezug auf sich selbst, wie peinlich man sich z.B. outet.

Wenn es aber darum geht, einen anderen im Internet zu mobben, etwas Intimes von ihm z.B. als Film darzustellen, dann bin ich als Peinlichkeit zwar auch dabei, hinzu kommt auch noch die Scham, aber viel mehr noch ein zerstörerisches Element, welches bis zur Zerstörung der betreffenden Person bzw. ihrer Seele führen kann.

W.W.: Wie empfindest du es, wenn ein Mensch öffentlich an den Pranger gestellt wird?

Peinlichkeit: Dann fühle ich mich schuldig, obwohl ich nicht die Ursache bin. Wenn ich mich schuldig fühle, ist mir das allerdings nicht peinlich. Seelische Wesen, also die entsprechenden Menschen, die einen Menschen im Internet an den Pranger stellen, bauen eine karmische Schuld auf, ein anderer Mensch wird verletzt, und insofern besteht zwischen diesen beiden Menschen eine Beziehung; und hier bin auch ich mit dabei. Ich werde zwar nicht so schuldig, wie es ein Mensch wird, wenn er eine Ursache legt, aber ich bin in gewisser Weise mit dabei. Insofern bin ich auch mitverantwortlich. Das kann man ungefähr so sehen, wie es ein Mensch sehen muß, der in einer Firma angestellt ist, die irgendeine Umweltzerstörung aufgrund egoistischer Geschäftsinteressen durchführt, oder wie ein Soldat, der in den Krieg ziehen muß. Diese Menschen sind zwar nicht ursächlich schuldig, aber sie sind mitverantwortlich, denn sie sind mit dabei. Ähnlich, auch wenn es nicht die menschliche Ebene ist, mußt du das in solchen Fällen in bezug auf mich sehen. Natürlich sind wir Gefühlswesen auch abkommandiert, wir müssen erscheinen, wenn ein Mensch das entsprechende Gefühl hat; trotzdem sind wir mit dabei.

W.W.: Peinlichkeit hat heute auch noch eine weitere Bedeutung, nämlich die Verbindung zur Gewissenhaftigkeit und zur Sorgfalt, zur Präzision. Welche Form von Peinlichkeit ist es, wenn man etwas peinlich genau ausführt?

Peinlichkeit: Viele Menschen halten vielerlei ihrer Ausführungen für ungenau oder unordentlich und erleben an einer sogenannten peinlich genauen Ausführung, wie gut und genau doch eigentlich etwas zu machen ist. Eigentlich kommt diese Formulierung aber aus der damaligen Folterzeit, in der die Anweisungen, Pein zu bereiten, peinlich genau waren und auch entsprechend ausgeführt wurden. Aus heutiger Sicht ist mir das sehr peinlich.

W.W.: Was ist eine Blamage?

Peinlichkeit: Eigentlich nur ein französisches Wort für die deutsche Peinlichkeit, auch wenn dieser Begriff im neuzeitlichen Raum etwas weiter gefaßt ist. Eine Blamage ist eine riesengroße Peinlichkeit. Manchmal sagt man heute dazu auch Supergau. Aber auch das ist ein sehr peinlicher Begriff, denn er zeigt die Inflation der Worte.

Seelisch tot

W.W.: Was ist ein Mensch oder gar eine Gesellschaft, dem oder der nichts mehr peinlich ist?

Peinlichkeit: Ein solcher Mensch ist eigentlich seelisch tot, er ist ein seelenloses Wesen, denn seine Seele ist vollständig abgestumpft. Die Frage ist, ob es überhaupt solche Menschen gibt. Aber ein Mensch, dem nichts mehr peinlich ist, der hat seine Seele eigentlich abgegeben. Aber es gibt Menschen, denen wenig peinlich ist. Das hängt oft damit zusammen, daß Menschen nach innen, ins Private sehr wohl peinliche Züge aufweisen, nach außen hin aber haben sie ihre Seele abgestumpft, und es ist ihnen nach außen hin nichts peinlich.

Alten Menschen ist auch oft sehr wenig peinlich, vielleicht aus Gebrechlichkeit, vielleicht aus Tatterigkeit. Alten Menschen widerfahren oft Dinge – z.B. indem sie Kaffee verschütten –, die einem jungen Menschen entsetzlich peinlich wären. Aber die alten Menschen sind damit durch. Das ist eine gute Form von Nicht-Peinlichkeit.

Dann gibt es aber noch die sehr selbstsicheren Menschen, denen auch recht wenig peinlich ist, weil sie trotz mancher Peinlichkeiten, die ihnen widerfahren, genau wissen, welche Qualitäten sie ansonsten haben. Solche Menschen stecken dann die kleinen Peinlichkeiten einfach weg. Das sind starke Seelen.

Tabubrüche

W.W.: Was für ein Wesen ist eigentlich ein Tabu?

Peinlichkeit: Eigentlich ist dies ein religiöses Wesen. Früher hatte die Tabuisierung stark religiöse Züge. Die Verletzung eines Tabus war die Verletzung der Beziehung zu den Göttern. Heute wird das Tabu anders verstanden, es wird auf sehr viele andere Bereiche ausgedehnt, und es werden immer mehr sogenannte Tabus gebrochen bzw. ins Rampenlicht gezogen. Wenn heute ein Tabu verletzt wird, entsteht meist Peinlichkeit. Oft rufe ich auch die Scham hinzu. Tabus belegen große gesellschaftliche Bereiche, oft ungeschriebene, aber sie sind stark in der Gesellschaft verankert, oft sogar überregional verankert.

W.W.: Was geschieht, wenn man öffentlich ein Tabu bricht, z.B. in einer Talkshow? Was geschieht, wenn man sich öffentlich entblödet und einem selbst dieser Tabubruch nicht peinlich ist?

Peinlichkeit: Das ist das Peinlichste überhaupt! Hier gibt es verschiedene Aspekte. Zum einen ist es eine Form von Exhibitionismus, eine Art Sucht, in der Öffentlichkeit immer stärkere Reize zu suchen. Auf der anderen Seite gibt es dieses Bedürfnis selbstverständlich auch bei allen Zuschauern. Dann gibt es darüber hinaus auch noch den Ansatz, über einen solchen öffentlichen Tabubruch anderen Menschen eine Art Seelenerziehung angedeihen zu lassen bzw. aufzuzwingen. Es gibt Menschen, die öffentlich über Tabus sprechen bzw. diese brechen, in der Hoffnung bzw. mit der Motivation, daß die Zuschauer ihre eigene Seele so bearbeiten, daß sie entsprechend dieser Motivation geformter wird. Ein Tabubruch ist also keineswegs immer nur etwas Schlechtes. Wenn man mit alten festgezurrten Traditionen bricht, hat dies oft etwas Befreiendes.

In den Armen des Schutzengels

W.W.: Was entsteht, wenn man mit einer bestimmten Aufgabe vor die Welt tritt und eine Gruppe von Menschen dies sehr peinlich findet, man selbst aber gar nicht, weil man hinter dieser Aufgabe steht?

Peinlichkeit: Wenn die Aufgabe eine sinnvolle ist und wenn die Menschen, die diese Aufgabe peinlich finden, teilweise blind oder einseitig sind, drücken sie ihrer Seele eine Art Fremdschämen auf. Solche Menschen meinen z.B., daß eine bestimmte Normierung für sie und andere notwendig sei, und diese wollen sie auch anderen aufdrücken. Wenn diese Norm aber durch einen Menschen mit der entsprechenden Aufgabe gebrochen wird, entsteht bei den anderen Menschen eine Peinlichkeit. Man müßte den einzelnen Fall untersuchen, aber es kann bei diesen Menschen hinzukommen, daß sie anfänglich auch darüber nachdenken, ob ihre zu festgefahrene Normierung vielleicht auch schon in Richtung Peinlichkeit strebt. Gerade auch für Gruppen, die sich mit religiösen und anderen geistigen Fragen beschäftigen, besteht die Gefahr, daß sie sektiererisch werden und stark dazu neigen, sich für andere fremdzuschämen.

W.W.: Nehmen wir an, ein Mensch ist in einer kleineren Gruppe von anderen Menschen, und es fliegt ein Geheimnis auf bzw. es entsteht eine entsprechende andere peinliche Situation. Was sollte die betreffende Person machen, um möglichst schnell und ungeschoren aus dieser Peinlichkeitssituation herauszukommen?

Peinlichkeit: Sie sollte ihre Seele formen. In einer solchen Situation geht dies am besten dann, wenn sich diese Person vergegenwärtigt, daß ihr Schutzengel hinter ihr steht. Wenn man in eine solche Situation gerät und klar genug ist, sollte man sich blitzartig vorstellen, daß man in den Flügeln seines Schutzengels steht. Wenn man das konkret denkt und fühlt, steht man wirklich in den Armen des Schutzengels. Auch dem Schutzengel ist vieles peinlich, was der Mensch macht. Wenn aber der Schutzengel seine Flügel vor einem kreuzt, ist man sehr geschützt. Dann können einem die Seelenwallungen, die einem entgegenschlagen, nicht viel anhaben. Der Schutzengel hat natürlich eine andere Normierung, und insofern sind ihm Dinge peinlich, die den Menschen eher nicht peinlich sind. Alle geistigen Wesen, die auch noch eine Seele haben, können selbstverständlich auch Peinlichkeiten erleben.

W.W.: Wie ist es bei Menschen, wenn ihnen etwas peinlich ist, sie aber diese Peinlichkeit überwinden wollen und nun etwas tun, was ihnen normalerweise peinlich war, und wenn sie durch dieses Tun ihre Peinlichkeit überwinden? Was geschieht dann in der Seele eines solchen Menschen?

Peinlichkeit: Hier entsteht eine Formung der Seele durch das Ich des betreffenden Menschen. Die Seelenformung ist ohnehin eure Hauptlebensaufgabe. Ihr solltet euch möglichst vieler Bereiche eurer Seele bewußt werden und dann mit dem Ich formend in eure Seele eingreifen und sie zügeln. Es geht aber nicht darum, daß ihr eure Seele verarmt, sondern es geht darum, daß ihr bewußt mit eurer Seele umgeht, daß ihr sie differenziert gestaltet. Es kann auch richtig sein, bewußt eine Peinlichkeit zu erleben, vor allem dann, wenn sie an einer bestimmten Stelle berechtigt ist.

W.W.: Vielen Dank für das keineswegs peinliche Gespräch. Möchtest du zum Schluß noch etwas sagen?

Peinlichkeit: Geht geduldig mit den Peinlichkeiten der pubertierenden Menschen um.

Würde

Wolfgang Weirauch: Guten Tag.
Würde: Guten Tag.

Funken Gottes

W.W.: Der Begriff Würde ist nicht ganz leicht zu beschreiben, bezeichnet aber heute eine Eigenschaft, eine einzigartige Seinsbestimmung, die einem Lebewesen, einem System von Lebewesen, aber auch einer natürlichen oder menschlichen Schöpfung zugesprochen werden kann. Wie würdest du selbst Würde definieren?

Würde: In einer gewissen Weise bin ich das, was ein Wesen zu einem Wesen macht. Ich bin die Grundlage der Existenz von Wesen. Es ist insofern schwierig, da eigentlich alles Sein Wesen beinhaltet. Auf jeden Fall kann man sagen, daß wesenslose Dinge mit mir sehr wenig zu tun haben. Würde ist der Funken Gottes, auch in euch Menschen. So würde ich mich beschreiben.

W.W.: Was ist die Würde der Schöpfung?

Würde: Die Schöpfung ist etwas Geschaffenes, aber ihre Würde ist Gott selbst. Gleichzeitig ist der Funke Gottes die Würde in der Schöpfung. Und wenn du die gesamte Schöpfung nimmst, so ist sehr viel Gott in dieser Schöpfung einverwoben.

W.W.: Die Würde eines geistigen Wesens ist also der Gottesanteil in diesem?

Würde: Sehr wohl, ja. Die Würde ist immer der Gottesanteil in diesem Wesen. Wenn ihr einem Wesen die Würde aberkennt, entfernt ihr dieses Wesen von Gott. Ein Wesen ohne Würde hat demzufolge nichts mehr mit Gott zu tun. Und unter Gott verstehe ich nicht den Vatergott, den Sohn, Allah, Krishna oder ein anderes Gotteswesen, sondern das Göttliche im allgemeinen. Ich meine die nach jeweiligem Religionsverständnis schöpfende Kraft.

Die Würde der Maschinen

W.W.: Kann man Würde mit Gut und Böse in Verbindung bringen?

Würde: Von einem gewissen Gesichtspunkt aus. Man kann ein negatives Gottesbild haben, und insofern kann man auch bösen Mächten eine Würde zusprechen. Problematisch wird es lediglich dann, wenn man innerhalb eines gottlosen Weltbildes über die Würde sprechen will.

W.W.: Aber du sagtest ja, daß die Würde der Funken Gottes in jedem geschaffenen Wesen, also z.B. in jedem Menschen, sei. Auch wenn sich ein Mensch zu einem Atheisten macht, ein gottloses Weltbild hat, hat er diesen Funken Gottes ja trotzdem in sich.

Würde: Selbstverständlich. Die Frage ist nur, ob man diesen Funken Gottes auslöschen kann. Das ist eine Frage, mit der man sich beschäftigen sollte. Tatsächlich kann man sich nicht von Gott entfernen, eigentlich aber doch. Das geht aber nur dann, wenn man den Freiheitsbegriff zu Ende denkt.

W.W.: Wenn man aber den Funken Gottes aus einem geschaffenen Wesen löscht, selbst wenn man die Freiheit voll mit einrechnet, muß man ja eine vollständig neue Schöpfung anstelle der göttlichen Schöpfung denken. Allein die Tatsache, daß man einen physisch-materiellen Leib hat, zeigt ja schon, daß hier die Weisheit Gottes enthalten ist.

Würde: Sicherlich, da hast du vollkommen recht. Solange diese physisch-materielle Grundlage des Leibes vorhanden ist, bleibt auch der göttliche Funken mit dem Wesen des Menschen verbunden. Trotzdem kann man auf der anderen Seite einen neuen Schöpfer denken, der aus Freiheit heraus etwas Nicht-Göttliches schafft. Vorerst kann man das nur anhand von Maschinen denken; denn eine Maschine, die eine andere Maschine schafft, besitzt keineswegs unbedingt eine solche Würde, wie ihr die Würde bisher versteht. In ihren Materialien, in ihren Einzelteilen allerdings schon.

Andererseits besitzt eine Maschine auf einer ganz anderen Ebene als ein Mensch auch eine gewisse Würde. Hier kann man allerdings sehr ins Unendliche denken, und hier ist keineswegs zu Ende gedacht worden. Jede Maschine, die geschaffen wird, ist ursprünglich von einem Menschen erdacht worden, und jeder dieser Menschen hat den Funken der Würde in sich. Insofern gibt es noch immer eine Verbindung zwischen der Würde und jedem geschaffenen maschinell-technischen Ding bzw. Wesen, wenn auch auf unterschiedlichen Ebenen. So gesehen besteht die Frage, ob der Mensch, der immer etwas Würde in sich hat, etwas schaffen kann, in dem nicht wenigstens ein winziger Anteil der eigenen Würde enthalten ist. Wahrscheinlich ist dies nicht möglich, zumindest noch nicht. Es mag allerdings sein, daß diese Würde nur noch in homöopathischen Dosen enthalten ist.

Allerdings muß man bei der Würde aufpassen, denn es wird der Moment kommen, in dem es auf einer neuen und gewollten Ebene neue Schöpfer geben soll. Und diese müssen ihren eigenen göttlichen Funken anders gestalten als durch bzw. mit oder in Würde. Doch das liegt noch sehr weit in der Zukunft, aber es hat schon etwas begonnen. Ihr habt mit euren maschinellen Schöpfungen schon ein wenig damit angefangen.

Die Würde geistiger Wesen

W.W.: Kann ein geistiges Wesen auch unwürdige Wesenszüge haben?

Würde: Natürlich. Wenn dieses geistige Wesen sich nicht gemäß seiner Würde verhält, insgesamt oder in Teilbereichen, können diese unwürdigen Merkmale entstehen. Ein solches geistiges Wesen könnte beschließen, die Würde nicht mehr verkörpern, in sich aufnehmen zu wollen. Ob dies je geschehen ist oder geschehen wird, liegt auf einer anderen Hand. Ein solches Wesen kann aufgrund seines Willens die Würde von sich schieben. Aber nur zu einem Teil.

W.W.: Ich stelle mir das so vor, daß ein geistiges Wesen im zukünftigen Zeitenstrom den Anteil des geistigen Wesens der Würde in sich ein wenig von sich wegschieben kann, nicht aber vom Ursprung her. Ist dies ungefähr so richtig?

Würde: Ja. Die Herkunft beinhaltet immer die Würde, hoffentlich auch in der Zukunft.

W.W.: Ist Würde bei geistigen Wesen und bei Menschen vorhanden, wenn Schattenseiten, wenn Unvollkommenheiten in diesem Wesen leben?

Würde: Wenn man diesem Wesen, was man muß, eine göttliche Herkunft zuschreibt, kann dieses Wesen zwar in kleinen oder großen Teilen würdelos sein, z.B. aus eigenem Beschluß, aber ganz ohne Würde geht es nie. Jedes Wesen hat Würde. Bisher.

W.W.: Kann man sagen, wer die Würde zumißt?

Würde: Wer mißt mich zu? Das ist die Existenz! Der Urgrund allen Seins mißt die Würde zu.

Die Würde des Menschen

W.W.: Die Würde des Menschen bzw. die Ansicht darüber hat sich deutlich im Zeitenlauf verändert. Zumeist wird heute unter Würde eine Seinsbestimmung verstanden, die jedem Menschen eigen ist, die jeder Mensch hat. Kannst du erst einmal ganz allgemein beschreiben, was du unter Würde des Menschen verstehst?

Würde: Die Würde des Menschen kann eigentlich nur sein Gegenüber wirklich wahrnehmen. Das geht dann, wenn der andere den göttlichen Funken in seinem Gegenüber wahrnimmt. Dann erblickt er die Würde des anderen. Bei sich selber führt der Versuch einer solchen Wahrnehmung sehr leicht zu einer Überhöhung des eigenen Wesens. Diese Probleme hat es in der Menschheitsgeschichte sehr oft gegeben. Sogenannte Würdenträger hatten meist nur eine Scheinwürde.

W.W.: Was befähigt einen Menschen dazu, würdig genannt zu werden?

Würde: Seine Nähe zum menschlichen Königtum. Menschen neigen dazu, andere Menschen als besonders würdig zu empfinden, wenn sie ihrem eigenen Gottesbild möglichst nahe gekommen sind. Damit sind wir wieder an der Stelle, an der man sich klarmachen muß, daß man dann, wenn man über Würde spricht, gleichzeitig auch über Gott spricht. Und in der Kulturgeschichte kann man sehr differenziert sehen, wie verschieden die Sicht der Menschen auf Gott war. Trotzdem hatte diese Sicht immer etwas mit Würde zu tun. Wenn ein König z.B. würdiger als ein anderer genannt wurde, haben die Menschen bei diesem König eine größere Gottesnähe erlebt als sich selber. Das äußere Königtum wurde dann aus einer Gottnähe abgeleitet, welches Gottes auch immer. Das mußte keineswegs ein christlicher Zusammenhang sein. Früher sah man immer eine gewisse Gottnähe bei einem Herrscher. Er war näher an Gott als man selbst. Hier gab es natürlich sehr viele Perversionen, aber wenn ein Herrscher diese Würde ein wenig ausfüllte, verlieh ihm diese tendenzielle Gottnähe Würde. Gleichzeitig ist in diesem Würdevollen auch eine Erwartungshaltung, denn dieser Mensch muß sich auch würdevoll verhalten, muß vieles bewältigen und können, was in der jeweiligen Zeit angemessen unter Würde verstanden wurde. Dies hat sich allerdings oft sehr stark gewandelt.

W.W.: Kann ein Mensch auch ganz ohne Würde bzw. ganz unwürdig sein? Oder hat er aufgrund seines Ichfunkens immer Würde und benimmt sich nur mehr oder weniger unwürdig bzw. würdig?

Würde: Die zweite Frage ist die angemessene, doch ich als Würde setze hierzu ein Aber. Wenn ein Wesen ein Ich hat – bei nicht-ichbegabten Wesen ist dies anders –, hat das ichhafte Wesen eigentlich die Verpflichtung, sich immer würdiger zu machen. Ein ichbegabtes Wesen muß der Würde würdig werden, die diesem Wesen einverwoben bzw. gegeben worden ist. Ein solches Wesen sollte seinem Ideal langsam näherkommen. Trotzdem: Wenn es sich um ein menschliches Ich mit Freiheit handelt, ist diesem Wesen auch die Möglichkeit gegeben, in der Zukunft ganz auf die Würde zu verzichten.

W.W.: Hat die Natur auch eine Würde?

Würde: Ja. Das ist die göttliche Herkunft der Natur. Die Natur hat aufgrund ihrer göttlichen Schöpfung eine immense Würde und würde niemals auf die Idee kommen, ihre Würde in Frage zu stellen. Die Natur stellt ihre Würde nicht aus sich heraus in Frage. Insofern ist die Natur sehr würdig.

W.W.: Im Christentum wird das im Alten Testament beschriebene Bild des Menschen als Ebenbild Gottes traditionell so interpretiert, daß die Würde des Menschen gottgegeben und nicht verlierbar sei. Diese Würde komme jedem Menschen als solchem zu und sei unabhängig von Lebensumständen oder dem Verhalten. Wie siehst du das?

Würde: Das ist so. Die Würde ist der Funken Gottes im Menschen. Dieser ist ihm nicht zu nehmen, allerdings mit der Einschränkung, daß die Würde unter Umständen mit Blick auf die Zukunft verlierbar ist. Das hängt eben mit der besagten Freiheit zusammen. Denn die Freiheit ist ein Geschenk der Trinität, und diese Freiheit wiederum kann der Mensch so benutzen, daß er in der Folge seine Würde verliert.

W.W.: Aber sind wir wirklich schon so weit, daß man derzeit vom Verlieren der Würde sprechen kann, und zwar vom vollständigen Verlieren der Würde? Ist es nicht so, daß die Würde jedem Menschen eigen ist, seitens der Schöpfung, und im Menschen immer noch ein wenig Würde ist, auch wenn er sich vollkommen unwürdig benimmt?

Würde: Zumindest in dem, was physisch, ätherisch und seelisch ist, bleibt eine Würde vorhanden. Bestimmte Menschen, die eine sehr kräftige Ich-Qualität haben, könnten diesen Schritt in die Unwürde machen, aber sie können diesen Schritt nicht ihren unteren Leibern überstülpen.

W.W.: Aber ist im Ich nicht auch ein Gottesfunken, also etwas Würdiges, enthalten?

Würde: Natürlich liegt im Ich ein Gottesfunken, ein Schöpfungsakt des Christus; aber im Ich liegt die Möglichkeit, sich neu zu schaffen oder sich zu zerstören. Und dann kann Unwürde entstehen. Wenn man das Ich zerstört, nimmt man ihm die Würde. Aber das ist nicht gegenwärtig so, es ist mögliche Zukunft und muß nicht so kommen.

Würde in der jüngeren Menschheitsgeschichte

W.W.: Es gibt einen Philosophen aus der Renaissance, der den Begriff der Würde zum ersten Mal formuliert hat, und zwar Giovanni Pico della Mirandola (1463-94). Nach Mirandola gründet die Würde des Menschen darauf, daß er keine festgelegte Natur habe und in der Lage sei, aufgrund seiner Freiheit, sein Wesen selbst zu schaffen. Den Schöpfer läßt Pico della Mirandola zu Adam sagen:

„Keinen bestimmten Platz habe ich dir zugewiesen, auch keine bestimmte äußere Erscheinung und auch nicht irgendeine besondere Gabe habe ich dir verliehen, Adam, damit du den Platz, das Aussehen und alle die Gaben, die du dir selber wünschst, nach deinem Willen und Entschluß erhalten und besitzen kannst. Die festumrissene Natur der übrigen Geschöpfe entfaltet sich nur innerhalb der von mir vorgeschriebenen Gesetze. Du wirst von allen Einschränkungen frei nach deinem eigenen freien Willen, dem ich dich überlassen habe, dir selbst deine Natur bestimmen."

Diese Selbstbestimmung des Menschen macht seine Würde aus. Was sagst du dazu?

Würde: Ich sage dazu ja. Pico della Mirandola ist sehr weit gekommen in seiner Ansicht. Er hat dies ganz wunderbar formuliert. Und diese Aussage ist schon mehr als 500 Jahre alt.

W.W.: In der Aufklärung wird es etwas abstrakter, indem man unter der Würde einen abstrakten sittlichen und moralischen Wert verstand, der letztlich eine Qualität des Handelns bezeichnete. Auch verstand man schon damals die Würde als eine dem Menschen allgemein immanente Eigenheit. Damit verband man aber nicht selten den Gedanken eines Auftrags zur Gestaltung der Gesellschaft durch das Individuum. Inwiefern ist dies etwas Neues?

Würde: Es ist abstrahiert, insofern, als man Gott aus dem beschriebenen Zusammenhang herausgenommen hat. Ob das ein Fortschritt ist, möchte ich bezweifeln, aber dieser Schritt war damals notwendig. Man gab denjenigen Menschen, die einem religiös formulierten Gottesgedanken nicht mehr folgen konnten, eine Definition von Würde, und dadurch ermöglichte man ihnen eine Definition der Qualität des eigenen Seins. Hier kann ich besonders ja zu dem Gestaltungsauftrag sagen. Das ist nichts Neues. Man hat nur Adam bzw. den religiösen Zusammenhang herausgenommen. Das ist ein immenser innerer Schritt, der von den Menschen der Aufklärung gemacht worden ist. Sie konnten etwas aus sich selbst heraus formulieren und brauchten nicht mehr auf die Mythen zurückzugreifen. Dies hat Mirandola noch gemacht, aber aufgrund der Schöpfung hat Mirandola seine großartigen Beschreibungen gestaltet, denn er hat ein Wesen geschildert, welches einem anderen Wesen etwas gibt. Die Aufklärung hat erst einmal alles zwischen menschlichen Wesen belassen.

W.W.: Als nächstes kommt Friedrich Schiller, der in der Würde den Ausdruck einer erhabenen Gesinnung sieht. Schiller sieht im freien Willen des Menschen einen erheblichen Unterschied zum Tier, und die Würde entstehe beim Menschen dann, wenn sich der Wille des Menschen über seinen Naturtrieb erhebe. So richtet Schiller in seinem Werk *Über Anmut und Würde* im Jahre 1793 an das Individuum Mensch folgenden Aufruf:

„Beherrschung der Triebe durch die moralische Kraft ist Geistesfreiheit und Würde heißt ihr Ausdruck in der Erscheinung.

(...)

Auch die Würde hat ihre verschiedenen Abstufungen und wird da, wo sie sich der Anmut und Schönheit nähert, zum Edeln und, wo sie an das Furchtbare grenzt, zur Hoheit.

Der höchste Grad der Anmut ist das Bezaubernde; der höchste Grad der Würde die Majestät." Wie siehst du das?

Würde: Das ist eine sehr schöne Möglichkeit, meine Erscheinungsform zu beschreiben, aber hier sind wir schon bei einer Erscheinungsform der **Würde:** eine Erscheinung im Äußeren des Menschen. Gleichzeitig sind wir dort, wo und wie sich das Innere des Menschen darstellt. Schiller nennt dies die Anmut. Man kann die Anmut aber auch als etwas Äußeres beschreiben, z.B. eine anmutig erscheinende Frau; aber auch eine äußerlich häßliche Person kann innerlich anmutige Gedichte schreiben, und dann meint man das Innere. Diese Anmut ist auch etwas, was der Mensch darstellt; genauso sieht es Schiller in bezug auf die Würde. Schiller behandelt also in seiner Darstellung immer die Frage, woran man die Würde am Menschen erkennen kann. Insofern ist diese Frage vollständig berechtigt. Zur Zeit Schillers brauchten die Menschen Hilfen, wie man etwas benennen könne, wie man etwas benennen müsse. Denn die Menschen waren schon sehr individuell, sie konnten nicht mehr spontan aus sich selbst heraus alles gemeinsam erkennen. Deshalb brauchten sie große Denker, die ihnen Hilfen gaben, wie man etwas erkennen kann.

W.W.: Dann kommt Immanuel Kant, der die Menschenwürde in vielen seiner Schriften zur praktischen Philosophie begründet. Er begründet die Menschenwürde mit der Vernunft des Menschen, die sich nur selbst ihr eigenes Gesetz gibt. Die Handlungsbewertungen bewegen sich bei Kant in einem Strukturganzen und setzen sich darin von den Sach- und Kausalzusammenhängen ab. Diesen Zusammenhang nennt er „Reich der Zwecke", in welchem alles einen Preis oder aber eine Würde habe. Ein Zweck an sich hat keinen relativen Wert wie der Preis, kann also nicht durch andere Zwecke aufgewogen werden.

Statt dessen hat er aber einen inneren Wert, nämlich die Würde, die auf der Fähigkeit vernünftiger Wesen beruht, welche alles Handeln autonom als moralisch gut oder böse bewerten können. Insofern kommt dem Menschen damit die Würde zu. Sie kommt ihm nicht in Form von Eigenschaften zu. Inwiefern ist es ein Fortschritt, daß jedem Menschen als solchem die Würde zukommt und nicht erst aufgrund bestimmter Eigenschaften?

Würde: Das ist alles sehr abstrakt, es gerät aus dem Fühlen heraus in das rein Intellektuelle. Kant versucht die Würde über reine Gedankenkonstrukte darzustellen. Hierin kann ich mich teilweise wiederfinden, aber Kant beschreibt nur meinen Kopf. Dieser Schritt war damals wohl nötig, ist aber trotzdem eine starke Verengung meines Wesens. Hiermit wurde mein Physischstes beschrieben. In Wirklichkeit bin ich aber viel mehr!

Bewußtseinsseele in der Verfassung

W.W.: Der Begriff Menschenwürde wird nach meiner Kenntnis in den Verfassungen einiger Länder zum ersten Mal 1937 in die irische Verfassung aufgenommen. Womit hängt es zusammen, daß die Iren als erste die Würde in die Verfassung aufgenommen haben, und welchen Stellenwert hat dies?

Würde: In Irland stößt sehr viel aneinander. Physisch stößt der große Atlantik an die Küste, ebenfalls mit sehr viel Regen, der fast ununterbrochen kommt. Irland liegt in einer Westwindzone. Weiterhin stößt ein irisches Grundgefühl mit dem Machtgehabe von Besetzern zusammen, die meinen, in Irland das Sagen zu haben; seit Jahrhunderten bis heute. Außerdem stößt der katholische Glaube mit dem evangelischen Glauben zusammen, bis hin zu den schweren Konflikten innerhalb der letzten Jahrzehnte in Nordirland. Verschiedene Konflikte haben sich lange durch die irische Geschichte gezogen und sind immer noch nicht ganz beendet. Insofern ist in Irland ein großes Bewußtsein für das Anderssein Anderer und daraus folgend für die Würde entstanden. Durch dieses ständige Erleben des Andersseins entstanden nicht nur Konflikte, sondern auch die Überzeugung, daß auch alles Fremde in sich etwas Geschaffenes, in sich einen eigenen göttlichen Funken hat.

Indem die Würde in die Verfassung aufgenommen wird, wird die Würde auf der einen Seite dem Menschen bewußt, auf der anderen Seite rutscht aber auch etwas weg. Das ist eine Gegenbewegung. Man erkannte die Würde in jedem Menschen, aber indem man die Würde erkannte, erkannte man auch, daß jeder Mensch etwas Unwürdiges hat. Insofern war es wichtig, etwas zu definieren, damit man es halten kann. Das Selbstverständlich-in-der-Schöpfung-Stehen - daß alles in Würde ist, daß die Schöpfung und die Natur von sich aus in Würde sind –, das war weggerutscht. Es rutschte immer mehr weg, je mehr ihr Menschen bewußter wurdet. Man könnte auch sagen, daß die Iren die ersten waren, die ihre Bewußtseinsseele in die Verfassung haben einfließen lassen.

Es ist ein erstaunlicher historischer Gegensatz: Das Volk im Nordwesten bringt die Würde in seine Verfassung, und in Mitteleuropa sitzen diejenigen, die einen Großteil der Menschen ihrer Würde berauben, die die Menschen vernichten und damit die Würde mit Füßen treten. Und so grausig die Verbrechen der Deutschen waren, so schön ist es auch, daß so etwas wie in Irland gleichzeitig möglich war.

Antigöttliche Taten

W.W.: Wie beurteilst du die Tatsache, daß während des Faschismus die Würde des Menschen durch die Deutschen mit Füßen getreten wurde, daß man unzählige Menschen ihrer Würde beraubt hat, indem man die Menschen maschinell vernichtete - obwohl jeder Mensch ein Geschöpf mit Würde ist?

Würde: Die Täter haben sich vollständig würdelos verhalten. Jeder Mensch, der einem anderen die Würde aberkennen will, obwohl dies eigentlich nicht geht, verhält sich absolut würdelos. Das ist aus meiner Sicht so kritisch zu beurteilen, wie man nur irgend etwas kritisch beurteilen kann. Wenn man in einem Menschen nicht mehr sein Höheres, seinen geistigen Kern, seine Würde erkennen kann, dann kann nur noch Automatismus kommen, in diesem Fall Automatismus bis hin zur maschinellen Vernichtung von Menschen.

An dieser Stelle könnte man auch als Zwischenfrage stellen, ob Maschinen auch eine Würde haben. Das ist eine wichtige Frage, die ihr in der Zukunft recht schnell klären solltet. Eine Maschine hat nämlich so viel Würde, wie ihr Menschen ihr zugesteht. Bei der Schöpfung, bei der Produktion, im Moment des Entstehens einer Maschine hat diese Maschine keine eigene Würde. Aber im Moment der Entstehung müßt ihr Menschen einer solchen Maschine Würde geben; oder auch später noch. Maschinen werden würdelos, wenn die Menschen ihnen keine Würde zumessen und sie entsprechend würdelos einsetzen.

Während des Dritten Reichs hat man versucht, aus den Menschen Teile einer großen Maschinerie zu machen. Und das ist das ganz Furchtbare, wenn man die Menschen ihres göttlichen Funkens entkleidet. Denn dann fällt der Mensch der nichtgöttlichen Welt zu. Das ist eine antigöttliche Tat. Und das sage ich mit der ganzen Schwere dieser Feststellung.

Trotzdem muß man auch hier hinzufügen: Es war eine freie Tat. Und wenn die geistige Welt euch Menschen nicht die Freiheit geschenkt hätte, wäre diese Tat nicht möglich gewesen. Warum diese Tat allerdings so ungeheuer böse ausfallen mußte, ist eine andere Frage.

Die Würde ist unantastbar

W.W.: Nach dem Faschismus entstand das Grundgesetz der Bundesrepublik Deutschland. Und dort ist nach Artikel 1 Absatz 1 die Würde des Menschen unantastbar. Diese Würde wird als unveränderliches Grundrecht des Menschen angesehen, und sie ist die oberste Leitlinie allen Rechts, keineswegs nur eine Absichtserklärung. Zugleich ist diese Würde auch oberster Wert des Grundgesetzes. Wie beurteilst du es, daß die Würde in diesem Ausmaß in die deutsche Verfassung gekommen ist? Wie beurteilst du es, daß nach dem Tiefpunkt in der Menschheitsentwicklung in der Verfassung des Volkes, welches die Menschheit an diesen Tiefpunkt gestoßen hat, nun die Würde in dieser herausragenden Stellung in die Verfassung aufgenommen wird?

Würde: Das ist ein enormer Lernschritt, der auch einen Wunsch nach Heilung beinhaltet. Dadurch wird die göttliche Herkunft des Menschen zu einem Verfassungsgegenstand gemacht. Und diese Tatsache leuchtet durch ihre Klarheit weit über dieses Land hinaus. Dadurch wird in der Welt manifestiert, daß es die Würde des Menschen gibt, daß die Würde jedem Menschen eigen ist, daß jeder Mensch Würde hat und daß sie auch oberster Leitstern einer Verfassung eines Landes sein kann. Und damit wird auch in der Welt bewirkt, daß alle anderen Länder bzw. Menschen, die gegen die Würde des Menschen verstoßen, nicht mehr sagen können, sie hätten es nicht besser gewußt.

W.W.: So gesehen bist du eine Art Stellvertreter Gottes in der Verfassung?

Würde: So gesehen ja. Ich bin der göttliche Funken eines jeden Wesens, eventuell sogar von Gegenständen. Mit aller Vorsicht kann man es auch so formulieren, daß die Würde eines Menschen, eines Tieres, einer Pflanze, eines Gegenstandes das ist, was von seinem Schöpfer in ihm nachgeblieben ist.

W.W.: In der deutschen Verfassung wird in bezug auf die Würde auch die Unantastbarkeit dieser Würde hinzugefügt. Was ist Unantastbarkeit, Unantastbarkeit der Würde bzw. des göttlichen Funkens?

Würde: Zum einen die Anerkenntnis, daß es mehr als das Physische gibt. Außerdem die Anerkenntnis dessen, daß es keinem Menschen – in diesem Fall wegen des deutschen Grundgesetzes keinem Menschen auf deutschem Staatsgebiet – erlaubt sein darf, auch nur zu versuchen, einem anderen Menschen seinen göttlichen Ursprung zu nehmen. Dieser göttliche Funke ist unantastbar. Er ist tabu. Er ist nicht nehmbar. Das Unantastbare ist unerreichbar. Das, was unantastbar ist, kann man nicht nehmen. Insofern ist die Unantastbarkeit der Würde an dieser Stelle der Verfassung ganz klar ausgesprochen und ist zu einer Rechtstatsache geworden, gleichzeitig beschreibt dieser Satz aber etwas, was unablösbar vom Menschen ist – und damit ist die Würde bzw. die Unantastbarkeit der Würde gar nicht verhandelbar. Die Würde des Menschen ist immer da.

Der Mensch hat immer Würde

W.W.: Zur Verdeutlichung frage ich noch einmal: Da die Würde immer da ist, da sie eigentlich der göttliche Funke im Menschen ist, kann ein Mensch ja nie ganz unwürdig sein - oder doch?

Würde: Nein, der Mensch hat immer Würde. Ob er sich unwürdig benimmt, ist etwas anderes. Der Mensch hat diese Würde, und man kann sie ihm nicht nehmen. Und auch in bezug auf Gegenstände ist es so, daß man ihnen Würde geben kann. Von alleine haben sie diese aber nicht; der Mensch muß sie ihnen geben. Dann bekommen die Gegenstände Schönheit. Dazu muß man aber auch richtig hinschauen und darf seinen Blick nicht durch Vorurteile verstellen. Selbst auf einer Müllhalde kann man diese Schönheit in den Gegenständen noch sehen, wenn man richtig hinschaut. Nicht alles ist häßlich.

Starke Kräfte möchten den Menschen entgöttlichen

W.W.: Wenn wir jetzt allerdings in die Welt schauen, so ist es mit der Würde schlecht bestellt. Allgemein kann man sehen, daß der Mensch immer mehr zur Ware wird, einer industrialisierten Umwelt ausgesetzt wird, zum Produkt der industriellen Gestaltung des Lebens selbst wird, und seine biologische Ausgestaltung richtet sich immer mehr nach ökonomischen Verwertungsinteressen. Wo auch immer man hinschaut, die Menschenwürde wird mit Füßen getreten – sei es in kriegerischen Auseinandersetzungen, wie z.B. in Syrien, durch das Töten mit Drohnen, durch Folter und Sklaverei, dadurch, daß Menschen gegen ihren Willen als Organlieferanten mißbraucht werden, durch die menschenunwürdigen Arbeitsbedingungen in Billiglohnländern und durch vieles mehr. Man hat den Eindruck, als hätte die Menschheit in den letzten Jahrzehnten nicht viel gelernt und die Menschenwürde nicht zum Maßstab ihres Handelns gemacht. Wie siehst du das?

Würde: Gerade weil die Würde in einige Verfassungen aufgenommen worden ist, weil sie diese herausragende Stellung bekommen hat, wird sie auch deutlich verletzbarer. Je mehr eine solche Kontur, je mehr ein solcher Begriff mit Bewußtsein erkannt und gedacht wird, desto mehr kann der Inhalt dieses Begriffs auch verletzt werden. Etwas nicht Erkennbares kann man schwer verletzen. Gleichzeitig wird damit aber auch die Tendenz der Gegenseite klarer, weil der einzelne Mensch immer mehr in der Lage ist, deutlich zu erkennen, was Würde eigentlich ist. Und das führt auch dazu, daß die nichtgöttliche Welt stärkere Anstrengungen aufbringt, das, was Würde ist, zu zerstören. Darin zeigt sich der große, nur durch den Menschen lösbare Konflikt der Gegenwart und Zukunft. Das ist der Konflikt zwischen der zerstörerischen und der aufbauenden Welt. Je klarer immer mehr Menschen die Würde der einzelnen Wesen erkennen - die Würde des Menschen, aber genauso die aller anderen Lebewesen -, desto mehr wird an Kräften entfacht werden, die diese Würde zerstören möchten. Diese Kräfte möchten den Menschen entgöttlichen. Das ist die Absicht der sogenannten Gegenseite. Wenn ein Mensch automatisiert ist, kann er auch keinem anderen Wesen oder Ding mehr Würde geben. Dann wird der Mensch zu einer Maschine, und seine Würde ist aus ihm verschwunden. Dann ist er entgöttlicht. Wie auch immer man dieses höhere Wesen im Menschen benennen möchte, es ist dann weg, wenn der Mensch zu einer Maschine geworden ist. Und die Tendenzen und Absichten in diese Richtungen sind stark.

Selbsterworbene Unfähigkeit zur Heilung

W.W.: Was geschieht in der Welt, mit den Menschen vor allem, wenn die Würde derartig mißachtet wird?

Würde: Eigentlich müßte um so klarer erkannt werden, was man eigentlich tut, nämlich daß vielfache Schändungen des Menschen und seiner Würde und der Würde aller anderen Wesen vorliegen. Diese Tendenzen des Erkennens sind glücklicherweise auch da. Auf der anderen Seite wird dieses unheimliche Wesen, welches sich Schuld nennt, in gigantischen Größen gestärkt. Ich glaube, daß ihr Menschen die Schuld als Wesen nicht wirklich erfassen könnt.

Schuld ist etwas wie eine selbsterworbene Unfähigkeit zur Heilung. Die Heilung kann nur durch die dritte Kraft der Trinität, den Heiligen Geist, also auch durch die Zukunft, erreicht werden. Wenn man sich schuldig gemacht hat, hat man einem anderen Wesen Zukunft genommen, Zeit genommen; zumindest zu einem Teil. Und Zeit versteht ihr noch nicht wirklich.

W.W.: Vielfach wird die Würde anderer Menschen im täglichen Leben verletzt, weil diese anderen aus der Norm fallen – weil sie krank oder behindert sind, weil sie alt sind, weil sie arm sind, weil sie einer bestimmten Volksgruppe angehören, weil es Asylsuchende sind usw. Wie ist es zu beurteilen, daß viele Menschen nicht in der Lage sind, einem Menschen, der anders ist als sie selbst oder als die Mehrheit, die gleiche Würde zuzumessen wie sich selbst?

Würde: Das ist ein sehr weiträumiges Thema. Ich spreche gerne in Gleichnissen: Wenn du ein kleines Kind hast und dieses Kind fütterst, wobei sein Mund verschmiert wird - nimmst du ihm dann die Würde, wenn du ihm den Mund abwischst?

W.W.: Nein.

Würde: Wenn du einen alten Menschen füttern mußt und ihm auch den Mund abwischen mußt – nimmst du ihm dann die Würde?

W.W.: Nein.

Würde: Wenn du aber im Vollbesitz deiner Kräfte ißt und dich dabei irgendwie beschmierst und in dem Moment ein anderer ankommt und dir den Mund abwischst, würdest du dich in deiner Würde verletzt fühlen!

Bei den von dir aufgezählten Beispielen muß man situativ hinschauen, was genau verletzt wird. Würde gibt es in verschiedenen Größen. Manchmal wird auch nur das verletzt, was der andere für seine Würde hält. Das kann aber auch sein Ego sein und nicht sein wirklicher göttlicher Funke. Hinzufügen muß man allerdings, daß auch das Ego letztlich im göttlichen Funken urständet. Man muß also in jeder Situation hinschauen, ob man nur einen äußeren Teil der Würde verletzt oder wirklich den innersten, göttlichen Kern eines Wesens.

Vielleicht wollte derjenige, der dem anderen Menschen im Vollbesitz von dessen Kräften den Mund kurz abwischte, gar nicht die Würde dieses Menschen verletzen. Er hat es aber. Denn andere haben vielleicht zugeschaut und dabei gegrinst. Dies ist ein Beispiel für die alltägliche Verletzung der Würde anderer, und das kann man nur mit einem erhöhten Bewußtsein für möglichst viele Gegebenheiten des

Lebens und des Menschen verhindern bzw. heilen. Trotzdem muß man auch fragen, ob der betreffende Mensch die Würde wirklich verletzen will oder ob er nur ungeschickt ist. Vielfach wollen die Menschen die Würde anderer verletzen, aber noch häufiger wollen es die Menschen nicht. Man verletzt sehr oft die Würde anderer aus Dummheit. Mit der Schuldfrage hat dies erst einmal noch nichts zu tun. Ganz viele Verletzungen der Würde kommen aus der Erziehung, der Dummheit, der Kopflosigkeit, auch aus einem übersteigerten Helfersyndrom, also aus einem fast zwanghaften Wunsch, andere über Gebühr zu entmündigen bzw. ihnen etwas zu sehr zu helfen. Man glaubt dann, es selbst besser zu können.

Aber darüber hinaus gibt es selbstverständlich die von dir angesprochenen schwerwiegenden Verletzungen der Würde anderer. Das ist sehr viel schwerwiegender, und dahinter stehen starke Kräfte.

Noch wie ein leerer Mantel

W.W.: Es gibt ja auch starke Tendenzen, daß die Menschen die eigene Würde verletzen bzw. nicht beachten und sich würdelos benehmen. Das hängt m.E. vielfach damit zusammen, daß man den göttlichen Funken im anderen Wesen und in sich selber verloren hat, aber auch damit, daß die Würde zwar vielfach besprochen und auch in einige Verfassungen aufgenommen worden ist, aber trotzdem für die meisten Menschen doch ein mehr oder weniger leerer Begriff ist. Man versteht unter Würde keine Kraft, die man genauso wertschätzt und beachtet, wie es Menschen vor vielen Jahrhunderten in bezug auf Gott taten.

Würde: Ja, die Würde ist noch etwa so wie ein leerer Mantel. Aber man sollte sie, wenn auch metamorphosiert, so betrachten, wie die Menschen früherer Zeiten in einer Gottesfurcht lebten. Das Problem heute ist, daß man früher tatsächlich in dieser Gottesfurcht lebte und entsprechend handelte, aber heute hat man nur diesen Begriff der Würde, der aber nicht vom Menschen in gleicher Stellung und Wertigkeit gesehen wird. Deshalb gibt es auch so viele Verletzungen dieser Würde. Der Mensch hat sich meist noch nicht auf den Weg der Selbsterkenntnis begeben, zumindest erst einmal in sich den göttlichen Funken zu entdecken, damit er dann auch diesen göttlichen Funken im anderen erkennen kann bzw. umgekehrt. Trotzdem kann sich z.B. ein Atheist seines göttlichen Funkens sehr viel bewußter sein als ein Christ.

W.W.: Ein Problem ist auch, daß Menschen durchaus einige Gesetze und Verbote sehr präsent haben - daß sie z.B. wissen, daß man bei Rot nicht über eine Kreuzung fahren darf -, auf der anderen Seite aber die Würde als oberste Leitlinie allen Rechts nicht in dieser Weise verinnerlicht haben.

Würde: Fehlt hier nicht vielleicht eine intensive Anleitung zur Selbsterkenntnis? Hier sollte eine Würde-Schulung bei allen Menschen erfolgen. Die Würde ist noch nicht präsent im Bewußtsein der meisten Menschen. Über sie sollte man bereits in der Schule lernen. Die Menschen heute müssen Werte und Normen neu lernen. Denn sie sind ihnen nicht mehr vom Selbstverständnis her gegeben. Man kann sich auch nicht hinsetzen und meinen, daß sich das schon irgendwie von alleine regeln wird. Denn dazu gibt es zu starke Bestrebungen in der Welt, den Menschen die Würde und ihren göttlichen Kern wegzunehmen.

Die Würde urständet im Geist

W.W.: Was ist es für ein Zug im Menschen, wenn er nicht mehr in der Lage ist, auch einem Tier, einer Pflanze bzw. der ganzen Erde und der Schöpfung die Würde zukommen zu lassen, die ihnen gebührt, und sie statt dessen gnaden- und rücksichtslos zerstört, tötet oder ausbeutet?

Würde: Das ist die Überheblichkeit des Menschen, der meint, alles tun zu dürfen. Hinzu kommen ein starker Egoismus und das Nichtwissen dessen, daß andere Wesen überhaupt eine Würde haben. Es ist den meisten Menschen einfach nicht mehr präsent. Es ist darüber hinaus Bequemlichkeit und Faulheit, vielfach auch großes Desinteresse, und es ist die Aberkennung dessen, daß der Mensch einen Geist hat. Es ist die Annahme, daß der Mensch nur eine Seele hätte, aber keinen Geist. Große Teile der menschlichen Seele möchten es möglichst gemütlich haben. Wenn man aber seine Seele weitet, wenn man weiß, daß man mehr als eine Seele hat, also einen Geist, dann findet man die Würde wieder. Denn die Würde urständet im Geist.

Früher erlebte man sich nur als Seele, nicht als Ich, aber man fühlte sich einem Gruppen-Ich zugehörig – also einer bestimmten Volksgruppe oder einer Religionsgemeinschaft oder letztendlich einem göttlichen Wesen. Dieses höhere Ich spürte man bis in sich hinein durch. Dieses andere Ich fühlte man stärker als das eigene Ich. Und dieses andere, dieses höhere Wesen hatte Würde. So gesehen konnte man den Menschen damaliger Zeiten noch nicht die Würde nehmen, denn sie lebte noch nicht so stark in ihnen bzw. war ihnen noch nicht bewußt. Natürlich war sie da, denn auch die Menschen vergangener Zeiten hatten einen göttlichen Funken in sich wie heute alle anderen Menschen ebenfalls. Oft wurde es früher sogar so verstanden, daß man dann, wenn man einen Menschen schändete, nicht dieses einzelne Menschenwesen bzw. seine Würde schändete, sondern die Würde der Gruppe oder des höheren Wesens. Aber diese Zeiten sind vorbei. Der Mensch heute hat den göttlichen Funken in sich weitgehend verloren und muß sich nun seines Ichs, seiner Würde bewußt werden.

Daß auf dem Konzil von 869, dem Vierten Konzil von Konstantinopel durch die katholische Kirche der Geist des Menschen mehr oder weniger abgeschafft worden ist, hat auch eine große Auswirkung auf die Würde gehabt. Damit wurde auch die Würde in ein Dunkel gehüllt. Denn die Würde des Menschen liegt in seinem Geist, in seinem Ich. Damals war den Menschen die Würde zwar gar nicht bewußt, aber sie wäre ihnen bis heute bewußter geworden, wenn man den Geist des Menschen damals nicht in dieses Dunkel gehüllt hätte. Trotzdem ist es schön, daß heute, in der recht ungeistigen Zeit, die Würde zumindest in diesem etwas nüchternen Begriff wenigstens in einige Verfassungen gesetzt worden ist und sich immer mehr Menschen bemühen, diese Würde zu erfassen. Eigentlich seid ihr heutigen Menschen sehr geistig. Ihr müßt es nur begreifen.

Genialer Schachzug des größten Gegners des Menschen

W.W.: Wie sieht es aus deiner Sicht aus, daß viele Geheimdienste einzelner Länder die Würde fast aller Menschen weltweit verletzen, indem sie die Nachrichten dieser Menschen abhören und speichern?

Würde: Das ist ein genialer Schachzug des größten Gegners des göttlichen Funkens im Menschen, also ein genialer Schachzug Ahrimans. Ahrimans Ziel ist es, die Würde des Menschen aus dem Menschen zu löschen. Alle Entschuldigungen, die für diese weltweiten Geheimdienst-Aktionen angebracht werden, also z.B. die Verfassung oder die Menschen zu schützen, gelten nicht. Es ist im wirklichen Sinne dieses Wortes genial, was hier mittlerweile weltweit geschaffen worden ist. Denn man verletzt etwas, was man vorgibt zu schützen. Und die meisten Menschen bemerken dies nicht einmal. Das ist teuflisch genial!

W.W.: Möchtest du zum Schluß noch etwas sagen?

Würde: Die Würde des Menschen ist unantastbar!

W.W.: Vielen Dank für dieses Gespräch.

Würde: Bitte.

Das Gefühl (über die Gefühllosigkeit)

Wolfgang Weirauch: Eigentlich wollte ich mit der Gefühllosigkeit sprechen, erfahre aber nun, daß es dieses Wesen nicht gibt.

Verena Staël von Holstein: Es bietet sich alternativ das Gefühl an, das Gefühl als solches. Mit ihm kannst du sprechen.

W.W.: Einverstanden. Guten Tag. Ich möchte aber auch mit Schwerpunkt auf die Gefühllosigkeit bei Menschen sprechen.

Das Gefühl: Guten Tag, auch darüber können wir gerne sprechen. Neben dem Zustand der Gefühllosigkeit gibt es auch den Zustand der Hartherzigkeit; mit ihr hast du schon gesprochen. Hartherzigkeit und Gefühllosigkeit werden oft verwechselt. Und dann gibt es Zustände, die krankhaft sind, die man am besten Gefühlsunfähigkeit nennen sollte. Aber ein Wesen der Gefühllosigkeit gibt es nicht. Denn das wäre ein Zustand, in dem ich und alle anderen Gefühle weg wären.

Du kannst mich auch Astra oder Stern nennen. Gefühle wohnen nämlich in den Sternen.

Gefühlstrainer vor der Inkarnation

W.W.: Wir haben im Laufe der Jahre mit vielen Gefühlen gesprochen. Wer bist du?

Das Gefühl: Menschen haben eine Seele, und damit die Seele in ihnen arbeiten kann, brauchen sie ein seelisches Gefüge. Und das bin ich. Wenn ein Mensch sich zur Inkarnation anschickt, verbindet sich die Seele mit dem Leib, und dafür braucht sie vorab ein gewisses Training. Training hört sich jetzt merkwürdig an, aber dieses Zusammenspiel zwischen Seele und Leib übernehme ich. Jeder Mensch braucht vor seiner Geburt eine gewisse Anleitung, wie sich die Seele in der jeweiligen Inkarnation am besten im Wesensgliedergefüge des Menschen zu bewegen hat. Ich ermögliche, daß der Mensch während seiner Inkarnation überhaupt Gefühle haben kann.

W.W.: So ganz verstanden habe ich das nicht. Kannst du das noch etwas genauer erklären?

Das Gefühl: Ich bin wie eine Art seelisches Gerüst eines jeden inkarnierten Menschen. Stelle es dir so vor, als wäre in jedem Menschen ein Spiegelbild von mir; das verändert sich allerdings im Laufe der Zeit. Die Gefühlswelt der Menschen heute ist nämlich eine andere als vor einigen 100 oder auch nur vor 100 Jahren. Deswegen war die Seele früher anders konfiguriert als heute.

Ich bin ein sehr großes Wesen und dafür zuständig, eine Art Urbild in jeden Menschen hineinzuspiegeln, der sich zu einer Inkarnation anschickt. Aber es ist ein veränderliches Urbild. Dieses Bild bereitet den Menschen darauf vor, was eine Seele auf der Erde braucht, wenn sie sich zu einer bestimmten Zeit inkarniert. Ich bereite sie vor, damit die Menschen in ihrem jeweiligen Leben die für diese Zeit notwendigen Gefühle erleben können.

W.W.: Wie kann man das nun näher einordnen? Der Mensch hat von einem gewissen Gesichtspunkt aus betrachtet drei Seelenbereiche, also Empfindungsseele, Verstandesseele und Bewußtseinsseele. Die Empfindungsseele ist der Bereich, der erstmals auf einen Eindruck u.a. aus der Außenwelt reagiert. Entwickelt der Mensch intellektuelle Gedanken, verarbeitet er sie mit der Verstandesseele; widmet er sich einem höheren Ziel, z.B. einer Tat aus Freiheit heraus, aktiviert er seine Bewußtseinsseelenkräfte. Wie hängst du mit diesen drei Seelenbereichen des Menschen zusammen?

Das Gefühl: Ich gebe das Gerüst für genau das! Ich gestalte diese dreifältige Seele, entsprechend den Fähigkeiten, die sich der Mensch in den vergangenen Erdenleben angeeignet hat, und auch in bezug auf die Zeitnotwendigkeit in der jeweiligen aktuellen Inkarnation. Alles Nötige gestalte ich zusammen mit dem Körperelementargeist, dem jeweiligen Schutzengel und der jeweiligen Individualität, die sich inkarnieren will. Wir gestalten den Seelenleib des Menschen so, daß bestimmte Seelenbereiche mehr im Vordergrund, andere mehr im Hintergrund stehen. Ich bin das Grundgefühl, welches die Gefühle so anordnet, wie sie für die jeweilige Inkarnation ungefähr sein sollen. Die Gefühle des einen Menschen sind bewußter, die des anderen spontaner, andere Menschen sind mehr verstandesdurchdrungen. Das ist allerdings ein sehr komplexes Aufgabenfeld. Die jeweilige individuelle Seelenkonfiguration für die jeweilige Inkarnation spiegle ich in die Seele des Menschen hinein, in Abstimmung mit den angesprochenen Wesen. Ich lehre die Seele nicht vorgeburtlich, sondern ich trainiere sie.

W.W.: Findet vor der Geburt wirklich eine Art Training statt?

Das Gefühl: Vor der Geburt entschließt sich der Mensch bis zu einem gewissen Grade – natürlich auch in Abhängigkeit von seinem Karma –, ob er in der jeweiligen Inkarnation sehr gefühlvoll wirken möchte, ob er eher gedanklich oder noch ganz anders gefühlsmäßig konstituiert sein möchte. Davon ist dieses Training ein wenig abhängig. Ich wirke nicht in bezug auf das Denken und das Wollen, sondern mehr in der Mitte, im Gefühl. Denken und Wollen gehören eigentlich nicht in den seelischen Bereich, auch wenn sie in einer gewissen Weise sogenannte Seelenfähigkeiten betreffen und sie durch die Seele verbunden werden. Das Denken kommt in einer gewissen Weise aus dem Physischen, das Wollen aus dem Geistigen, und beide spiegeln hinein in das Fühlen. Was du heute denkst, wird im nächsten Leben zur Prägung des physischen Leibes; was man heute an Taten ausführt, wird das Gedankenleben im nächsten Leben.

W.W.: Wie stehst du zu den einzelnen Gefühlen, mit denen wir gesprochen haben?

Das Gefühl: In modernen Worten ausgedrückt: Ich bin ihr Manager. Versuche es ein wenig so zu verstehen, auch wenn dieser Ausdruck vielleicht nicht sehr passend ist. Ich bin nicht die Mutter aller Gefühle. Ich gestalte die Anpassungen verschiedener Gefühle an das Seelengefüge der betreffenden Menschen. Das betrifft vorwiegend die eher grundlegenden Gefühle, die ein Mensch während einer Inkarnation hat. Wenn ein Mensch aufgrund seines Karmas, aufgrund seines Wesens in einem Leben Hartherzigkeit leben soll oder will, dann passe ich die Hartherzigkeit an die Seele dieses Menschen an. Auf der anderen Seite trainiere ich den Menschen auch ein wenig, so daß beide wie Schloß und Schlüssel zusammenwirken können.

Ich bin ein sehr spezielles und umfassendes Wesen aus der Sternenwelt.

Sternenhirte der menschlichen Seele

W.W.: Was ist eigentlich ein Gefühl?

Das Gefühl: Poetisch ausgedrückt ist ein Gefühl einer der vielen Sterne am Himmel. Du kannst in einer sternklaren Nacht zigtausende Sterne am Sternenhimmel sehen, und jeder dieser Sterne vermittelt auch ein spezielles Gefühl, einen jeweiligen Seeleneindruck. Das ist eine der Aufgaben der Sterne – den Menschen über ihr Leuchten ein Gefühl zu vermitteln. Gefühle sitzen im Astralen, also in der Sternenwelt. So gesehen bin ich als Gefühl der Sternenhirte. Beim Menschen ist das Gefühl eine Seelenfarbe. Allerdings sind diese Gefühle sehr unterschiedlich. Manche haben mehr raumartigen Charakter, manche haben auch einen fast lochartigen Charakter, manche sind wie eine Statue, andere haben einen eher bildhaften Charakter und bestehen sehr intensiv aus verschiedenen Farben, manche haben auch pfeilartige Charaktere. Jeder Stern kann seinen besonderen Charakter, sein spezielles Gefühl ausleben und mit seiner Leuchtkraft in die Seele des Menschen hineinleuchten. Und um dies alles zu vermitteln und zu kombinieren, bin ich da. So gesehen kann man mich, auf die Seelen der Menschen bezogen, den Sternenhirten der menschlichen Seele nennen.

W.W.: Die menschlichen Gefühle sind sehr zahlreich und unterschiedlich. Manche sind mehr leiborientiert, wie z.B. die Gier; andere sind eher geistorientiert, wie z.B. das Mitleid oder die Sehnsucht. Wie ist diese Gefühlsunterschiedlichkeit aus deiner Sicht zu sehen?

Das Gefühl: Die Gefühle selbst sind nicht so sehr leib- bzw. geistorientiert, sondern nur im Zusammenhang mit dem Menschen. Auf den Menschen selbst geschaut, hängt es auch sehr mit der Kulturprägung zusammen, denn sie wirkt auch stark auf das jeweilige Gefühl und bestimmt auch eine gewisse Richtung meines Trainings. Ein Mitteleuropäer hat tendenziell eine andere Gefühlsgewichtung als ein Asiat. Die Sehnsucht z.B. hat für einen Mitteleuropäer eine andere Farbe und einen anderen Charakter als für einen Chinesen. Sehnsucht mag in vielen Fällen eher zum Geist orientiert sein, aber sie kann auch leiborientiert sein, denn ein Mensch in armen Verhältnissen, der hungert, sehnt sich einfach danach, satt zu sein. Die Richtung und der Inhalt eines Gefühls sind also auch noch mit zu berücksichtigen.

W.W.: Wie betrachtest du einen Menschen, der vorwiegend im Gefühl lebt und der seine Gefühle nicht so stark mit Gedanken kontrolliert?

Das Gefühl: Solche Menschen mag ich, weil sie intensiv in einer Entwicklung sind. Solche Menschen trainiere ich, möchte aber, daß sie sich mehr und mehr selber trainieren, so daß ich eines Tages überflüssig werde. Mit Blick auf die Zukunft sollten die Menschen sich immer differenzierter in ihrem Gefühlsleben trainieren, denn es gibt nicht nur „das Gefühl" als Soße, sondern eine reichhaltige Palette von unterschiedlichen Gefühlen. Für diese solltet ihr Menschen euch zunehmend schulen. Für jedes Kind, für jeden Menschen wäre es notwendig, eine Schule des Fühlens durchzumachen. Auch das Gefühl ins Wort zu bringen ist heutzutage ungeheuer wichtig. Gerade durch die zunehmende Digitalisierung der Welt muß hier etwas Entscheidendes geschehen.

Seelische Hände entwickeln

W.W.: Wie sieht es aus deiner Sicht aus, wenn ein Mensch sehr stark durch ein bestimmtes Gefühl beansprucht wird und nicht gegen dieses bestimmte Gefühl angehen kann? Nehmen wir als Beispiel die Eifersucht. Wie sieht es aus deiner Sicht aus, wenn ein Mensch über Jahre hinweg immer aus verschiedensten Anlässen eifersüchtig ist, aber diese Eifersucht mit seinem Ich bearbeiten möchte und dies auch versucht?

Das Gefühl: Wenn er ganz von der Eifersucht überwältigt wird, dann ist er an dieser Stelle wie eine seelische Watte. Ein solcher Seelenbereich im Menschen ist vollständig untrainiert. Die Seelenbereiche, in denen die Eifersucht wirkt, können sich nicht bewegen. Sie sind sehr unbewußt. Jetzt kann der Mensch langsam durch sein Ich feststellen, daß er dort mehr als nur Watte hat, daß er mehr hat als nur einen Seelenraum mit Eifersucht. Das ist dann so, als würden sich langsam seelische Muskeln bilden, so daß er sich in diesem Raum zunehmend mehr bewegen kann, und zwar selbständig, durch sein Ich. Ich unterstütze also einen solchen Menschen, der sich bemüht, eine seelische Muskulatur erwächst. Das ist ein seelisches Training durch den Menschen, der die Eifersucht langsam anpackt und bearbeitet und in den Griff nimmt. Er entwickelt sozusagen seelische Hände und verdrängt die Eifersucht von dem Platz, an dem sie steht, und schiebt sie ein Stück in den Hintergrund. Wer es ganz schafft, drängt die Eifersucht sogar zur Tür hinaus. Dann ist die Eifersucht zwar nicht tot, aber die Verbindung von seiner Seele zur Eifersucht ist damit gelöst, und der Mensch schafft es, die Eifersucht ganz aus seinem Seelenbereich herauszuschieben.

Die bunte Seele des Menschen

W.W.: Wie sieht die Seele des Menschen aus, mit den fast unzähligen verschiedenen Gefühlen?

Das Gefühl: Sehr bunt. Die Seelen der Menschen sind so verschieden, daß ich diese Frage eigentlich nicht beantworten kann. Wichtig für die Konfiguration und die Gestaltung der Seele ist vor allem, wie alt eine solche Seele ist, also wie viele Erdenleben sie durchlebt hat. Diejenigen Seelen, die erst einige Male auf der Erde gelebt haben, sehen aus wie ein Aquarell, mit sanften Farben, die ineinanderfließen. Und die einzelnen Farbmischungen sind nicht voneinander geschieden, sie gehen ineinander über.

Diejenigen Seelen, die schon sehr oft auf der Erde gelebt haben, zeigen eine farbliche Zeichnung, die an den Pointillismus des Post-Impressionismus erinnert. Sie wirken stark konturiert, fast ornamental, alles ist sehr differenziert, es tauchen sehr viele verschiedene einzelne Farben auf, die aber als Zusammenhang, als Gesamt, ein schönes oder ein häßliches Bild ergeben. Bei ihnen fließt nichts ineinander. Je weiter man zurücktritt, desto eher erkennt man ein geschlossenes

Seelengemälde. Schaut man ganz genau und sehr dicht, so sieht man die einzelnen Gefühle, die nebeneinander, meist unabhängig voneinander, die Seele durchziehen – wenn ein Mensch aber kurzfristig vorwiegend von einem Gefühl beherrscht ist, überlagert dieses Gefühl selbstverständlich weite Bereiche der Seele.

W.W.: Wie schaut die Seele eines Tieres aus?

Das Gefühl: Bei den höheren Tieren sieht die Seele ähnlich aus wie diejenige der Menschen, die noch nicht so oft auf der Erde gelebt haben, vielleicht etwas einfacher in der Farbgestaltung. Aber Seele ist Seele.

Wenn man die gesamte Erdentwicklung vom alten Saturn bis zum Vulkan betrachtet, spielt in den gesamten Zeiträumen die Entwicklung der Christuswesenheit eine entscheidende Rolle, vor allem natürlich der Inkarnationspunkt und der Auferstehungsmoment etwa in der Mitte der Erdenzeit. Von einem gewissen Gesichtspunkt aus betrachtet ist dies das Wichtigste der gesamten Weltentwicklung. Christus ist ein Wesen, welches seinen Hauptwirkungsbereich in der Seele des Menschen hat. Der Heilige Geist ist mehr mit dem Geist verbunden, der Vatergott mehr mit dem Physischen; für die Menschheitsentwicklung aber ist vor allem das Seelensein von allergrößter Bedeutung. Auf der Erde hat der seelische Aspekt des Menschen die höchste Priorität, denn hierbei geht es darum, ob der Mensch in der Lage ist, aus seiner Freiheit heraus dem Christus zu folgen oder nicht. Diese Entwicklung ist auf der einen Seite das Gemeinsame der Menschen, auf der anderen Seite das unendlich Verschiedene.

Auch alle Pferde zusammen haben eine ähnliche Seele, schaut man aber das einzelne Pferd an, bemerkt man die Differenzierungen in dieser Seele. Und das individuelle Kind, welches danebensteht und sich auf das Ausreiten freut, hat eine ebenfalls andere Seele. Von weitem aber sind sie ähnlich.

Dies ist aber nur der Versuch einer bildhaften Beschreibung. Die Differenziertheit der Seelen zu verstehen ist auch deswegen wichtig, weil ihr mit Blick auf die Zukunft eure Seelen mehr und mehr schulen solltet.

Ein wenig könnte man mich so betrachten wie den Körperelementargeist des Christus.

Gefühlsschulen

W.W.: Wenn man wirklich eine differenzierte Schulung der Gefühle angehen möchte, bei Jugendlichen oder bei Erwachsenen, wie sollte man hier vorgehen?

Das Gefühl: Zu einem Chinesen würde ich etwas anderes sagen als zu dir. Wir reden jetzt über Menschen, die in eurem kulturellen Umfeld leben. Auch spreche ich nur über Menschen der Jetztzeit. Man kann bereits bei den Kindern anfangen, indem man z.B. beim Märchenerzählen verschiedene Gefühle einflicht, verschiedene Gefühle stärker betont, damit sich die Kinder schon auf kindlicher Stufe in die Gefühle hineindifferenzieren können. Und man sollte diese Gefühle auch benennen.

Mit Jugendlichen, langsam beginnend ab dem 9. Lebensjahr, sollte man eine Gefühls-Lernstunde machen. Das kann man sogar relativ kopfig machen, indem man z.B. vorgibt: Heute beschäftigen wir uns mit der Trauer. Man kann mit einfachen Fragen beginnen, wann der Jugendliche traurig war, was er unter Trauer versteht, wie sich die Trauer ausgewirkt und angefühlt hat, ob er dies als Farbe ausdrücken kann. Und so kann man die verschiedenen Gefühle, mit dem Verstand ansetzend, beschreiben und dadurch besser und differenzierter kennenlernen. Das kann man jahrelang machen.

Mit Erwachsenen kann man es eigentlich ganz genauso machen. Es wäre eine sehr wichtige Zeitnotwendigkeit, den Menschen die Gefühle auf diese Weise näherzubringen, damit sie ein immer stärkeres Bewußtsein für die Verschiedenheit der einzelnen Gefühle bekommen. Denn die heutigen Menschen haben im Gefühlsbereich ungeheure Defizite. Diese Defizite sind u.a. deswegen entstanden, weil man sie als Kinder vor dem Fernseher geparkt hat. Vor dem Fernseher kann man nicht fühlen lernen. Viele Kinder werden auch von ihren Eltern zu stark behütet, so daß sie keine eigenen echten Erfahrungen machen können. Dann fangen sie an, in der Schule zu zappeln. Deswegen sollten die Eltern ihre kleinen Kinder auch allerhöchstens nur bis zum Schultor bringen, aber ab dann muß das Kind alleine gehen.

Gefühllosigkeit

W.W.: Schwerpunkt des folgenden Gesprächs soll die immer stärker auftretende Gefühllosigkeit bei verschiedenen Menschen sein. Dazu ziehe ich einige Selbstdarstellungen aus Selbsthilfegruppen heran, die ich anonym im Internet gefunden habe. Gerade Jugendliche haben mit dieser Gefühllosigkeit in verschiedenen Varianten oft große Probleme.

Ein Mädchen im Jugendalter schildert z.B., daß sie absolut keine Gefühle mehr wahrnehmen kann, daß sie in jeder Situation nicht weiß, was sie gerade fühlt, sich lediglich noch an gewisse Gefühle in ihrer Kindheit erinnern kann. Sie weiß nicht, was sie gefühlt hat, als sie sich von ihrem Freund getrennt hat. Und sie formuliert weiter:

„Kurz vor dem Einschlafen, wo ich gezielt auf die Gefühle achte, wird mir besonders bewußt, daß ich eigentlich kein Gefühl wahrnehmen kann. Aber irgendwie kann ich mir mittlerweile auch schwer vorstellen, wie sich Gefühle anfühlen. Für mich ist das, was ich fühle, in jeder Situation das gleiche."

Sie schildert dann, daß sie absolut nichts empfindet, obwohl es ihr körperlich gutgeht, auch wenn sie kraftlos, unmotiviert und ständig müde ist. Lediglich bei traurigen Filmen könne sie kurz weinen.

Was ist bei einem solchen Menschen los?

Das Gefühl: In diesem konkreten Fall ist durch den Verlust eines bestimmten Menschen eine Art Schock eingetreten, welcher bei diesem Mädchen hervorgerufen hat, daß sie keinen Zugang zu bestimmten Teilen ihrer Seele mehr hat. Ähnliches passiert auch bei anderen Menschen häufig. Dieser Zustand ist aber irgendwann durchaus umkehrbar und dauert nicht ewig an. Sie hat zwar Gefühle, aber sie kommt nicht an sie heran. Diese Gefühle sind in einer Art Nebenraum. Den Seelenraum, den ich auch bei diesem Menschen vor der Inkarnation strukturiert habe, hat sie weitgehend in diesen Nebenraum geschoben.

Manchmal geschieht so etwas sogar in Absprache mit mir, damit der Mensch daran arbeiten kann. Bedeutsam ist bei diesen Menschen auch, daß sie in dieser Zeit keinerlei Beziehung zu Christus haben können bzw. haben, denn den Zugang zu Christus kann man nur haben, wenn man fühlt. Wenn das Gefühl abhanden kommt, wenn es im Nebenraum ist, ist man weitgehend von der Christuswesenheit getrennt. Das muß aber kein Dauerzustand sein. Die Abkehr von Christus ist die große Gefahr in diesem gefühllosen Zustand. Denn in diesem Zustand geht auch die Fähigkeit zu beten verloren. Dann kann man nur noch wie ein Automat etwas aufsagen. Richtig beten kann man dann nicht mehr.

W.W.: Welche Beziehung hast du zu einem solchen Menschen?

Das Gefühl: Das wäre in jedem Fall eine Einzelfallbetrachtung. In diesem Fall, in dem eine Art Schock vorliegt, bin ich eigentlich nur in einem Nebenzimmer. Wenn z.B. eine Art Gegenschock, wie auch immer der geartet ist, im Leben dieses Mädchens eintreten sollte, wird sie auch wieder mehr Zugriff auf ihre Gefühle bekommen. Es gibt aber genauso Fälle, bei denen kein Schock zu Beginn einer solchen Gefühllosigkeit liegt. Es gibt die beiden Varianten, daß bereits vor und mit der Inkarnation eine solche Gefühllosigkeit vorbereitet wurde, genauso aber auch die vielen Fälle, wo dies durch bestimmte Umstände in diesem Leben eintritt. Wenn aber ein erneuter Schock im Leben eines solchen Menschen auftritt, dann wird sein Seelengefüge bis zum Ich durchgerüttelt, alle Wesensglieder vom physischen Leib über den Ätherleib, durch die gesamte Seele bis zum Ich werden für einen Moment lang wackelig. Durch einen solchen Schock kann der Gefühlsraum dann aus der Wesensgliederkonfiguration raus- und auch wieder reinrutschen.

Gefühlsblindheit

W.W.: Ein weiterer Zustand ist die sogenannte Gefühlsblindheit, wissenschaftlich Alexithymie genannt. Die Menschen schildern ihre Zustände so, daß sie vermuten, daß Gefühle vorhanden sind, daß sie sie aber nicht wahrnehmen können. Sie weinen z.B., kennen aber nicht den Grund. Oder sie begehren etwas, wissen aber auch nicht, warum. Andere sehen diesen Menschen Gefühle an, sie selbst wissen aber nichts davon, weil sie sie nicht wahrnehmen können. Sie weinen beispielsweise bei einem Film und denken dann, daß dies wohl ein Gefühl sein müsse. Oder sie merken, daß bei einer Aufregung ihr Herz schneller schlägt oder sie Angst haben. Sie können Gefühle also über körperliche Symptome herleiten. Diese Alexithymie sollen etwa 10 % der Bevölkerung haben. Vielen dieser Gefühlsblinden ist ihr Defizit oft nicht einmal bewußt, und nur im Kontakt mit anderen Menschen wird dies zu einem Problem. Was ist diese Gefühlsblindheit?

Das Gefühl: Gefühlsblindheit ist ein sehr guter Ausdruck. Es fehlt der Sinn, ein Gefühl anzunehmen, ein Gefühl zu entdecken, ein Gefühl wahrzunehmen. Oft resultiert dies aus einem Schutzmechanismus, welchen sich die Menschen in der Kindheitsphase, oft auch unbewußt, erarbeitet haben, um sich vor Gefühlen zu schützen, die sie nicht aushalten können. Oft – nicht immer – wird dies durch Brutalitäten, durch nicht kindgerechte Verhaltensweisen im Umkreis des Kindes ausgelöst. Meist durch Menschen, aber auch durch Filme und ähnliches.

Es kann auch dadurch kommen, daß ein kleines Kind nicht schlafen kann und die Eltern es mit zu sich nehmen und dabei ihren abendlichen Krimi schauen. Sie glauben dann, daß das Kind dies nicht mitbekomme. Auch in diesem vielleicht halbschlafenden Zustand des Kindes ist das Kind sehr offen für seine Umgebung und bekommt sehr viel mehr mit, als man denkt. Das Kind ist dann in einer Art Traumbereich, und der Traumbereich und die Gefühle hängen eng zusammen. Man sollte nicht glauben, daß das Kind in den Armen des Erwachsenen vor dem Film geschützt sei. Das Kind wird sogar mit den Gefühlen des Menschen, der den Krimi schaut, konfrontiert. Es wird dann also mit Gewaltszenarien konfrontiert, die es nicht versteht, auch nicht aufnehmen möchte.

Hier bauen dann der Schutzengel, der Körperelementargeist und der Mensch selbst Schutzmechanismen auf, um diese Wahrnehmungen rauszuwerfen. Sie bauen diese Mechanismen auf, damit das Kind an verschiedenen Stellen des Gefühlslebens blind wird. Das geschieht, um größere Schäden zu verhindern. Das ist häufig bei Gefühlsblinden der Fall gewesen, keineswegs aber bei allen. Es gibt auch Menschen, die aus karmischen Gründen diese Gefühlsblindheit für eine gewisse Phase ihres Lebens eingerichtet haben.

Überlebenswille

W.W.: Ein anderer junger Mann schildert im Internet folgendes: Er ist 21 Jahre alt, war lange im Ausland und ist von der Waldorfschule auf ein College gewechselt, um dort sein Fachabitur zu machen. Er hat Marihuana geraucht und exzessiv am PC gespielt. Vor etwa sechs Monaten sei er ernster geworden, und sein ohnehin schon rationales Wesen verstärkte sich sehr. In der Schule wurde er immer schlechter, so daß er zu den Klausuren nicht zugelassen wurde.

Das Kiffen hat er mittlerweile weitgehend eingestellt, auch das Spielen am PC reduziert, und nun ist er sich seines emotionslosen Zustands bewußt geworden. Er beschreibt ganz ehrlich, daß seine Empathie für alle Menschen, auch für seine Freundin, gegen Null gehe, daß er lediglich Gefühle objektiv aufschlüssele, genau kalkuliere oder gekünstelt Empathie zeige. Witze versteht er zwar, aber sie lassen ihn kalt, und er muß sich zwingen, rein äußerlich zu lachen. Seine Freundin liebt ihn, er sie nicht, obwohl sie ihm subjektiv guttut; trennen will er sich aber nicht von ihr. Er meint, nicht depressiv zu sein, obwohl er häufig lustlos sei, jedoch nicht antriebslos.

Eine Frau antwortet ihm, daß sie ähnlich empfinde, daß sie selbst dann, wenn ihr Sohn weine, dies nicht nachempfinden könne. Selbst wenn sie denke, daß ihrem Sohn etwas geschehen könne, rege sich in ihr nichts, und sie fragt sich, wohin die Gefühle zu ihrem Partner gegangen seien. Sie weiß zwar noch, daß sie mal Gefühle für ihn hatte, und ahnt auch, daß ihre Gefühle irgendwo versteckt sein müssen. Sie gibt an, seit der Grundschule einen langen psychischen Krankheitsverlauf gehabt zu haben.

Kannst du hierzu auch etwas Differenziertes sagen?

Das Gefühl: Bei dem jungen Mann ist der Fall relativ einfach. Er beschreibt, daß ein längerer Mißbrauch von Rauschmitteln und Medien vorgelegen habe. Dabei passiert eigentlich ungefähr das gleiche wie bei dem Kleinkind, das im Arm der Eltern im traumhaften Zustand einen Film mit Gewaltszenen erlebt. Hier werden Mechanismen im Unterbewußtsein – im Bereich des unteren Astralleibes und des Ätherleibes – entwickelt, ebenfalls ein Überlebenswille, der auch im Ätherischen sitzt. Dieser Überlebenswille wird oft benötigt, damit die Gesamtwesenheit Mensch am Leben bleiben kann. Hinzu kommt noch Marihuana, welches die Seele tauber macht. Dadurch werden Selbstschutzmechanismen ausgelöst, welche die Gefühle einschließen. Sie sind dann auch in diesem Nachbarraum. Dann erleben die Menschen sich von außen, wenn sie z.B. weinen, aber nicht wissen, warum sie weinen. Sie können dann nur intellektuell Gefühle damit verknüpfen.

Hätten diese Menschen eine Gefühlsschule durchlaufen, wäre das Problem in den Anfängen bemerkt worden, und diese Gefühllosigkeit hätte wahrscheinlich verhindert werden können. Selbst ohne Marihuana und Spielsucht hätte dieser Verlauf vermutlich auch verhindert werden können.

Bei der Frau liegt das Problem etwas anders, denn sie gibt an, seit der Grundschule eine lange psychische Behandlung bzw. einen langen psychischen Krankheitsverlauf durchlebt zu haben. Durch diese psychische Krankheit sind vermutlich ihre Gefühle über längere Zeit falsch angesprochen worden, so daß sie sie auch wegschließen mußte, um überleben zu können. Es trifft nicht auf alle Menschen zu, aber häufig ist es so, daß dieser im Ätherischen sitzende Überlebenswille in das Astrale eingreift und dort Türen verschließt. Dann entsteht Gefühlsblindheit bzw. auch Gefühllosigkeit.

Wenn die Seele seelische Muskeln – durch eine Schulung – gehabt hätte, wäre es vielleicht in vielen Fällen nicht nötig gewesen, daß das Ätherische so eingreift, daß hier Türen in der Gefühlswelt verschlossen werden.

Gefühlskälte

W.W.: Ein weiterer Fall ist Gefühlskälte. Ein 17jähriger junger Mann schildert, daß er absolut keine Gefühle habe und daß man ihm seitens eines Psychotherapeuten eine mittelgradige depressive Episode, die im Winter schlimmer wird, diagnostiziert habe. Er schildert sehr intelligent verschiedenste Einzelheiten seines Lebens, vor allem daß er an nichts Interesse habe. Sein Leben ist aus seiner Sicht perfekt, er ist gut in der Schule, beliebt unter Freunden und in der Familie, er hatte eine tolle Freundin, aber außer dem Verliebtsein zu ihr vor einigen Jahren hat er keinerlei Gefühl erlebt. Seine Freundin hat sich kürzlich von ihm getrennt, aber jetzt empfindet er darüber nichts. Seine Eltern liebt er nicht, er mag nicht einmal mit ihnen reden, und wenn es nicht seine Eltern wären, würde er sie nicht einmal mögen. Er hat keine wirklichen Freunde, sondern nur viele Bekannte. Er kann keine Freundschaften schließen, weil sie ihn alle langweilen und er sie uninteressant findet. Eigentlich langweilt ihn sein gesamtes Leben. Er hat sehr viel versucht – Sport, verschiedene Hobbys, sogar Alkohol und Drogen –, aber nichts hat ihn aus seinem Zustand gerissen.

„Aber mir bleibt einfach nichts. Ich würde gern ein wenig Farbe in meine graue Welt bringen, weiß nur nicht, wie. Ich bin auch überhaupt nicht in der Lage, Wut zu empfinden. Ich mußte mich vor drei Wochen spontan mit dem Dorfschläger schlagen. Was mich einfach nur nervte, aber etwas wie Wut habe ich dabei nicht empfunden; nach zehn Minuten war auch alles wieder vergessen, und ich habe mein Leben weitergelebt und war nicht mehr genervt. Ich beobachte auch gerne Menschen, was mir aber leider nicht guttut. Ich sehe dann die Dummheit, Arroganz, Gier der Menschen; natürlich auch positive Dinge, aber irgendwie überwiegen die negativen. Es gibt nur eine Sache, die ich über alles hasse, und das ist die Menschheit. Sie ist so ekelhaft, wir sind so ekelhaft. Wir führen sinnlose Kriege. Wofür? Wir töten aus Gier, Neid – wofür?"

Er versteht die gesamte Welt nicht, hat auch oft an Selbstmord gedacht, trotzdem hat er noch nicht die Hoffnung aufgegeben. Was kann man hierzu sagen?

Das Gefühl: Einerseits denkt dieser Mensch sehr verantwortungsvoll, andererseits kann man ganz deutlich wahrnehmen, daß ihm – wenn auch unbewußt – jegliches Gefühl für die Christuswesenheit verlorengegangen ist, denn er sieht eigentlich kaum noch etwas Positives. Vermutlich fehlt hier eine religiöse Erziehung. Vielleicht ist das Elternhaus auch agnostisch. Dieser Mensch ist in der Schule gut, und das ist ihm vermutlich auch oft lobend bestätigt worden, vermutlich ist sein Denken oft hervorgehoben worden, so daß die anderen Gefühlsanteile für ihn immer unwichtiger wurden.

Auch dieser Mensch hat seine Gefühle verschlossen, fast wie in einer Panik. Aber man merkt deutlich, daß ihn sein Zustand quält. Entscheidend ist auch, daß er sehr wohl die Verliebtheit gespürt hat; aber man muß eben wissen, daß die Verliebtheit nicht ewig anhält und von selbst aufhört. Die erste rosa Wolke hält nicht lange, und das hat ihm vermutlich mehr zugesetzt, als er vermutet. Daß so etwas aufhören kann, kann auch einen Schock auslösen; gerade bei sehr jungen Menschen. Auch hier muß man deutlich sagen, daß eine Gefühlsschulung nicht vorlag, er hat seine Gefühle vermutlich nie benannt, nie richtig durchlebt. Man hat ihm nicht den Weg von der Verliebtheit zur Liebe gezeigt. Es wurde immer nur betont, wie intelligent er sei.

Aber es gibt gute Ansätze in seinen Darstellungen, denn dieser Mensch gibt seine Hoffnungen nicht auf. Er hat festgestellt, daß auch Alkohol und härtere Drogen nichts dazu beitragen können, um wieder zu einem Gefühlsleben zu kommen. Ein solcher Mensch braucht eine ganz intensive Gefühlsschule. Und bei ihm ist keineswegs Hopfen und Malz verloren! Wenn man diesem jungen Menschen z.B. bis zu seinem 21. Lebensjahr diese Gefühlsschulung angedeihen läßt, so daß sein Ich noch einmal ganz neu in das Seelenleben eingreifen kann, dann wird daraus ein wunderbarer Erwachsener werden. Denn Hoffnung ist eines der großen Urgefühle. Es beginnt schon dabei, daß man diesem jungen Menschen klarmachen sollte, daß auch Hoffnung ein Gefühl ist. Das weiß er nicht. Auch in bezug auf sein Gedankenleben muß er aus seiner Einseitigkeit herauskommen, denn nicht alles ist so negativ, wie er das ausschließlich sieht. Das aber muß er selber machen. Man kann auch sagen, daß dieser junge Mensch beten lernen muß. Er muß etwas in sich bewegen, damit eine Christusbegegnung überhaupt erst wieder möglich wird. Wichtig ist auch, daß er aus seinem Kopf heraus muß, vielleicht durch sinnvolles Tun. Wenn er ordentlich zu arbeiten lernt, wird er auch besser schlafen können.

W.W.: Ein anderer Fall ist ebenfalls ein junger Mann, der genauso gefühllos ist, lediglich mit einer einzigen Ausnahme. Er schildert den Geburtstag seiner Großmutter, bei dem sich sein Vater mit seinem Großvater stritt, wie Mutter und Großmutter begannen zu weinen, er aber selber nichts dergleichen an Traurigkeit fühlte. Er schildert weiter eine mögliche Krankheit seiner Mutter und daß sie vermutlich bald sterben werde, und auch in bezug auf diesen Verlust habe er keinerlei Gefühl. Aber dann traf er ein Mädchen, verliebte sich, und er konnte zum ersten Mal auch nicht gekünstelt, sondern echt über Witze lachen, verstand sich sogar gut mit ihrem Vater. Aber hier schildert er einen Zustand, wie er sich betrinken mußte und bei einem Fest sah, wie seine Freundin kurzfristig Kontakt zu ihrem Ex-Freund hatte. Daraufhin fühlte er krasse Eifersucht, betrank sich noch mehr und fing so stark an zu randalieren, daß alle den Kontakt zu ihm mieden.

Was ist hierzu zu sagen, daß ein Mensch absolut gefühllos ist – mit einer einzigen Ausnahme, nämlich dieser starken Eifersucht?

Das Gefühl: Er erwähnt nicht umsonst den Streit in der Familie, der vermutlich oft wiederkehrt. Dieser Streit in der Familie ist für ihn auch Auslöser, selbst nie zu streiten, und er sperrt seine Gefühle in seinem engeren familiären Bezugsrahmen weg. Dann kommt der Mensch, mit dem ein engerer Vertrauensraum möglich ist, und er öffnet sich und versteht sich sogar mit dem Vater seiner Freundin. dann trinkt er die großen Mengen Alkohol, obwohl er es eigentlich nicht will, aber er wird dazu überredet. Damit gerät er in diese negative Gefühlsgeste der krassen Eifersucht.

Hier entsteht der Zustand, in dem ein Gefühl Oberhand bekommt über alle anderen Gefühle bzw. die gesamte Seele. In betrunkenem

Zustand wird ein Gefühl so stark, daß es alles andere verdrängen kann. Das ist eine typische Gegengeste gegen die Gefühllosigkeit und bezeichnend für viele Menschen, die eigentlich so gut wie alle Gefühle wegsperren, aber in einem extremen Moment dann ein starkes Gefühl erleben, wie eine Gegengeste gegen die bisherige Gefühllosigkeit.

Dieser junge Mann überreagiert in diesem Moment vollständig. Das ist die Doppelgeste: auf der einen Seite das Wegsperren von Gefühlen, weil man nicht mit ihnen umgehen kann, auf der anderen Seite das Entzünden eines Gefühls in einer Situation, in der man überfordert ist. Die übersteigerten Gefühle sind eine Spiegelung der Gefühllosigkeit. Wenn man dann *ein* Gefühl zuläßt, dann läßt man dies in einer außerordentlich ungeführten Form zu, in der man wiederum nicht damit umgehen kann. Solche Zustände bei Menschen sind nicht selten. Es sind fast krankhafte ungeführte Seelenzustände. Beide Extreme sind aber eigentlich das gleiche.

Diese Menschen sind aus verschiedensten Gründen ungeschult mit ihren Gefühlen in Berührung gekommen und konnten sie nicht aushalten, so daß sie sich gegen sie wehrten bzw. nicht mit ihnen umgehen konnten. Vielleicht haben sie als Kinder keine Märchen gehört, vielleicht kamen sie zu schnell und zu kraß mit brutalen Gefühlen in Verbindung, vielleicht wurden sie mit einseitigen Gefühlen konfrontiert, vielleicht durchlebten sie ein Trauma. Dies alles kann man vermeiden, wenn das Elternhaus, der Kindergarten und die Schule Gefühlseinheiten zum Lernen von Gefühlen anbieten. Nicht umsonst redet ihr von eurer Zeit vom Zeitalter der Bewußtseinsseele. Bewußtseinsseelenzeitalter bedeutet aber auch, daß man seine Seele bewußt erlebt, daß man Gefühle nur dann aushalten kann, wenn man sie bewußt benennen, durchdringen und handhaben kann und sie eben auch im Bewußtsein hat.

Der Wunsch, eiskalt zu werden

W.W.: Dann gibt es auch einige Menschen, die ihre Gefühle abtöten möchten. Auch dazu habe ich im Internet manche gefunden, die sich dann in etwa folgendermaßen äußern: *„Ich wurde zum Glück wenigstens damit gesegnet, daß ich jegliches Gefühl und jede Emotion gekonnt verbergen kann und somit wenigstens die eiskalte Maske aufsetzen kann. Und trotzdem habe ich diese lästigen Emotionen und Gefühle, wie z.B. Liebe, Trauer, Angst oder Scham, was alles totale Schwäche ist und einen nur behindert. Ich würde mich gerne vollständig von allen Gefühlen und Emotionen abtrennen und eiskalt werden."*

Alles, was mit Gefühlen zusammenhängt, sieht dieser Mensch als Schwäche an, als schädlich für seine Psyche, und er möchte alle Gefühle loswerden. Was ist hier los?

Das Gefühl: Das ist eine bewußte Hinwendung zur ahrimanischen Wesenheit, und hier wird jedwede Verbindung zur Christuswesenheit verneint. Alles, was mit Gefühlen und mit Christus zusammenhängt, gilt als Schwäche, während dagegen Ahriman als das höchste Lebensgefühl angesehen wird. Dieser Mensch weiß zwar nichts von Christus und Ahriman, aber das steht letztendlich dahinter. Er sehnt sich nach Kälte, aber dabei verkennt er, daß die Sehnsucht nach Kälte auch eine Art von Gefühl ist. Auch seelische Kälte ist ein Gefühl, denn es ist die Abwesenheit von Wärme. Agnostiker glauben ja auch daran, daß es keinen Gott gibt, aber dieser Agnostizismus und dieser Glaube sind auch Gefühle. Der von dir geschilderte Mensch muß irgendwann in seinem Leben einen Eindruck von der ahrimanischen Wesenheit und seiner Fähigkeit bekommen haben, denn sonst würde er sich nicht auf den Weg machen wollen, die Gefühlskälte lernen zu wollen. Er ruft dazu sogar im Internet auf, ihm auf diesem Weg zu helfen. Er verkennt nur, daß er gar nicht ganz gefühllos werden kann, aber er will andere, einseitige Gefühle haben.

Ungeordnete Empathie

W.W.: Ich habe auch noch einen Menschen gefunden, der sich als außerordentlich wankelmütig beschreibt, einerseits empathisch, andererseits oft gefühlskalt. Ihm ist es zeitweise egal, ob ihm etwas zustößt, auch ob er sich den Tod wünscht, aber schon nach wenigen Minuten ändert sich sein Gemütszustand. Mal ist er traurig, dann wütend, dann glücklich. Er fragt sich, warum er so außerordentlich wankelmütig ist. Was liegt hier vor?

Das Gefühl: Dieser Mensch hat viele Seelenfähigkeiten mitgebracht, die ihn empathisch machen. Er nimmt ununterbrochen sämtliche Gefühle seiner Umwelt auf, kann aber nicht damit umgehen und muß sie miterleben. Ihm fehlt hier die Steuerung seiner Gefühle. Auch hier muß man wieder davon sprechen, daß dieser Mensch dringend eine Seelenschulung benötigt, um mit seinen Gefühlen umgehen zu können. Solche Menschen erleben die Gefühle anderer Menschen, oft sogar die Gefühle ihres Hundes, und wegen seiner starken Empathie springen diese Gefühle auf diesen Menschen über; aber er kann sie nicht steuern. Wenn Menschen so empathisch sind, benötigen sie durch die Gefühlsschulung ein Rüstzeug, um ihre Empathie steuern zu können.

Es sind zunehmend besonders junge Menschen in dieser Welt, die solche Seelenfähigkeiten, auch neue Seelenfähigkeiten haben bzw.

mitbringen, aber nicht darauf vorbereitet sind, ebenfalls nicht darauf vorbereitet werden. Und dann fallen sie in verschiedene dieser heute besprochenen Extremitäten.

Wie in einer Kugel aus Panzerglas

W.W.: Viele Menschen fallen auch in eine schwere Depression, und dann erleben sie alle ihre Gefühle vollständig von sich abgetrennt, wie z.B. dieser Mensch: *„In tiefen Krisen kann es jedoch sein, daß ich tatsächlich von all meinen Gefühlen abgeschnitten werde. Dann herrscht neben Teilnahmslosigkeit, Gleichgültigkeit und Lieblosigkeit vor allem Hoffnungslosigkeit und Sinnlosigkeit vor. Ich kann dann keine Gefühle mehr empfinden und beschreibe meinen Zustand als stumpf und leblos, wie abgetötet. Ich fühle mich nicht nur abgetrennt von meinen eigenen Gefühlen, sondern abgetrennt von der ganzen Welt. Es ist, wie in einer Kugel aus Panzerglas zu sitzen, die den Gesetzen der Schwerkraft nicht mehr gehorcht. Sie dreht sich nicht mehr mit der Erde mit – sie steht fest –, die Erde aber dreht sich weiter. Alles zieht an mir vorbei, doch ich bin nicht mehr Teil der Welt. Ich nehme noch wahr, aber es berührt mich nicht, es ist nicht meine Sache."*

Das Gefühl: Das ist ein krankhafter Zustand, das ist eine schwere Depression, und hier wird genau das beschrieben, was ich vorhin auch schon darstellte: daß alle diese Gefühle, die ein Mensch haben kann, in einem Nebenraum verschlossen sind. Und zu diesem Nebenraum hat dieser Mensch keinen Zugang mehr. Er erlebt die Depression so stark und tief, daß aus dem Ätherischen der Überlebenswille kommt und die Gefühle, die diesen Menschen stark bedrängen, vielleicht sogar zerstören könnte, zumindest aber wegdrängt. Die Unfähigkeit, mit den eigenen Gefühlen umgehen zu können, zwingt den Überlebenswillen, also den Körperelementargeist, so zu handeln, daß dieser Mensch weiterleben kann, aber dazu muß er die Gefühle wegsperren.

Führerschein für die Erziehung

W.W.: Wir haben jetzt verschiedene Fälle von Gefühllosigkeit und Gefühlsblindheit und Depression betrachtet, und es scheint so zu sein, als würden diese Fälle sehr viel häufiger sein als noch vor einigen Jahrzehnten und Jahrhunderten. Es scheint auch so zu sein, daß besonders junge Menschen diese Zustände erleben. Gleichzeitig wissen wir aber auch, daß immer mehr Menschen ins Leben treten, die verschiedenste übersinnliche Wahrnehmungen haben, neue Seelenfähigkeiten entwickeln, davon aber oft nichts wissen. Wie soll man mit diesen verschiedenen Phänomenen sinnvoll umgehen?

Das Gefühl: Schon in Kürze werdet ihr erleben, daß immer mehr Menschen in diesem Gefühlschaos, vor allem der Gefühlsblindheit, leben werden. Hier solltet ihr darauf achten, daß so etwas nicht als Krankheit betrachtet wird, sondern als ein Zustand der Nichtausbildung von Gefühlen. Wenn ihr es als Krankheit betrachten wollt, dann als eine solche, die zu heilen ist. Eine Heilung wäre die schon oft angesprochene Gefühlsschulung.

Die Gesellschaft sollte allerdings darüber hinaus unabhängig von diesen Krankheitszuständen einen spirituellen Begriff entwickeln, und man sollte begreifen, daß diese Zustände zum Leben gehören, also immer mehr auftreten werden. Man sollte hier nicht zu stark von psychischen Störungen sprechen, sondern von Wahrnehmungsdefiziten, und man sollte bereits in der Kindheit und in der Schule damit beginnen, entsprechende Gefühlsschulungen durchzuführen. Man sollte nicht von gesund oder ungesund sprechen, sondern den individuellen Menschen sehen und ihm einen individuellen Zugang zu seinen eigenen Gefühlen ermöglichen.

Man sollte in der Pädagogik nicht nur den sogenannten Normschüler vor sich sehen, sondern die individuellen Fähigkeiten und Möglichkeiten des einzelnen Menschen fördern. Solange sich die Eltern aber nicht darum kümmern, wird es sehr viele Problemfälle geben, und eigentlich bräuchte man für die Kindererziehung eine Art Führerschein. Aber das ist in eurer Gesellschaft noch überhaupt nicht möglich. Immer mehr Eltern sind unfähig, Kinder zu erziehen, und auch deswegen findet es immer mehr Zustimmung die Kinder möglichst früh in den Kindergarten und in die Schule zu schicken. Aber eine zu starke Intellektualisierung durch Kindergärten und Schule führt auch zu einer vermehrten Gefühllosigkeit der Kinder und Jugendlichen. Hier muß man stark aufpassen. Wer die Kinder zu früh intellektualisiert, wird Jugendliche heranziehen, die mit der Pubertät immer stärker in diese Gefühllosigkeit hereinrutschen werden. Wenn man den Kindergarten aber als ein frühes Gefühlstrainingscamp ansehen würde, wäre man eher auf der richtigen Seite. Kopftraining im Kindergarten ist eine Fehlentwicklung.

W.W.: Möchtest du zum Schluß noch etwas sagen?

Das Gefühl: Richtet die angesprochenen Gefühlsschulungen ein, denn sie sind im Sinne von immer mehr inkarnationswilligen Seelen.

W.W.: Vielen Dank.

Das Gefühl: Bitte.

Gedankenlosigkeit

Wolfgang Weirauch: Guten Tag.

Gedankenlosigkeit: Guten Tag.

W.W.: Wer bist du?

Gedankenlosigkeit: Ich bin gedankenlos.

W.W.: Die Gedankenlosigkeit?

Gedankenlosigkeit: Wenn du das so denken kannst, bin ich die Gedankenlosigkeit. Aber in dem Moment, in dem du denkst, bin ich nicht mehr gedankenlos. Gedankenlosigkeit ist eigentlich ein Zustand, nicht so sehr ein Gefühl.

W.W.: Bist du ein Wesen, welches jegliche Form der Gedankenlosigkeit – von der Dummheit bis zur Abwesenheit von Gedanken – vertritt?

Gedankenlosigkeit: Ich bin ein Wesen, welches von den menschlichen Sprachen geschaffen worden ist, um einen Raum für alle Unterarten der Gedankenlosigkeit aufzuspannen. Ich bin ein Sprachraumwesen für alle diese Zustände.

Alle Gedanken sind Wesen

W.W.: Was ist ein Gedanke?

Gedankenlosigkeit: Ein Wesen. Ein Gedankenwesen. Und wenn ich da bin, ist dieses Wesen weg. Jeder einzelne Gedanke, ein weltbewegender oder auch ein ganz banaler, ist ein Wesen. Die kleineren Gedanken sind nur sehr kurzfristig als Wesen in der Welt, andere sehr viel länger. Aber Wesen sind es alle. Es gibt verschiedenste Gründe, warum diese Gedankenwesen irgendwo nicht sein können, und diese Gründe wollen wir in diesem Gespräch besprechen.

W.W.: Eine Frage noch vorweg: Das Gedankenwesen stelle ich mir in einem Zwischenbereich zwischen Idee und Begriff vor. Ist der Begriff eine Art fast erstorbene Abstraktion eines Wesens, die Idee dagegen eine Art lebendiger Quell?

Gedankenlosigkeit: Die Idee ist das Urbild, der Begriff ist dasjenige, was die Menschen aus dem Urbild gemacht haben. Die Idee ist sehr lebendig, in ihr gibt es einen ständigen Neuanfang, und am anderen Ende befindet sich der Begriff in einem fortwährenden Absterbeprozeß.

W.W.: Ist der Begriff ein Schatten eines lebendigen Gedankenwesens?

Gedankenlosigkeit: Eine Art Knochengerüst; das Lebendige hat sich herausgezogen. Ein Begriff lebt nicht mehr. Trotzdem kann ein Begriff sehr schön sein.

W.W.: Gibt es in der geistigen, in der nichtmenschlichen Welt gedankenlose Wesen?

Gedankenlosigkeit: Etwas überspitzt könnte man sagen: Weil du in der Lage warst, die gedankenlosen Wesen anzusprechen, muß es auch gedankenlose Wesen geben. Aber das muß man auch wieder einschränken. Allerdings gibt es sogenannte Automatenwesen, die hinter allen Automatismen stehen – das sind gedankenlose Wesen, die aber nicht physisch sind.

Geistesabwesenheit

W.W.: Schauen wir auf den Menschen. Nehmen wir erst einmal das Phänomen der sogenannten Geistesabwesenheit. Man unterhält sich mit jemandem, und der andere macht einen abwesenden Eindruck, hört nicht zu und denkt vermutlich an etwas anderes. Ist das Gedankenlosigkeit?

Gedankenlosigkeit: Nein. Dieser Mensch ist nur in dem Sinne gedankenlos, daß er nicht den gemeinsamen Gedankenfluß mitverfolgt; statt dessen hat er aber seine eigenen Gedanken, denen er folgt. Ist ein Mensch auf diese Weise geistesabwesend, beschäftigt er sich mit etwas anderem, er komponiert seine eigenen Gedanken und hängt diesen nach.

W.W.: Dazu gibt es ja den bekannten Ausspruch, wenn man aus dem Gespräch ausgestiegen ist: *„Entschuldigung, ich war ganz in Gedanken."*

Gedankenlosigkeit: In der deutschen Sprache ist es aber etwas merkwürdig, denn dieses In-Gedanken-Sein ist genau das Gegenteil von Gedankenlosigkeit. Auch die Geistesabwesenheit beschreibt eigentlich genau das Gegenteil dessen, was dieser Begriff aussagt. Denn in diesem Zustand bewegt der Mensch sehr viel Geist. Man bezeichnet nicht die dumpf vor sich hinstierenden oder vollkommen betrunkenen Menschen als geistesabwesend, sondern die, die in weite Vorgänge vertieft sind. Vielleicht könnte man aber in diesem Begriff Geistesabwesenheit eine sehr tiefe Weisheit entdecken. Denn wenn ein Mensch nur noch mit seinen Gedanken beschäftigt ist, wenn diese Gedanken aber Begriffe sind, die in Richtung des Absterbens gehen, dann ist er tatsächlich weit vom Geist entfernt.

W.W.: Wenn ein Mensch vor sich hinträumt, keinem bestimmten Gedanken folgt – ist er dann gedankenlos?

Gedankenlosigkeit: Das ist schwer zu sagen, denn man muß untersuchen, ob es zwischen Gedanken und Träumen Mischwesen bzw. Mischzustände gibt. Eigentlich ist ein solcher Mensch nicht gedankenlos. Aus meiner Sicht gibt es hier sehr viele Mischzustände. Wenn er allerdings ganz im Traum ist, dann ist er gedankenlos, zumal er nicht mit Bewußtsein Gedanken denkt. Dann ist ein solcher Mensch traumvoll. Wenn ein Raum traumvoll ist, paßt dort kein Gedanke mehr rein.

Auch wenn dies jetzt nur ein Wortspiel war, so stimmt es doch mit den Tatsachen überein.

Kommunikation

W.W.: Welches Wesen verbindet zwei miteinander sprechende Menschen, und welcher Zustand tritt ein, wenn einer der beiden Menschen in die eben besprochene Gedankenlosigkeit im Sinne von Geistesabwesenheit verfällt?

Gedankenlosigkeit: Wenn zwei Menschen fruchtbar miteinander kommunizieren, wenn sie eine gemeinsame Idee verfolgen, entsteht zwischen ihnen ein vorübergehendes Gedankenwesen, ein gemeinsames aus diesem Gespräch heraus entstehendes Gedankenwesen. Wenn es ein sehr gutes Gespräch ist, verbindet sich damit sogar der Christus. Dann sind sie zu dritt. Aber auch bei einem Streit tritt auch ein drittes Wesen hinzu.

In dem Moment, in dem der eine Gesprächspartner, angeregt durch das Gespräch, einen isolierten Gedankenfaden weiterdenkt bzw. in ihm wegträumt, verläßt er selbstverständlich das gemeinsame Gedankenwesen. Das Gemeinschaftswesen löst sich dann auf, denn es lebte nur zwischen den Menschen, weil es von beiden Menschen am Leben erhalten worden ist. Der andere Mensch ist dann verlassen und kann dies auch als sehr unangenehm empfinden.

W.W.: Eigentlich kann der Mensch gar nicht ohne Gedanken leben, irgendwie denkt man immer, es sei denn, man schläft. Es gibt aber sehr unterschiedliche Arten des Denkens – vom rein assoziativen Denken bis hin zum sehr konzentrierten oder meditativen Denken. Nehmen wir an, ein Mensch hört irgendein Geräusch, welches er nicht einordnen kann, und seine Gedanken beginnen assoziativ hin- und herzugleiten. Wie würdest du dieses Gedankenleben beschreiben?

Gedankenlosigkeit: Man könnte ein solches Gedankenleben vegetativ bezeichnen. Es ist wie vegetativ, es ergibt sich aus einem bestimmten Anlaß und setzt sich irgendwie fort. Es ist wie ein erster Halm, der wächst, und aus diesem Halm wachsen dann irgendwelche Seitensprossen, und so entwickelt sich auf einer eher ätherischen Ebene etwas wie eine Assoziationskette. Und zwischen den einzelnen Stücken bzw. Gedankenfetzen muß es keinerlei logische oder geführte Verbindung geben.

W.W.: Was geschieht, wenn der Mensch nun einen bestimmten Gedankenfaden oder einen bestimmten Begriff mit seinem Ich packt, wenn er sich auf einen Begriff konzentriert, sei es mit seinem Verstand, sei es auch, daß er ihn vielleicht meditiert?

Gedankenlosigkeit: Wenn der Mensch mit seinen Bewußtseinsseelenkräften, mit seinem Ich einen Gedankenfaden ergreift, kommt Führung hinein, zusätzlich auch ein Gefühl und ein Willensakt. Dieser Denkakt wird also wesentlich komplexer. Vor allem kommt es auf den Willensaspekt an, denn durch diesen Willensaspekt entwickelt der Mensch selbst den Gedanken weiter. Er selbst erfaßt den Gedanken, nicht umgekehrt. Man sollte aber nicht die Gefühlskomponente vergessen, die dabei auch mit auftritt.

Wenn man einen Gedanken führen kann, kann man die Gedankenfolge auch wieder willentlich abbrechen. Das sollte man dabei auch nicht vergessen, denn für Menschen, die in kreisenden Gedanken leben, ist dies sehr wichtig. Man muß einen Gedanken auch wieder wegschieben können. Das ist eine bewußt herbeigeführte Gedankenlosigkeit, das ist auch der Zustand, in dem man sich leer macht – ein sehr wichtiger Zustand. Eine solche Bemühung kann auch verschiedene ungute Stimmungen heilen. Wenn man so etwas beherrscht, kann es auch Depressionen vorbeugen, weil man lernt, bewußt verschiedene Gedanken wegzuschieben. Wenn man das beherrscht, kann man das ganze Gedankenflimmern aus dem Bewußtsein schieben und ermöglichen, daß höhere Bilder, spirituelle Begriffe ins Bewußtsein eintauchen können. Dann hat man einen Meditationsraum geschaffen.

Keine Willenskraft im Denken

W.W.: Mit Gedankenlosigkeit bezeichnet man allerdings nicht nur Zustände, in denen der Mensch keine Gedanken hat, sondern auch Zustände, in denen der Mensch zerstreut ist, in denen er fahrig mit seinen Gedanken umgeht. Was ist das?

Gedankenlosigkeit: Das ist ein Zuviel von kleinen Gedanken. Gedankenlosigkeit kann auch ein Zustand sein, in denen die Gedanken, die eigentlich notwendig wären, in diesen Gedankenraum nicht mehr hineinkommen können, weil dort zu viele kleine Gedankenfetzen herumschwirren. Dies können auch sehr fest gewordene Gedanken sein. Es ist ein ähnlicher Zustand wie der, bei dem man eine assoziative Gedankenkette hat; oft liegt hier aber ein dauerhafter Zustand eines solchen fahrigen Gedankenlebens vor. Ein fahriger Mensch hat sehr viele kleine Gedankenfetzen, andererseits zu wenig Bewußtsein in seinem Gedankenleben. Er hat keine Willenskraft im Denken. Meist ist das Bewußtsein eines solchen Menschen mit etwas anderem beschäftigt, er kann sein Bewußtsein nicht auf seine Gedanken verwenden – und dadurch wird ein solcher Mensch gedankenlos, fahrig, er gerät durcheinander. Oft lebt ein solcher Mensch sehr stark in Gefühlen. Bei frisch Verliebten kann man solche Zustände beobachten, denn auch sie wirken relativ gedankenlos, weil sie sich nur in ihrem Verliebtheitsgefühl sonnen. Ihr Gefühlsraum ist mit verschiedenen Verliebtheitsgefühlen angefüllt, und deswegen läuft in ihrem Gedankenleben vieles durcheinander.

Schockstarre

W.W.: Wie ist es bei einem Schock? In einem solchen Moment ist man ja auch gedankenlos. Was ist das für ein Zustand in bezug auf das Gedankenleben?

Gedankenlosigkeit: Dann ist alles erstarrt. Dann wird mein Gedankenraum ruckartig leergesaugt. Oder die Tür geht zu. Beides sind richtige Bilder. Man kann z.B. nicht mehr an seine Gedanken herankommen, weil die Tür zugefallen ist. In einem solchen Moment übernehme ich die Aufsicht eines solchen Raumes.

Gleich in welchem Zustand von Gedankenlosigkeit der betreffende Mensch ist, ich kümmere mich um diesen Zustand.

W.W.: Stützt du in diesem Moment den jeweiligen Menschen in seinem Gedankenraum?

Gedankenlosigkeit: Ja. Ich bin ein den Menschen sehr zugewandtes Wesen. Wenn der Mensch meditiert, wird sein Gedankenraum von seinem Engel gestützt. Wenn er gedankenlos ist, stütze ich seinen leeren Gedankenraum.

Gedankenunfähigkeit

W.W.: Wie steht es mit einem sehr dummen Menschen, der kaum in der Lage ist, Gedanken bilden zu können?

Gedankenlosigkeit: Bei einem solchen Menschen ist das Ich kaum vertreten, es dringt nicht in den Bereich der Gedanken ein. Ein solcher Mensch hat kaum die Fähigkeit, Gedanken bilden zu können. In bezug auf einen solchen Menschen sollte man nicht von Gedankenlosigkeit sprechen, sondern eher von Gedankenunfähigkeit. Ich bin übrigens nur bei denjenigen Menschen, die aus welchen Gründen auch immer vorübergehend nicht denken. Tiere denken ja auch nicht, aber bei ihnen bin ich nicht.

W.W.: Wie ist es mit Menschen, die begriffsstutzig sind? Sie sind ja keineswegs gedankenlos, aber mitunter nicht in der Lage, ein flüssiges Gedankenleben zu haben.

Gedankenlosigkeit: Bei ihnen treten immer Momente der Gedankenlosigkeit auf, und dann bin ich bei ihnen. Es gibt ja Menschen, die ein träges Gedankenleben haben, aber sie haben Gedanken. Auch ein träger Gedanke ist ein existierender Gedanke. Und da solche Menschen Gedanken haben, gibt es bei ihnen auch den Zustand der Gedankenlosigkeit. Menschen mit einem trägen Gedankenleben, Menschen, die begriffsstutzig sind, brauchen einfach lange, um einen Gedanken zu erwischen bzw. einen Gedankenfaden bilden zu können. Sie brauchen lange, um ein Gedankenwesen zu erzeugen. Während dieses langen Schöpfungsprozesses wirken sie wie gedankenlos.

W.W.: Wie ist der Moment eines Blackouts zu sehen, wenn einem in einem sehr kurzem Moment ein bestimmter Gedanke nicht einfällt und der Gedankenfluß abrupt stoppt?

Gedankenlosigkeit: Dann rennt dieser Mensch im Kreis. Er denkt zwar in diesem Moment, der Gedankenfaden ist allerdings verrückt, an eine andere Stelle gerückt, und er kreist mit seinen Gedanken drumherum. Das ist, geistig angeschaut, ein ganz nettes Gemälde, denn es ist gedanklich sehr wuselig, es bilden sich viele kleinere Gedanken, es entstehen Aktivität und starke Bewegungsflüsse, aber alles wuselt durcheinander. Die Verbindung zwischen dem Menschen bzw. seinem Bewußtsein und dem Gedanken, den er fassen will, ist aber unterbrochen. Das ist ein merkwürdiger, nur den Menschen eigener Zustand.

Geistige Wesen denken nicht auf diese Weise wie der Mensch. Bei höheren Wesen sind das Denken selbst und der Gedanke eines. Auch Tiere haben kein Gedankenleben – noch nicht. Den Moment des Blackouts kann man auch so beschreiben, als wäre der Gedanke, den man fassen will, in einer anderen Sprache, und man kommt an die eigene Übersetzung nicht heran.

Gedankentüren zugemacht

W.W.: Es gibt Menschen, die aus Ignoranz, aus Besserwisserei, aus Arroganz viele Gedanken nicht bilden wollen – sind auch diese partiell gedankenlos?

Gedankenlosigkeit: Ja. Oft denken sie auch immer nur den einen Gedanken, meist auf sich selbst bezogen. Solche Menschen haben zwar einen Gedanken, für alle anderen Gedanken sind sie aber nicht offen, also gedankenlos. Das sind Menschen mit einem äußerst eintönigen Gedankenleben, die sich meist selbst bespiegeln. Ihr Gedankenraum ist sehr klein. Und in diesem kleinen Gedankenraum rennen sie herum und bilden sich ein, etwas Besonderes zu sein.

W.W.: Es gibt eine weitere Form der Gedankenlosigkeit, zumindest nennt man es so, die aber eher aus dem Egoismus gespeist wird, indem man sich eigentlich Gedanken über verschiedene Probleme der Erde machen sollte, dies aber nicht tut. Ich denke dabei an Zustände, in denen es einem egal ist, wie schamlos die Erde und viele Menschen ausgebeutet werden; daß Tiere aussterben müssen, weil man die Erde vergiftet; daß Menschen unter sklavenähnlichen Verhältnissen unsere Konsumartikel herstellen und vieles mehr. Wie siehst du diese Form der Gedankenlosigkeit?

Gedankenlosigkeit: Das ist Verdrängung. Diese Menschen haben bewußt oder unbewußt bestimmte Gedankentüren zugemacht, sie wollen einfach verschiedene Bereiche nicht sehen. Sie haben vermutlich auch Probleme mit den dabei auftretenden Gefühlen. Wenn man einen Gedanken bewußt denkt, wenn man das Umfeld eines Gedankens genau wahrnimmt, treten dabei auch Gefühle auf; bei den von dir angesprochenen Problembereichen z.B. das Mitleid. Und diesen Gefühlen wollen sich diese Menschen nicht aussetzen. Sie verschließen also Räume, in denen die Gedanken und auch die Gefühle sind, die sie sich vielleicht machen bzw. haben müßten, die sie aber nicht wahrhaben wollen.

W.W.: Man kauft Produkte bei großen Online-Händlern, in Discountern usw., aber viele dieser Produkte sind oft unter menschenunwürdigen Verhältnissen produziert bzw. zusammengesetzt worden. Kann man den Kauf solcher Artikel gedankenloses Handeln nennen?

Gedankenlosigkeit: Eigentlich ja, aber es wird nicht verstanden werden. Mit Gedankenlosigkeit verbinden die Menschen etwas anderes. Rein sachlich ist es richtig, weil diese Menschen ohne Gewissen handeln oder etwas nicht sehen wollen. Diese Bemerkung wird vermutlich vielerorts zu Mißverständnissen führen. Diese Menschen denken ja nicht nicht, sondern sie denken lediglich in bezug auf weitere Räume nicht. Meistens würde man solchen Menschen vermutlich vorwerfen, daß sie nur an ihr eigenes Wohlergehen gedacht haben oder daß sie in einer Zwangslage sind, weil sie wenig Geld haben und deswegen billig einkaufen müssen. Das ist aber etwas anderes. Oft ist es auch Unwissenheit. Hier sollte man mit Beurteilungen vorsichtig sein.

W.W.: Die meisten Menschen denken nicht über geistige Welten, über geistige Wesen nach. Was für eine Form von Gedankenlosigkeit ist dies?

Gedankenlosigkeit: Da muß man in die Seele des einzelnen Menschen schauen. Oft ist es Trägheit, oft ist es auch Angst. Und deswegen sperren sie diese Gedanken aus, schlagen auch in bezug auf diese Gedanken die Türen zu.

Gedankensuppe

W.W.: Ich bringe noch eine Fallschilderung, die im Internet veröffentlicht worden ist: Ein 17 Jahre alter Jugendlicher, verhältnismäßig glücklich, noch Schüler, schreibt, daß er sich innerlich völlig leer fühle und keinen klaren Gedanken fassen könne. Wenn er gefragt wird, was er gerade denke, könne er keine Antwort geben, da er selbst nicht wisse, was er denke. *„Es fühlt sich an, als ob im Kopf alles leer ist. Als wäre da ein Nebel, und ich könnte nichts durchblicken. Das einzige, was ich in meinem Kopf höre, sind Melodien/gehörte Musik oder meine eigene Stimme. Ich kann mich kaum über Dinge freuen, weder Freude zeigen noch welche haben. Sowas wie Traurigkeit gibt es bei mir nicht, scheint bei mir wohl ein Fremdwort zu sein. Ich kann mein Fühlen und Denken kaum beschreiben, da ich es selbst nicht weiß. Ich weiß nur, daß ich kaum Gedanken habe und meine Emotionen sich verstecken und nicht rauskommen wollen. Das Problem ist auch, daß ich kaum weiß, wie ich überhaupt ticke oder wie mein Handeln ist. Ich weiß also kaum etwas über mich."*

Er schildert noch, daß er versucht hat, sich zu analysieren, daß er sich gefragt hat, ob er das Asperger-Syndrom habe, lehnt dies aber ab. Er berichtet noch darüber, daß er in der Schule sehr still und zurückhaltend ist und kaum redet und lacht, bei seiner Freundin allerdings ganz gegenteilig. Er habe das Gefühl, daß er sein wahres Ich nicht zeigen könne und zwei Gesichter habe.

Was ist bei diesem Menschen los?

Gedankenlosigkeit: Dieser junge Mann hat eigentlich gar kein Gedankenproblem; das scheint nur so. Er hat ein Bewußtseinsproblem. Eigentlich ist es eine Gefühlsunfähigkeit. Es ist zwar nicht so, daß er gar nicht fühlt, sondern eher so, daß ihm die meisten Gefühle nicht bewußt werden. Dieser Mensch hat eine echte Bewußtseinsstörung. Es ist eine Bewußtseinsstörung, die der Bewußtseinsseele nicht ermöglicht, agieren zu können. Er erlebt schon Gefühle und Gedanken, aber er kann sie nicht ordnen, er kann sie nicht bewußt ergreifen, er erlebt sie alle als eine Suppe, völlig undifferenziert, verknüpft mit der Angst, sich nicht öffnen zu können. Das ist aber eine Fehleinschätzung, denn eigentlich ist er offen und kann sich öffnen. Es ist einfach so, daß er wegen dieses mangelnden Bewußtseins vieles von sich nicht zeigen kann.

Er ist ein junger Mensch, und in der Jugend nach der Pubertät geschieht sehr viel mit den jungen Menschen, bis hinein ins Physische. Nach der Geschlechtsreife vollziehen sich sehr viele Umbrüche im Leben der Menschen, man löst sich oft vollkommen von den Eltern und erringt eigene Bewußtseinskräfte. Damit dies alles wirklich etwas Eigenes wird, gehen die Wirkungen bis in das Physische hinein. Und dieser Prozeß wird gerade von Jugendlichen zwischen der Pubertät und etwa dem 20. Lebensjahr recht bewußt mitgemacht. Sie erleben, daß ihre bisherigen Gefühle und Gedanken nicht mehr so sind wie früher, sie erleben, daß sie auf neue Gedanken noch keinen richtigen Zugriff haben. Dies wird in der heutigen Zeit immer mehr von den Jugendlichen halbbewußt erlebt; in der Vergangenheit liefen diese Prozesse eher unbewußt ab. Aber da diese Prozesse den Jugendlichen nicht ganz bewußt sind, werden sie zu einem qualvollen Prozeß. Sie fühlen sich oft wie durch ein Fremdbewußtsein gesteuert. Es ist aber kein Fremdbewußtsein, sondern es ist das eigene Bewußtsein.

Der junge Mann, den du schildertest, sollte nur nicht in die Angst und ihre Folgen hineinkommen. Wenn er es ein Weilchen aushält, wird er sich nach einer gewissen Zeit beim Rückblick wundern, in welchem leidvollen Zustand er sich damals befand. Hinzu kommt auch, daß immer mehr Jugendliche sogenannte neue Seelenfähigkeiten bekommen, dem Geistigen gegenüber offener sind, daß sie nicht mehr in diesen Prozessen unterbewußt dahinleben, sondern daß sie von den geistigen Prozessen mehr erleben, daß sie näher dran sind. Sie kommen mit mehr Bewußtseinsmöglichkeiten auf die Welt, aber sie haben nicht gelernt, mit ihnen umzugehen. Vielleicht ist die jetzige Jugendgeneration diejenige, die es lernen muß bzw. initiieren muß, daß die Lernschritte dafür in die Welt kommen.

Am Rande des Todes entsteht der persönliche Gedanke

W.W.: Vielleicht kannst du hier noch ein Schlußwort sprechen. Mit dem Gefühl sprachen wir darüber, daß die Menschen dringend eine Gefühlsschulung durchmachen müßten. Gibt es so etwas auch in bezug auf die Gedanken zu sagen?

Gedankenlosigkeit: Man sollte sich intensiv vor Augen führen, daß man, um selbständig denken zu können, dafür eine geeignete physische Grundlage benötigt, und zwar eine Physis, die immer am Rande des Totseins ist. Sonst kann man mit seinem Bewußtsein keine Begriffe entwickeln. Um selber Gedanken denken zu können und nicht nur auf den Gedanken von Engeln und ähnlichen Wesen herumzuliegen, braucht man eine eigene physische Grundlage, ein Nerven-Sinnes-System in einem physischen Leib. Und hierfür ist es notwendig, daß diese physische Grundlage gesund ist und nicht z.B. durch Drogen, gleich welcher Art, geschädigt ist. Ohne diese physische Grundlage kann man keine eigenen Gedanken denken können. Man kann natürlich hellsehen, man kann sich den Gedanken anderer anschließen, aber ein eigenes intensives Gedankenleben funktioniert nur, wenn die geistig-seelische Wesenheit des Menschen in einem möglichst gesunden physischen Leib verankert ist.

Geistige Wesen ohne einen physischen Leib denken ja nicht wie der Mensch, sie sind in der geistigen Welt, und sie haben unmittelbar ihre Wahrnehmungen. Der Mensch ist aber durch seine Inkarnation von der geistigen Welt abgeschnitten und braucht deswegen seinen physischen Leib, um Geistiges denken zu können. Gedanken, Begriffe haben sehr viel mit der Physis zu tun, sie bilden sich am physischen Leib, und sie bilden sich an den Stellen im physischen Leib, an denen der physische Leib gerade auf des Messers Schneide zwischen lebendig und tot steht. Am Rande des Todes entsteht der persönliche Gedanke. Das ist Denken, zumindest die physische Grundlage für das Denken. Die Inhalte der Gedanken sind natürlich geistiger Natur.

W.W.: Möchtest du zum Schluß noch etwas sagen?

Gedankenlosigkeit: Denke weiter! Man kann mich auch den Gedankenhirten aller vom Menschen verlassenen Gedanken nennen.

W.W.: Was sind verlassene Gedanken?

Gedankenlosigkeit: Wenn du einen Blackout hast, wo sind dann deine Gedanken? Bei mir!

W.W.: Danke.

Gedankenlosigkeit: Bitte.

Ahnung und Ahnungslosigkeit

Ahnung (zur Ahnungslosigkeit): Du hast ja keine Ahnung!

Ahnungslosigkeit (zur Ahnung): Das stimmt!

Wolfgang Weirauch: Guten Tag, beide zusammen. Was für ein Wesen bist du, Ahnung?

Ahnung: Ich bin ein sehr hohes Wesen, denn ahnen ist mehr als wissen. Ahnen ist die höchste menschliche Wahrnehmungsqualität.

Keine Ahnung

W.W.: Und du, Ahnungslosigkeit, was bist du für ein Wesen?

Ahnungslosigkeit: Ich habe keine Ahnung. Mir sind höhere Prozesse nicht zugänglich. Wenn ihr Menschen mich als Begriff verwendet, dann wollt ihr sagen, daß ihr hinter den Dingen, in der Welt nichts wahrnehmt. Aus meiner Sicht ist dies ein schöner Zustand, und ich kann dir nur dringend empfehlen, nichts hinter der Welt wahrzunehmen. Du wärest viel genauer und fester im Hier und Jetzt statuiert, wenn du dich nicht mit so etwas Schwammigem wie mit der Ahnung abgeben würdest.

W.W.: Gibt es auch in der geistigen Welt Wesen, die ahnungslos sind?

Ahnungslosigkeit: Eigentlich gibt es dort nur solche Wesen.

W.W.: Das hätte ich jetzt umgekehrt erwartet.

Ahnungslosigkeit: Nein, die geistigen Wesen sehen alles klar. Sie ahnen nicht. Ahnungslos sind geistige Wesen lediglich, sobald sie sich mit den Menschen beschäftigen. Wenn wir geistigen Wesen uns mit uns selbst beschäftigen, sind wir immer ahnungslos, weil wir nicht zu ahnen brauchen. Sobald wir uns aber mit den Menschen beschäftigen, könnten wir das Ahnen brauchen. Das hängt damit zusammen, daß es unklar bleibt, was ihr Menschen aufgrund eurer Freiheit machen werdet.

W.W.: Aber Ahnungslosigkeit ist doch eigentlich ein Zustand, in dem in der Welt etwas anwesend ist, man davon aber keine Ahnung hat.

Die geistigen Wesen haben doch aber diesen ahnungslosen Zustand nicht, sie wissen doch um die Zusammenhänge. Müßte man das nicht eher ahnungsabwesend nennen?

Ahnungslosigkeit: Einverstanden! Geistige Wesen brauchen nicht zu ahnen.

W.W.: Inwiefern muß es ein Wesen wie dich geben?

Ahnungslosigkeit: Wenn es die Ahnung gibt, muß es auch mich als Ahnungslosigkeit geben. Das hängt mit euch Menschen zusammen. Immer, wenn es den einen Zustand gibt, muß es auch den gegenteiligen Zustand geben. Da es die Ahnung gibt, muß es auch die Ahnungslosigkeit geben. In unserem Fall sind wir aber zwei verschiedene Wesen und nicht die Rückseite bzw. Vorderseite eines Wesens. Das hat nichts mit Ahnen zu tun, das ist so!

Ahnung und Wissen schließen sich aus

W.W.: Inwiefern ist Ahnung ein Vorgefühl?

Ahnung: Vorgefühl ist ein weitgehend richtiger Begriff. Ahnung ist ein Zustand, bei dem man noch nicht zu dem vollen Erfassen in der Lage ist. Die höchsten Dinge, die der Mensch mit seinen übersinnlichen Fähigkeiten erfassen kann, sind die Ahnungen. Wenn man etwas in das Wissen bekommt, ist es keine Ahnung mehr. Alles das, was man tatsächlich übersinnlich schaut, ist kein Ahnen mehr. Je mehr und je besser man ahnen kann, desto besser kann man im Endeffekt auch schauen.

W.W.: Was ist der Unterschied zwischen Ahnung und Voraussicht?

Ahnung: Voraussicht hat immer etwas mit Erfahrung zu tun. Ein guter Ahner braucht keine Erfahrung, sondern er hat eine besondere Fähigkeit zum Ahnen, während dagegen ein guter Vorausschauer sehr viel Erfahrung hat. Ein Mensch, der vorausschauen kann, kann hervorragende Interpretationen zukünftiger Ereignisse machen.

W.W.: Was ist der Unterschied zwischen Ahnung und Annahme?

Ahnung: Eine Annahme ist eine Interpretation mit wenigen Merkpunkten, Stützpunkten. Neuerdings nennt ihr das Prognose.

W.W.: Was ist Witterung?

Ahnung: Das ist ein instinktiver Zustand. Bei der Witterung wird der höhere menschliche Teil weitgehend ausgeschlossen, und der Mensch stützt sich rein auf seine Instinktebene.

W.W.: Was ist Erwartung im Gegensatz zur Ahnung?

Ahnung: Bei der Erwartung kommt die Ahnung in eine Konkretisierung. Dazu neigt ihr Menschen allgemein, denn zuerst ahnt ihr etwas, und daraus gestaltet ihr dann eine Erwartung. Eigentlich kann man etwas, was man ahnt, nicht erwarten, weil man etwas Unscharfes wie die Ahnung nicht erwarten kann. Wenn ihr etwas erwarten wollt oder könnt, müßt ihr den Dingen etwas mehr Schärfe und Kontur verleihen. Der springende Punkt bei der Ahnung ist, daß mit der Ahnung die Kontur aufgelöst wird. Man kann nichts gleichzeitig ahnen und erwarten; das paßt nicht zusammen. Man kann Regen erwarten, aber nicht ahnen; allerhöchstens wittern.

W.W.: Was sind Vermutung und Mutmaßung?

Ahnung: Die Vermutung ist ein etwas bewußterer Zustand. Aufgrund von verschiedenen Punkten reimt man sich etwas zusammen und vermutet es. Ihr Menschen benutzt diesen Begriff aber auch, wenn ihr euch nur auf euer Gefühl verlaßt, während dagegen bei der Ahnung eine Form des Schauens verwendet wird, allerdings keine ganz bewußte. Die Ahnung ist eine höhere übersinnliche Wahrnehmung, die Vermutung eine astrale.

Von Tuten und Blasen keine Ahnung

W.W.: Was will man sagen, wenn man den Ausspruch tätigt: *„Ich habe keine Ahnung!"*?

Ahnungslosigkeit: Damit will der Mensch ganz einfach sagen, daß er etwas nicht weiß. Aber er will damit zusätzlich andeuten, daß er nicht einmal anfänglich etwas weiß. Wenn es nur um Wissen ginge, würde man sagen: Ich weiß es nicht. Da man aber die Ahnung verwendet, will man zusätzlich noch andeuten, daß man nicht das Geringste weiß, weil man es nicht einmal ahnt. Ihr Menschen differenziert das natürlich überhaupt nicht, ihr verwendet diesen Spruch wild durcheinander, aber wenn man es korrekt analysieren würde, müßte man sagen, daß man auch kein Interesse daran hat, an dieser Stelle höhere übersinnliche Fähigkeiten auszubilden. Normalerweise verwenden die Menschen diesen Satz, wenn sie ausdrücken wollen, daß sie etwas sehr tiefgreifend überhaupt nicht wissen.

W.W.: Was geht in einem vor, wenn man den Satz tätigt: *„Ich habe das leise Gefühl, daß man mir gestern nicht die Wahrheit gesagt hat!"*?

Ahnungslosigkeit: Das ist eine andere Umschreibung der Vermutung. Die Ahnung zielt auf geistige Zusammenhänge, während dagegen dieses angesprochene leise Gefühl eine Gefühlswahrnehmung ist.

W.W.: Wie kommuniziert ihr beide miteinander?

Ahnung: Wir kommunizieren unentwegt miteinander, weil wir die Existenz des jeweilig anderen nur durch Kommunikation erfassen können.

Ahnungslosigkeit: Die Ahnung redet ständig auf mich ein, weil sie mir weismachen will, daß ich doch eine Ahnung habe. Aber ich wehre mich dagegen. Das ist mir alles zu unscharf.

W.W.: Es gibt den umgangssprachlichen Ausdruck, man habe *„von Tuten und Blasen keine Ahnung"*. Diese Redensart ist seit über 400 Jahren belegt, und man wollte damit ausdrücken, daß der geringgeachtete Beruf des Nachtwächters sich mit dem sogenannten Tuten und Blasen beschäftigte. Und da dieser Beruf sehr geringgeschätzt war, drückte man diesen Satz für diejenigen Menschen aus, die nicht einmal *dazu* fähig schienen. Ein Mensch, der nicht einmal tuten und blasen konnte, war nicht zu den leichtesten Aufgaben fähig. Wie wirkt ein solcher Spruch auf euch?

Ahnung: Dieser Spruch hat sich vollständig verselbständigt. Die Menschen, die diesen Spruch heute tätigen, haben keine Ahnung mehr davon, was Tuten und Blasen bedeutet. Dieser Spruch wird auch auf sehr merkwürdige andere Dinge übertragen. Er wird dadurch zu einer Leerformel. Sie füllt sich mit Inhalten, die diesen ursprünglichen Begriffen nicht angemessen sind. Aber dieser Satz ist harmlos und in diesem speziellen Fall nicht schadenbringend.

Ahnungslosigkeit: Ich finde diesen Spruch wunderbar, denn er begleitet mich sehr gut. Ich selbst habe nämlich keine Ahnung, auch von Tuten und Blasen nicht. Insofern finde ich diesen Spruch sehr passend, um die Ahnungslosigkeit zu beschreiben.

Mein Name ist Hase

W.W.: Es gibt noch einen weiteren Spruch, nämlich: *„Mein Name ist Hase, ich weiß von nichts."* Auch hier weiß man nicht um den Hintergrund. Vermutlich wird diese Redensart auf einen Heidelberger Studenten mit dem Namen Viktor Hase zurückgeführt. In der Mitte des 19. Jahrhunderts soll dieser einem Kommilitonen, der sich strafbar gemacht hatte, zur Flucht verholfen haben, und zwar nach Frankreich. Bei seiner Vernehmung soll er stets mit der Wendung geantwortet haben: *„Mein Name ist Hase, ich weiß von nichts."* Was geschieht, wenn sehr viele Menschen diese Redensart verwenden, aber nichts von der ursprünglichen Bedeutung wissen?

Ahnungslosigkeit: Oft denken die Menschen dabei an das Tier und postulieren damit, daß der Hase ein dämliches Tier sei. Das hat in diesem Fall zu einer inhaltlichen Verzerrung geführt, denn der Hase ist eigentlich ein relativ intelligentes Tier. Der Hase wohnt nicht im Wald, bevorzugt die offene Landschaft und muß deswegen sehr wachsam und geschickt sein. Von daher entsteht durch diese Verwechslung fast so etwas wie eine Dauerlüge, zwar keine sehr schlimme, aber immerhin ist es eine kleine Dauerlüge. Das sehen wir geistigen Wesen kritisch, denn durch diese Dauerverwechslung erhält der Hase eine nicht sehr schöne Dauerprägung. So gesehen solltet ihr Menschen diesen unpassenden Spruch möglichst schnell vergessen.

Ich tappe nicht im dunkeln

W.W.: Wer ahnungslos ist, tappt auch im dunkeln. Tappst du auch im dunkeln?

Ahnungslosigkeit: Ich tappe nicht im dunkeln, bei mir ist alles hell. Bei mir dämmert nichts wie bei der Ahnung.

W.W.: Du weißt also alles?

Ahnungslosigkeit: Ja.

W.W.: Jetzt verstehe ich das erst. Ein Mensch, der ahnungslos ist, weiß ja nicht alles.

Ahnungslosigkeit: Genau. Deswegen ist dieser Begriff eigentlich ein falscher. Ich weiß alles. Was ich nicht weiß, will ich auch nicht wissen. Was ich nur unscharf wissen könnte, schließe ich von meinem konkreten Wissen aus.

Wenn Ahnungen zur Gewißheit werden

W.W.: Wenn man eine untrügliche Ahnung hat, was ist das?

Ahnung: Dann hat man eine sehr hochwertige und qualifizierte Ahnung, und wenn diese Ahnung untrüglich wird, kommt sie dem Wissen gleich.

W.W.: Was bedeutet es, wenn man für etwas einen Riecher hat?

Ahnung: Dann sind wir wieder bei den Instinkten. Wenn man über den Riecher arbeitet, geht es weder über das Wissen noch über das Ahnen, sondern man wird von tatsächlichen irdischen Sinnen geführt. Oft wird dieser Ausspruch allerdings übertragen benutzt. Man nimmt etwas nicht mit dem Ahnen oder dem Denken wahr, sondern unbewußt mit einer Art von sinnlichem Wahrnehmen. Man nimmt etwas wie am Rande wahr, und mit dem Riecher wird man auf die richtige Spur geführt. Riecher und Spur haben sehr viel miteinander zu tun.

W.W.: Sind einzelne Ahnungen auch einzelne Wesen, genauso wie einzelne Begriffe auch einzelne Wesen sind?

Ahnung: Das ist schwierig. Ahnungen sind einzelne Wesen, die der Mensch noch nicht erkennen kann. Sie sind am Horizont sozusagen verschwommen. Es sind nicht unbedingt andere Wesen als die der

Begriffe, aber es sind Begriffswesen, die man erst in verschwommenen Konturen wahrnimmt.

W.W.: Wenn eine Ahnung zur Gewißheit wird, wird dann das Wesen des Begriffs, welches man zuvor verschwommen als Ahnung wahrgenommen hat, zu einem klaren Begriffswesen?

Ahnung: Genau.

W.W.: Wenn Ahnungen kleine Wesen sind und wenn diese Ahnungswesen eigentlich Begriffswesen sind, die man lediglich nicht genau wahrnehmen kann, dann folgt daraus, daß die einzelnen Ahnungswesen schließlich mit dir zusammenhängen müssen und daß du eigentlich auch ein Begriffswesen bist.

Ahnung: Das ist richtig. Ich bin eine Sinnesfähigkeit, eine Fähigkeit zum Wahrnehmen übersinnlicher herankommender, also zukünftiger, Zusammenhänge und hänge mit dem Wollen zusammen, während das Wissen mit dem denken zusammen hängt. Sinnesfähigkeit ist dabei so gemeint, daß es sich nicht nur auf materiell Sinnliches bezieht, denn es gibt genauso übersinnliche Sinne.

W.W.: Wie stehst du zur Gewißheit?

Ahnung: Ich stehe zur Gewißheit gut, weil aus der Ahnung schließlich irgendwann die Gewißheit werden soll. Wenn man bei der Gewißheit ist, ist man auch bei der Ahnungslosigkeit, denn die Ahnungslosigkeit hat keine Ahnung, aber sie weiß alles.

W.W.: Ist die Ahnung wertfrei? Man kann ja von etwas Gutem und von etwas Schlechtem eine Ahnung haben.

Ahnung: Ist das Sehen wertfrei?

W.W.: Ja.

Ahnung: Gut. Dann bin ich auch wertfrei. Man kann auch selektiv ahnen. Es gibt viele Menschen, die von einem bestimmten Gebiet eine gute Ahnungsfähigkeit haben, von einem anderen dagegen gar nicht. Partiell leben diese Menschen dann in einem Wolkenkuckucksheim.

Anthroposophischer Seelenkalender

W.W.: Im *Anthroposophischen Seelenkalender* verwendet Rudolf Steiner in seinen Wochensprüchen sehr häufig den Begriff des Ahnens. Ich gebe drei Beispiele an:

7

Mein Selbst, es drohet zu entfliehen,
Vom Weltenlichte mächtig angezogen.
Nun trete du mein Ahnen
In deine Rechte kräftig ein,
Ersetze mir des Denkens Macht,
Das in der Sinne Schein
Sich selbst verlieren will.

9

Vergessend meine Willenseigenheit,
Erfüllet Weltenwärme sommerkündend
Mir Geist und Seelenwesen;
Im Licht mich zu verlieren
Gebietet mir das Geistesschauen,
Und kraftvoll kündet Ahnung mir:
Verliere dich, um dich zu finden.

11

Es ist in dieser Sonnenstunde
An dir, die weise Kunde zu erkennen:
An Weltenschönheit hingegeben,
In dir dich fühlend zu durchleben:
Verlieren kann das Menschen-Ich
Und finden sich im Welten-Ich.

Ahnung: Wenn man diese Sprüche im einzelnen durchgeht, wird man bemerken, daß im Umfeld der Ahnung fast immer der Begriff Geist auftaucht. Das bedeutet, daß der Mensch mit seinem Ahnen in sehr hohe geistige Bereiche vorstoßen kann, aber die Fähigkeit, im Geistigen scharf wahrzunehmen, noch nicht vorhanden ist. Die Seelenkalender-Sprüche Rudolf Steiners, in denen er den Begriff Ahnen benutzt, weisen darauf hin, daß die Welt, aus der die Ahnung entspringt, etwas geistig sehr Hochstehendes ist bzw. darauf, daß die Ahnung in diese Bereiche eindringt; aber nicht mit wachem Bewußtsein. Das Bewußtsein ist noch nicht in die volle Klarheit gekommen. Gerade in diesen Sprüchen kann man diesen Aspekt von mir sehr deutlich erkennen.

Leiser Schlaf

W.W.: Rudolf Steiner spricht im Jahre 1909 über die Ahnung, die mit dem Ätherleib zusammenhängt:

„Taucht er (der Mensch; Anm. W.W.) *zurück in den Ätherleib, so erlebt er das, was man mit Ahnung bezeichnet. Aber hier ist es noch gefährlicher, weil dieser Bewußtseinszustand noch weiter zurückliegend ist. Da ist der Mensch hineinverwoben in alle die verschlungenen Daseinsfäden, aus denen er aufgestiegen ist zu seinem Ich-Bewußtsein, aber er kann die Fäden nicht in ihrer wahren Gestalt durchschauen. Bedenken Sie, wie wenig die Menschen die Zusammenhänge überblicken, die um sie herum sind. Über einen kleinen Ausschnitt der Welt machen sie sich Gedanken, über Ursache und Wirkung, aber sie vergessen, daß die ganze Welt mit ihrem Umkreise zusammenhängt wie in einem Netz, in dem Zusammenhänge sich hin- und herspinnen. Der Mensch ist heute herausgehoben aus alledem, er überblickt gewissermaßen eine Insel, aber diese Insel ist zusammenhängend mit dem ganzen Kosmos. Und in seinem Ätherleib hängt der Mensch innig zusammen mit dem Kosmos. Wenn er hinuntersteigen würde in seinen Ätherleib, ohne daß er etwas von dem hellen Tagesbewußtsein mitbrächte, dann würde er sehen, wie sich im Keime etwas anknüpft, was erst, sagen wir, in zehn Jahren sich ereignen wird. Nun können Sie sich denken, daß der Mensch seinen Intellekt mit herunterbringt. Er trägt seinen kleinen Intellekt, sein kleines Verstandesseelchen mit herunter. Dadurch wird das, was als Ahnung auftritt, schon verfälscht. Wenn die Ahnung auf natürlichem Wege auftaucht, hat sie meistens — wie auch die Vision — keinen großen objektiven Wert."* (GA 57/1984/01.05.1909/S.410f.)

Das klingt ein wenig abwertend in bezug auf die Ahnung.

Ahnung: Sowohl als auch. Es klingt auf- und abwertend. Steiner spricht in bezug auf die Ahnung von einer Fähigkeit, die schon vor dem Wissen vorhanden war. Da der Mensch aber im Hinblick auf den zukünftigen Jupiterzustand ein höheres Bewußtsein haben wird und bewußt im Ätherischen schauen wird, ist dies zugleich auch etwas Aufwertendes und zukünftiges. Gleichzeitig warnt Rudolf Steiner aber auch davor, sich nur auf etwas Unbewußtes zu verlassen, in diesem Fall auf die Ahnung, weil damit etwas subjektiv, also verkleinert, wird. So gesehen können Ahnungen und Visionen dann nur noch zu persönlichen Teilschauungen werden, ohne objektiven Hintergrund. Er will damit ahnungsvoll darauf hinweisen, daß solche Visionen und Ahnungen in der Öffentlichkeit breitgetreten werden, wie z.B. die Schauungen der Zukunft von Nostradamus, und wenn so etwas passiert, kann es wirklich sehr schief werden.

W.W.: Bei Steiner gibt es noch eine weitere Stelle über die Ahnungen, in welcher er ausführt, daß Ahnungen entstehen, wenn man unbewußte Tageserlebnisse unbemerkt in den sogenannten „leisen Schlaf" hinüberträgt, der das Tagsbewußtsein ständig begleitet:

„Wenn aber der Schlaf ein ganz leiser ist, wie man ihn viel mehr hat, als man glaubt – wenn man durchs gewöhnliche Leben geht, schläft man manchmal ein bißchen, ganz ein bißchen; dies sollte man überhaupt mehr beachten, dieses Ein-bißchen-Schlafen –, wenn man so ein bißchen schläft, dann trägt man, auch ohne daß man es bemerkt, über die Schwelle das alltägliche Empfinden. Und dann entstehen jene dunklen Gefühle, als ob man irgend etwas, was in der Zukunft mit einem selbst oder mit einem anderen Menschen geschieht, innerlich merkte. Die Ahnung, sie entsteht auf diesem Wege. Während also die Vision dann entsteht, wenn man herüberträgt in das wache Tagesleben das Schlaferlebnis, indem man unbewußt herüber über die Schwelle geht mit dem Schlaferleben, so entsteht die Ahnung, wenn man im ganz leisen, unbemerkten Schlaf ist, so daß man glaubt, man sei wach, und, wiederum ignorierend den Hüter der Schwelle, dasjenige hinüberträgt, was man eigentlich schon im gewöhnlichen Tageserleben trägt. Aber es liegt das so tief unter dem Bewußtsein, daß man es nicht merkt. Man steht nämlich immer mit der ganzen Welt in Verbindung. Und würde man das heraufholen können, daß man mit der ganzen Welt in Verbindung steht, so würde man manches heraufholen können." (GA 227/1956/24.08.1923/S.128)

Was sagst du dazu?

Ahnung: Das ist etwas kompliziert ausgedrückt. Dies ist eine ganz andere Form von Ahnen als die Ahnung, die Steiner in seinen Seelenkalender-Sprüchen anspricht. Die hier angesprochene Ahnung ist eine Ahnung vor bzw. unterhalb des Wissens auf einer niederen Bewußtseinsebene, auf einer ätherischen Ebene. Deswegen spricht er auch von einem dunklen Gefühl. Diese dunklen Gefühle können auch von negativen Kräften beeinflußt werden. Es gibt aber auch helles Ahnen nach bzw. oberhalb des Wissens, und dieses helle Ahnen beschreibt er in den Seelenkalender-Sprüchen. Letzteres Ahnen ist das Ahnen, welches nicht in das mehr Unterbewußte, Instinktive hineinrutscht bzw. aus diesem entspringt, sondern das helle Ahnen geht auf die andere Seite, zum Geistigen hin. Höhere geistige Zusammenhänge werden dadurch erblickt, aber noch nicht ganz deutlich, nämlich ahnend.

Es gibt beide Zustände, es gibt beide Richtungen, und für beide gibt es im Deutschen den Ausdruck Ahnen. Besser wäre es, von einem dunklen und vergangene und von einem hellen und zukünftigen

Ahnen zu sprechen. Das dunkle Ahnen geht in die instinktiven Kräfte und ist etwas, was nicht in das klare Erblicken kommen kann, und das helle Ahnen ist etwas, was in die geistigen Kräfte hineindringt, aber ebenfalls nicht zu einem klaren Bewußtsein kommt.

Ähnlich ist es, wenn du dir die Dämmerung vorstellst. Zum einen kannst du dir die Dämmerung als etwas wunderbar Friedliches vorstellen, zum anderen kann man es mit der Traurigkeit verbinden, so daß es in eine düstere Sache abkippt. Mit der Dämmerung hängt der Heilige Geist zusammen, und der Heilige Geist ist diejenige Wesenheit, die das Ahnen führt.

Tal der Ahnungslosen

W.W.: Du, Ahnungslosigkeit, bist ja ein Wesen, wie wir mittlerweile besprochen haben, welches vieles weiß. Nun gibt es aber in bezug auf die Menschen den Ausdruck Ahnungslosigkeit für den Zustand, daß ein Mensch nichts weiß. Kannst du diesen Konflikt ein wenig auflösen?

Ahnungslosigkeit: Eigentlich wißt ihr Menschen, daß Ahnen etwas ist, durch das ihr in etwas hineinblickt, was euch eigentlich verborgen bleiben soll, und deswegen bezeichnet ihr den Ahnungslosen als denjenigen, der von Bereichen nichts weiß, die anderen schon offenliegen. Darüber solltet ihr aber froh sein, denn es ist aus meiner Sicht nicht sinnvoll, in diesem grauen ahnenden Element herumzustochern. Man sollte sich immer nur an die klaren und bekannten Tatsachen halten. Das macht das Leben sehr viel klarer und einfacher.

W.W.: Bist du tendenziell ein ahrimanisches Wesen?

Ahnungslosigkeit: So sollte man das nicht ausdrücken!

W.W.: In der DDR sprach man über den Raum Dresden vom sogenannten Tal der Ahnungslosen. Was sagst du zu diesem Begriff?

Ahnungslosigkeit: Damit bezeichnete man diese Region, weil man dort nicht das West-Fernsehen empfangen konnte. Aus der Sicht des dunklen Ahnens habe ich mich in diesem Tal wohlgefühlt, aus Sicht des hellen Ahnens nicht. Die Führung dieses Staates gab die Meinung vor, die einzig erhellenden Tatsachen zu vertreten. Diese Meinungsbildung kehrte sich in der Bevölkerung aber um, weil man zu Großteilen die eigene Staatsführung ablehnte, und in der Bevölkerung hielt man dagegen diejenigen für erhellt, die das Westfernsehen empfangen konnten. Diejenigen, die das Westfernsehen nicht empfangen konnten, waren dagegen ahnungslos und mit ihnen alle diejenigen, die in der einseitigen Informationspolitik der Staatsführung begraben lagen. Vom dunklen Ahnen aus betrachtet habe ich mich über einen solchen Begriff gefreut und mich sozusagen in diesem Tal wie zu Hause gefühlt. Vom hellen Ahnen aus betrachtet war es allerdings das genaue Gegenteil.

W.W.: Gibt es heute weitere Täler der Ahnungslosigkeit?

Ahnungslosigkeit: Je höher du dich stellst, desto ahnungsloser werden die Menschen. Es gibt verschiedene Länder in der Welt, z.B. China oder auch die Türkei, Nordkorea und andere, die man seitens der Regierung gerne auch zu Tälern der Ahnungslosigkeit machen möchte, indem man das Internet kontrolliert.

W.W.: Ganz verstehe ich dich nicht: Möchtest du denn, daß Menschen ahnungslos sind, oder möchtest du nun, daß Menschen zur Gewißheit kommen?

Ahnungslosigkeit: Ich möchte, daß die Menschen zur Gewißheit kommen. Ich möchte, daß die Menschen das, was sie wissen können, auch wirklich wissen. Und ich möchte zweitens, daß sie das, was sie noch nicht so richtig wissen können, gänzlich ausblenden. Ich mag die grauen Zwischentöne nicht. Ich mag das Stochern im Nebel nicht.

Ahnungslosigkeit mit Dummheit gepaart

W.W.: Wie ist es zu bewerten, wenn ein Mensch in einem Zusammenhang mit anderen Menschen auftritt, z.B. einen Vortrag vor anderen hält bzw. in eine Gruppe von Menschen tritt, aber bezüglich der Dinge, um die es geht, völlig ahnungslos ist, die Umstehenden aber sehr viel mehr davon wissen? Welches Spannungsverhältnis zwischen Ahnungslosigkeit und Ahnung bzw. Wissen tritt hierbei auf?

Ahnungslosigkeit: In solchen Zusammenhängen fühle ich mich sehr wohl.

W.W.: Warum?

Ahnungslosigkeit: Weil sich die Konturen so kraß darstellen. So etwas passiert relativ oft. Das ist ein sehr peinlicher Zustand. Ein Mensch gibt halbgare Statements öffentlich ab und bemerkt anschließend, daß er diese vor einer Gruppe von Fachleuten vorgetragen hat. Das ist peinlich, und hierbei dringt meine fiese Seite in den Vordergrund. Hierbei wird die Ahnungslosigkeit ganz fies. Wenn ich mich mit der Dummheit paare, was hin und wieder geschieht, entsteht für den Menschen etwas Unangenehmes.

W.W.: Was passiert, wenn ein Mensch in seiner Außenwirkung Ahnungslosigkeit nur spielt?

Ahnungslosigkeit: Dann lügt er. Dann entstehen Lügendämonen.

W.W.: Wie steht es mit einem sehr intelligenten Menschen, der sehr viel weiß, in bezug auf manches aber ein schlichtes, ahnungsloses Gemüt hat?

Ahnungslosigkeit: Das ist ein Mensch, der in etwa so gestrickt ist wie ich. Gerade intelligente Menschen haben die Eigenschaft, von vielem sehr viel zu wissen, aber in bezug auf manches keine Ahnung zu haben. Und sie ziehen von vornherein um diese Bereiche des Nichtwissens eine Mauer. Das ist eine zutiefst weise Entscheidung dieser Menschen. Ein solcher Mensch hat Großteile seiner Verstandesseele intensiv bearbeitet.

W.W.: Was geschieht, wenn ein Mensch zu anderen Menschen sprechen muß und keine Ahnung von dem hat, was er sagen muß, aber trotzdem möglichst sicher auftreten muß; vielleicht in einer Prüfung?

Ahnungslosigkeit: Das tendiert in die Richtung einer Lüge, vielleicht ist es mehr eine Schauspielerei. Wenn ich es nett formuliere, ist es eine Kunstform, eine Schauspielerei. Wenn ich es unnett formuliere, lügt er vor sich hin. Hier kann man sich fragen, ob Schauspielerei Lüge ist. Ein Schauspieler wird das verneinen. Aber es gibt hier Unschärfen.

W.W.: Wenn der Schauspieler so schauspielert, daß er in diesem Moment nicht er selbst ist, lügt er nicht.

Ahnungslosigkeit: Gut. Ganz richtig. In dem Moment, in dem man nicht man selbst ist, in dem man in einer Rolle völlig aufgeht, wird diese Rolle auch wahr. Das gilt aber nur für die Schauspielerei und nur für einen Moment. Wenn es chronisch wird, wird es krankhaft. Wenn man über eine lange Strecke hin in einer Rolle aufgeht, bemerkt man oft nicht mehr, daß man sich selbst belügt; und das ist krankhaft.

W.W.: Wollt ihr zum Schluß noch etwas sagen?

Ahnungslosigkeit: Hört auf zu ahnen! Das Ahnen macht das Leben unendlich kompliziert. Wenn ihr einfach und klar leben wollt, hört auf zu ahnen.

Ahnung: Achtet darauf, daß ihr euch immer klarmacht, ob ihr dunkel oder hell ahnt. Es gibt Ahnungen nach unten und nach oben. Es gibt Ahnungen ins Unterbewußtsein hinein und ins höhere geistige Erleben. Trotzdem sind die Fähigkeiten beide Male das Ahnen. Achtet darauf, in welche Richtung ihr ahnt. Seid achtsam! Man kann auch sein Ahnen schulen, und zwar genauso in die dunkle wie auch in die helle Richtung. Das kann allerdings zu einem einseitigen und selektiven Wahrnehmen führen. Ahne weiter!

W.W.: Danke.

Ahnung und Ahnungslosigkeit: Bitte.

Unentschlossenheit

Wolfgang Weirauch: Guten Tag.

Unentschlossenheit: Ich weiß nicht, ob es ein weiser Entschluß ist, mit mir zu reden; ich weiß aber auch nicht, ob es nicht besser ist, dieses Gespräch zu unterlassen.

W.W.: In beiden Fällen ist es ein Entschluß, ob wir das Gespräch nun durchführen oder es lassen.

Unentschlossenheit: Das eben ist das Problem. Ich bin die Unentschlossenheit. Deswegen solltest du es dir offenlassen, ob du dieses Gespräch durchführst oder nicht. Für jeden menschlichen Astralleib sind Entschlüsse ausgesprochen unangenehm. Somit kann ich euch nur den dringenden Rat geben, Entschlüsse zu lassen.

W.W.: Warum?

Unentschlossenheit: Weil Entschlüsse dazu führen, daß man dadurch z.B. bei anderen Menschen unangenehme Reaktionen hervorruft, die dann wieder auf einen selbst zurückfallen.

Alles offen lassen

W.W.: Aber wenn man sich nicht ständig zu verschiedenen Dingen entschlösse, würde die Welt stehenbleiben. Ist das in deinem Sinne?

Unentschlossenheit: Ja.

W.W.: Aber wenn man sich dazu entschlösse, nichts mehr zu beschließen, so wäre auch dies ein Beschluß.

Unentschlossenheit: Auch das solltest du offenlassen. Du solltest dich zu beidem nicht entschließen, du solltest immer im Prozeß bleiben.

W.W.: Diese Sichtweise ist für den Menschen ja eigentlich nicht möglich, zumindest dann nicht, wenn er seinen freien Willen gebraucht; und den hat er.

Unentschlossenheit: Der freie Wille ist aus meiner Sicht sehr fragwürdig. Ihr könntet euch wenigstens dazu entschließen, nicht mehr so viel zu entscheiden, sondern es offenzulassen. Ihr könntet versuchen, mehr prozessual zu sein, alles im Vagen zu belassen, nur noch vor euch hin zu handeln – und dann ergibt sich schon das Richtige.

W.W.: Grauenhaft. Dann ergibt sich alles durch die Entschlüsse der anderen.

Unentschlossenheit: Wenn es alle so täten, nicht.

W.W.: Dann würde die Welt nur so dahinplätschern, aber irgendwer müßte ja entscheiden, auch mit Entschlossenheit.

Unentschlossenheit: Aus meiner Sicht wäre das fast wieder das Paradies.

W.W.: Eine solche Welt ist nicht möglich!

Unentschlossenheit: Du bist ein unangenehmer Gesprächspartner.

W.W.: Damit muß ich leben. Was für ein Wesen bist du?

Konturloses Wesen

Unentschlossenheit: Ich bin ein absolut konturloses Wesen.

W.W.: Geht von dir eine Aktivität in dem Sinne aus, daß du die Menschen zur Unentschlossenheit anregen möchtest?

Unentschlossenheit: Eine leichte Aktivität in diese Richtung geht von mir aus, ja. Ich tue dies deswegen, weil dadurch – je mehr Menschen unentschlossen sind – aus meiner Sicht die Welt wieder paradiesisch wird.

W.W.: Gibt es auch unentschlossene geistige Wesen, oder wissen diese immer, was sie tun?

Unentschlossenheit: Sie wissen eigentlich immer, was sie tun. Sie hätten allerdings die Möglichkeit, wieder etwas träumerischer zu werden. Allerdings sind sie nicht frei, das zu tun, was sie wollen. Aber gerade die höheren Wesen haben natürlich ihre positive Macht, und sobald sie etwas durchführen, liegt dem ein Entschluß zugrunde – und diesen Entschluß könnte man ja variieren. Insofern haben sie schon eine gewisse Durchführungskompetenz. Und deswegen müssen sie ununterbrochen entscheiden, über das Wie, über das Wann, über das Wofür usw. Und in diesen Bereichen haben die höheren Wesen einen großen Gestaltungsspielraum. Sie waren und sind schöpferisch tätig. Aber jeder Akt ist auch eine Veränderung, und nun haben sie sich doch alle schon so wunderbar eingerichtet; dann könnte es auch so bleiben.

W.W.: Aber die Unentschlossenheit, also du, hat wohl nicht so sehr viel mit den geistigen Wesen zu tun, sondern eher mit den Menschen. Soweit bist du vermutlich ein sehr auf die Menschen bezogenes Wesen.

Unentschlossenheit: So ist es.

W.W.: Was ist ein Entschluß, was ist eine Entscheidung?

Unentschlossenheit: Etwas Gräßliches!

W.W.: Warum?

Unentschlossenheit: Weil sich durch Entschlußfassungen eine Kultur ergibt. Durch eine Entschlußfassung trennt man etwas, und dieses Trennen ist der Grund für alles Übel. Wenn man einen Entschluß faßt, zieht man einen Trennstrich – wohin, ist erst einmal unerheblich. Und dann beginnt wieder etwas neu. Es ist immer ein Einschnitt, und ein Einschnitt trennt beide Seiten in ein Vorher und ein Nachher. Und damit ist der Entschluß die Grundlage auch für alles Negative auf der Welt.

W.W.: Aber auch für alles Gute.

Unentschlossenheit: Das stimmt.

W.W.: Was geschieht seelisch-geistig bei einem Menschen, wenn er vor zwei oder mehreren Möglichkeiten steht, sich noch nicht entschlossen hat und noch abwägt?

Unentschlossenheit: Dann wirbeln die Entscheidung und ich um diesen Menschen herum, und ich wirke möglichst in der Richtung, daß der Mensch die Entscheidung vertagt, während die Entscheidung immer dazu drängt, daß der Mensch die Entscheidung bzw. den Entschluß fällt.

W.W.: Und wenn der Mensch sich für einen von zwei Wegen entschließt, was geschieht dann mit dir?

Unentschlossenheit: Dann muß ich weg. Dann wischt er mich aus seinem Umfeld weg.

W.W.: Was geht von dem Menschen aus, der sich für einen von zwei Wegen entscheidet?

Unentschlossenheit: Ein starker Willensimpuls. Und eine meiner Aufgaben ist es, diesen Willensimpuls beim Menschen zu verhindern.

W.W.: Du greifst also in den Willen des Menschen ein?

Unentschlossenheit: So kann man es nicht ausdrücken. Ich versuche, den Willen des Menschen zu dämpfen, eingreifen in den Willen ist mir nicht erlaubt. Ich greife eher so in die menschliche Seele ein, daß der Mensch nicht bereit ist, seinen Willen zu aktivieren.

W.W.: Ein Mensch hat z.B. Schwierigkeiten, sich zu entscheiden, vielleicht über das normale Maß hinaus. Er schwankt, sich für eine Beziehung zu entscheiden, wägt zwischen verschiedenen Berufsmöglichkeiten ab oder kann sich nicht entscheiden, welches Smartphone er nun kaufen möchte – und so hat er in seinem Leben sehr oft einen großen Handlungsstau. Was ist bei einem solchen Menschen los?

Unentschlossenheit: Sein Seelengefüge hat sehr große Räume für meine Anwesenheit. Ich habe es in seinem Seelengefüge geschafft, daß er seinen Willen immer weniger wahrnehmen bzw. aktivieren kann, habe seinen Blick in Richtung seiner Willenskräfte immer weiter vernebelt.

W.W.: Was müßte ein solcher Mensch tun, um zu Entscheidungen zu kommen?

Unentschlossenheit: Er muß mit seinem Ich seinen Willen aktivieren. Dazu muß er mich aus seiner Seele herausdrängen und am besten die Hilfe von Christus erbitten.

W.W.: Du erwähntest, daß du den Willen bzw. den Zugang zum Willen vernebelst. Oftmals ist es bei entscheidungsschwachen Menschen ja auch so, daß sie recht viel denken, daß ihre Gedanken durcheinanderwirbeln. Wie hängt das zusammen?

Unentschlossenheit: Es ist der beste Trick, wenn man den Willen eines Menschen vernebeln will, sein Denken über Gebühr zu aktivieren. Ihr Menschen seid meist so geschaffen, besonders die Männer, daß sie alles nur chronologisch, eines nach dem anderen, abhandeln können, und wenn man jetzt die Menschen zu sehr mit dem Denken belastet bzw. das ununterbrochene Denken anregt, sind die Menschen meistens unfähig, gleichzeitig auch zu wollen. Frauen sind an dieser Stelle komplizierter.

W.W.: Es gibt ja nicht nur den dauerhaften Willensstau, sondern auch den vorübergehenden, z.B. eine schwankende Stimmung. Was ist das dagegen?

Unentschlossenheit: So etwas bemerke ich eher bei Frauen. Frauen fühlen oft zu viel, und wenn man ihnen dann vormacht, daß ein bestimmtes Gefühl zu einem negativen Entschluß führen könnte, dann entschließen sie sich ebenfalls nicht. Solche Tricks gelingen mir allerdings auch bei Männern. Ich wirke vom Willen ablenkend. Das um eine Sache kreisende Denken der Menschen ist das beste Mittel, um die Menschen von einem Willensentschluß abzuhalten. Dann kreisen sie in ihren Gedanken oder schwimmen in ihren Gefühlen. Ein normalerweise relativ entschlußfreudiger Mensch, der in eine kurze schwankende Stimmung kommt, zeigt eine ähnliche Reaktion, als hätte er einen kleinen Schock bekommen. Dann zieht sich das Ich ein wenig aus seinem Seelengefüge heraus. Ein vielleicht normalerweise sehr willensstarker Mensch kann auch vor der Tragweite eines Entschlusses erschrecken, dann rutscht das Ich aus dem Seelengefüge ein wenig heraus, und dann kommt dieser Mensch nicht an seinen Willen heran.

Aber auf der anderen Seite gibt es die zahlreichen Menschen, die man nicht zu erschrecken braucht, weil es gelingt, auf vielfältige Weise ihren Willen zu vernebeln. Oft muß man nicht nur das zu starke Denken oder zu starke Fühlen aktivieren, damit der Wille nicht entfacht wird, sondern zunehmend gibt es Menschen, die innerlich so inaktiv sind, die weder denken noch fühlen, daß sie ohnehin nicht wollen können.

Wankelmut

W.W.: Was ist Wankelmut?

Unentschlossenheit: Das ist ein relativ aktives Wesen, welches den Willen des Menschen sehr sprunghaft macht.

Wankelmut: Guten Tag. Ich bin ein Hüpfer: Ich behindere zwar den Willen nicht, aber ich versuche den Willen des Menschen, der auf ein bestimmtes Ziel hinsteuert, abzubrechen. Bei solchen Menschen ist normalerweise viel Willenskraft vorhanden, der Mensch kann sie auch aktivieren. Aber ich versuche zu erreichen, daß die Richtung des Willens gestört wird und der Mensch einen sprunghaften Willen bekommt. Dann findet der Mensch sein Ziel nicht. Das ist bei den einzelnen Menschen sehr unterschiedlich. Es gibt diejenigen, die sehr sprunghaft sind; bei Kindern ist dies normal, da Kinder sich oft nur wenige Minuten auf eine Sache konzentrieren können. Ein wankelmütiger Erwachsener kann vielleicht nur ein Projekt einige Wochen durchhalten, dann bricht er es ab. Dann gibt es diejenigen, die sich von jeder Sache täglich ablenken lassen. Die Bereitschaft, sich ablenken zu lassen, ist sehr hoch, wenn ich anwesend bin. Ich verhindere aber nicht die Bereitschaft, überhaupt etwas zu tun. Ich rege an, ständig etwas Neues zu tun. Ich möchte, daß die Menschen mutig voranschreiten, aber nicht, daß sie bei einer Sache bleiben. Die Kontinuität ist nicht meine Sache.

Zaudern und Hemmung

W.W.: Was ist der Unterschied zwischen dir und dem Zaudern?

Unentschlossenheit: Zaudern ist kein sehr großes, aber ein sehr altes Wesen. Auch in eurem Sprachschatz ist es ein eher älterer Begriff, der nicht mehr so oft benutzt wird. Hier haben sich Begriffsverschiebungen ergeben. Zaudern ist eigentlich das gleiche wie ich, zumindest eine Vorstufe von mir. Das Zaudern ist *etwas* konturierter als ich. In der modernen Zeit spricht man nicht mehr vom Zaudern, sondern von der Unentschlossenheit. Ich bin mehr neblig, das Zaudern dagegen ist mehr gehemmt.

W.W.: Wenn ein Mensch eine Entscheidung fällen möchte, aber zu mutlos ist, sie zu fällen – ist das dann Unentschlossenheit, ist es Zaudern, ist es Schüchternheit, oder ist es Feigheit?

Unentschlossenheit: Alles ist möglich. Das kommt auf das Individuum und die Situation an. Man muß immer schauen, was den Menschen hemmt. Der am meisten freilassende Begriff hierfür ist die Hemmung. Man könnte auch von Unsicherheit sprechen. Ihr Menschen habt hierfür sehr viele Begriffe, mit leicht unterschiedlichen Färbungen, die in der jeweiligen Situation andersfarbig erscheinen. Ich als Unentschlossenheit bin ein ziemlich großes Wesen, und alle die von dir genannten Wesen passen mehr oder weniger in mich hinein; sie passen auch deswegen in mich hinein, weil ich so schwammig bin. Je schwammiger ein Wesen ist, desto mehr nur leicht konturierte bzw. etwas anders gefärbte Begriffe bzw. die dahinterstehenden Wesenheiten passen in mich hinein.

Die Feigen sind die echten Parias

W.W.: Welche Beziehung hast du zu einem aus Feigheit unentschlossenen Wesen im Gegensatz zu einem aus Schüchternheit unentschlossenen Wesen?

Unentschlossenheit: Feigheit ist in der geistigen Welt ein sehr negatives Wesen, auch bei den Menschen ein sehr negativer Begriff. Die Feigen sind in der geistigen Welt die echten Parias.

W.W.: Kannst du das noch ein wenig ausführen?

Unentschlossenheit: Ein feiges Wesen hat keine Ahnung von der Christuswesenheit. Aber Christus ist unermeßlich groß und mutig und wichtig, und wer feige ist, verleugnet eigentlich Christus. Das wollen wir alle nicht. Du solltest einmal mit der Feigheit reden; das ist ein sehr besonderes Wesen.

Die feigen Menschen mag ich nicht. Ich muß zwar die bedienen, die aus Feigheit unentschlossen sind, aber das ist für mich unangenehm. Ich möchte zwar, daß Menschen unentschlossen sind, respektiere aber die Gründe und bewerte sie auch. Die schüchternen Menschen sind mir lieber.

W.W.: Wie ist es für dich, wenn man aus Angst unentschlossen ist?

Unentschlossenheit: Angst ist etwas in der Welt sehr Bewegendes. Angst ist immer etwas, was auch mit Erkennen zu tun hat, zumindest mit dem Versuch, etwas zu erkennen. Angst ist sehr menschlich, Angst ist sehr wesentlich, durch die Angst müssen alle Wesen durch, aber nicht durch die Feigheit.

W.W.: Wie ist es für dich, wenn jemand aus Perfektionszwang unentschlossen ist, weil ihm jede Entscheidung nicht gut genug ist und er dann lieber gar nichts entscheidet?

Unentschlossenheit: Das geht schon in die Richtung einer Krankheit. Das sind oft Grenzsituationen, und bei diesen Menschen bin ich ungern. Trotzdem gehört es zu meinen Grundtätigkeiten, bei diesen Menschen zu sein, damit auch bei ihnen die Unentschlossenheit aufrechterhalten bleibt.

Königsmomente der Unentschlossenheit

W.W.: Welche Art von Unentschlossenheit liegt vor, wenn ein Mensch in einen echten Konflikt gestürzt wird, weil beide Entscheidungsmöglichkeiten gleichermaßen falsch oder richtig sein können bzw. mit entsprechenden Konsequenzen behaftet sind und es also wirklich nicht die eine richtige Entscheidung gibt?

Unentschlossenheit: Das ist eine perfekte Verbindung zwischen mir und diesen Menschen. Das sind die Königsmomente der Unentschlossenheit! So etwas gehört zu meinen Kunstwerken.

W.W.: Was ist die Unentschlossenheit aus Befangenheit, weil man weiß, daß man bei einem Entschluß einen anderen Menschen verletzen muß?

Unentschlossenheit: Natürlich bin ich auch bei diesen Menschen, aber das sind die eher guten Menschen. Und auch bei ihnen halte ich mich gerne auf, nicht aber bei den feigen. Wenn man es beurteilen wollte, so sind die Unentschlossenheiten aus Befangenheit oder auch aus Schüchternheit die eher guten Unentschlossenheiten, aus meiner Sicht eher hochwertige.

W.W.: Wie beurteilst du die Unentschlossenheit eines Menschen, der sehr wohl alle Möglichkeiten einer Entscheidung überblickt, sich aber nicht festlegen will und lieber nicht entscheidet, weil er sich dann vor anderen bekennen müßte und auch gegebenenfalls mit Unannehmlichkeiten rechnen müßte?

Unentschlossenheit: Ein solcher Mensch ist feige! Das ist ein aus meiner Sicht unangenehmer Mensch. Aber ich muß mit ihm verkehren.

Wenn man Kindern immer die Entscheidungen abnimmt

W.W.: Kannst du ein wenig darüber berichten, wie bei Menschen Unentschlossenheit entsteht, vielleicht auch durch die Kindheit?

Unentschlossenheit: Vielfach liegt der Grund darin, daß man den Kindern immer die Entscheidungen abgenommen hat. Kinder durften es nicht üben, zu entscheiden, Entschlüsse zu fassen. Wenn die Eltern meinen, immer alles besser zu wissen, nehmen sie den Kindern die Entscheidungen ab und schwächen sie dadurch und bereiten mir die Räume. Wenn man Kindern immer die Entscheidungen abnimmt, wenn man ihnen nur Fertiges vorsetzt, öffnet man mir alle Türen sehr weit.

W.W.: Hast du auch andere Helfer, wie z.B. den Selbstzweifel?

Unentschlossenheit: Selbstverständlich, auch mit dem Zweifel arbeite ich hin und wieder Hand in Hand, auch mit der Täuschung, auch mit vielen anderen Unfähigkeiten eines jeweiligen Menschen.

W.W.: Ist man als Erwachsener auch oft unentschlossen, weil man in der Kindheit nicht gelernt hat, sich zu wehren?

Unentschlossenheit: Auch. Unentschlossenheiten treten auf allen menschlichen Gebieten auf. Im Denken ist die Unentschlossenheit eher selten, weil ihr ständig irgendwie denkt und weil das Denken oft nur in eurem Kopf stattfindet. Im Denkbereich werden am ehesten konkrete Begriffsketten gedacht bzw. auch Entschlüsse gedacht. Aber gedachte Entschlüsse sind keine wirklichen Entschlüsse. Im Fühlen sind die Menschen sehr wankelmütig, sehr unentschlossen, oft auch sehr ängstlich und feige; und deswegen ist im Fühlen sehr viel Unentschlossenheit. Im Wollen dagegen ist am meisten Unentschlossenheit. Aber im Denken seid ihr Menschen am ehesten entschlußfähig, weil ihr der fehlerhaften Meinung aufsitzt, daß jeder Denkakt nur in eurem Kopf stattfindet. In Wirklichkeit wirken sich die Gedanken aber auch außerhalb des Kopfes aus.

Entschlußfreudig durch Urvertrauen

W.W.: Wenn ein Kind durch die Eltern ein Urvertrauen mitbekommen hat – wirst du dann aus einem solchen Menschen, vor allem im Erwachsensein, weitgehend vertrieben?

Unentschlossenheit: Ja. Menschen, die das Urvertrauen mitbekommen haben, daß die Welt eigentlich gut ist, daß der Vatergott der Schöpfer dieser Welt ist, sind in ihrer Seele urständig, und sie sind sehr entschlußfreudig. Das sind anstrengende Menschen. Selbstbewußtsein und Urvertrauen sind die Wesen, die mir stark entgegenwirken.

W.W.: Auch wenn es dir vielleicht unangenehm ist: Welche Übungen kann ein Mensch machen, um aus seiner Unentschlossenheit herauszukommen und entschlußfreudiger zu werden?

Unentschlossenheit: Ich verweigere die Aussage!

W.W.: Dann sage ich etwas, und du kannst ja oder nein sagen.

Wie wäre es, wenn man klein anfängt und versucht, seine Umgebung bewußt wahrzunehmen – eine Blumenwiese, ein Tier, eine einzelne Pflanze oder auch ein Bild; wenn man sich dann Gedanken darüber macht, was man an den Bildern und Gegenständen gut und schlecht findet, wenn man sich übt zu entscheiden, was man schön und was man nicht schön findet, und sich zur Regel setzt, daß eine neutrale Einstellung nicht gilt. Wenn man dann lernt, die Entscheidung, auch die eigene Meinung zu begründen, dann ist das aus meiner Sicht eine Übung für Entschlußfreudigkeit. Man könnte auch die Speisekarten von Restaurants anschauen und sich dazu zwingen, zu entscheiden, was man bestellen würde und was nicht.

Unentschlossenheit: Das funktioniert leider. Durch solche Übungen kannst du mich vertreiben.

W.W.: Kannst du zum Schluß noch einmal sagen, wie genau du dich mit der Seele eines Menschen verbindest?

Unentschlossenheit: Ich verbinde mich so mit seiner Seele, daß ich dem Menschen den Blick auf das Geistige verstelle. Das ist die Hauptarbeitsrichtung, die ich einschlage. Leere Seelen sind aus meiner Sicht etwas sehr Nützliches, denn in ihnen kann ich schalten und walten, wie es mir beliebt. Je mehr der Mensch seine Seele entleert oder mit Unnützem anfüllt, desto eher kann ich großräumig in ihn eindringen und die Verbindung zum Geistigen blockieren.

W.W.: Bist du selbst auch unentschlossen?

Unentschlossenheit: Nein.

W.W.: Also bist du eigentlich die Entschlossenheit par excellence? Du bist die Entschlossenheit zur Unentschlossenheit?

Unentschlossenheit: Ja. Ich bin aber nicht der Entschluß.

W.W.: Vielen Dank. War es ein unangenehmes Gespräch?

Unentschlossenheit: Ja.

W.W.: Warum?

Unentschlossenheit: Weil ich mich zeigen mußte. Interessant war es, aber trotzdem unangenehm.

W.W.: Möchtest du zum Schluß noch etwas sagen?

Unentschlossenheit: Es ist weise, unentschlossen zu sein, weil man dadurch blaue Flecken auf der Seele vermeidet.

W.W.: Vielen Dank.

Unentschlossenheit: Bitte.

Empörung

Wolfgang Weirauch: Guten Tag.

Empörung: Guten Tag.

W.W.: Empörung ist ja im weitesten Sinne Ausdruck einer Auflehnung wegen empfundenen Unrechts, zumindest unter Menschen. Gab bzw. gibt es auch in der geistigen Welt Empörung?

Empörung: Sicher. Es gibt sogar in der tierischen Welt auf tierischer Stufe Empörung. Auch die Erde zeigt ihre Empörung; was glaubst du, was ein Erdbeben ist? Das ist, seelisch-geistig gesehen, auch eine Empörung. In der geistigen Welt gibt es häufig Empörung über die Menschen.

Empörung über den Menschen

W.W.: Kannst du das noch ein wenig ausführen?

Empörung: Das kommt ein wenig auf die Stufe der geistigen Wesen an. Wenn die Engel sich empören, ist es ein wenig anders, als wenn sich die höheren Hierarchien empören. Im Bereich der dritten Hierarchie, also der Engel, Erzengel und der Zeitgeister, der euch am nächsten stehenden Engel, gibt es sehr viel Empörung über euer Verhalten auf der Erde. Oder um ein anderes Beispiel zu benennen: Die führenden Wesen der Bäume in der geistigen Welt empören sich z.B. intensiv darüber, welchen Unfug ihr Menschen mit dem Wald weltweit macht, wie ihr den Wald vernichtet. Diese Empörung geht bei diesen Wesen zwar wieder schnell vorbei, weil sie sich selbst gut führen können, aber jeweils im Moment flammt doch eine Empörung auf. Empörung hat ohnehin etwas Flammenartiges. Eine erste flammende Empörung ist sehr oft vorhanden, dann wird meist die Empörung gezügelt. Was vor allem Empörung auslöst, ist der Mißbrauch der Freiheit durch die Menschen. Einfach und menschlich ausgedrückt könnte man es folgendermaßen formulieren: So hatten wir uns das nicht gedacht, es ist empörend, was ihr Menschen mit der Erde macht!

An sich bin ich selbst ein sehr ruhiges Wesen, wie du merkst.

W.W.: Das bemerke ich. Bist du selbst nicht sehr empört, bist du denn nicht die Substanz der Empörung?

Empörung: Doch, ich bin die Substanz der Empörung, aber die Substanz der Empörung ist nicht empört.

W.W.: Warum nicht?

Empörung: Das geht nicht. Wäre ich selbst immer empört, würde ich mir den Zugang zu allen seelischen Empörungen selbst verbauen.

W.W.: Unter den Menschen ist der Begriff Empörung bzw. die damit begleitete Empfindung vermutlich einer der am meisten geäußerten Begriffe bzw. Äußerungen. Wie kommt das?

Empörung: Das hängt damit zusammen, daß die Empörung meist ein sehr kurzes Gefühl, ein sehr kurzer Ausbruch ist und daß es nicht zu zählende Gründe für die Auslöser einer Empörung gibt. Es gibt sehr viele Gefühle, die wesentlich länger bei den Menschen dauern; bei der Empörung gibt es sehr viele Mini-Empörungen, die meist nur Sekunden oder Minuten dauern. Natürlich gibt es auch die großen Empörungen, die länger anhalten und zu umfangreichen Aktionen führen. Empörungen können auch regelmäßig wiederaufflackern, wenn man immer wieder mit dem entsprechenden Mißstand konfrontiert wird, der die Empörung auslöst. Gerade auch Menschen, die in der Umweltbewegung aktiv sind, leben sehr von der Empörung bzw. mit der Empörung. Ähnliches gilt für alle anderen Menschen, die sich über ungerechte Zustände in der Welt aufregen und sich dort engagieren. Das geht auch nicht anders, weil der Grund der Empörung nicht verschwindet. Empörung bzw. meine Substanz ist etwas, was euch Menschen in die Handlung führt.

Die Abweichung von der Uridee empört den Menschen

W.W.: Ist es für dich gleichgültig, worüber man sich empört?

Empörung: Ja. Empörung ist Empörung. Empörung ist eine seelische Substanz, die eine Qualität wie eine Flamme hat und die mit einer ungeheuren Weisheit das Urbild dessen, wie es eigentlich zu sein hat, kurz aufflackern läßt – meistens im menschlichen Ich. Damit hängt es zusammen, daß ich als Substanz diesen Flammencharakter habe. Durch mich hindurch kannst du einen tiefen, aber kurzen Blick in die geistige Welt werfen und erkennen, wie etwas eigentlich einmal gedacht war. Man wirft einen kurzen Blick auf die Uridee. Und die Abweichung von der Uridee empört den Menschen – auf allen Ebenen. Ich habe also einen Flammencharakter. Die Flamme lodert zwar, ist aber in sich ganz ruhig. Und deswegen bin ich auch so ein ruhiges Wesen.

Empörung kommt nicht aus dem Kopf

W.W.: Wie gehst du die Verbindung zu einem empörten Menschen ein?

Empörung: Im Prinzip entsteht ein flammengroßer Raum. Ich komme etwa so, wie ein Salamander kommt, wenn man ein Zündholz anreibt und es aufflammt. Beim Zündholz und der Flamme kommt ein Salamander aus der geistigen Welt und setzt sich in die Flamme. Genauso mache ich das, wenn der Mensch empört ist; ich habe einen salamandrigen Charakter. Ein kleiner Bereich meiner großen Empörung geht dann zu dem jeweiligen Menschen. Meine Empörungssubstanz ist im astralen Raum vorhanden, in einem hohen astralen Raum. Und wenn ein Mensch empört ist, flitzt eine Art kleines salamandriges Empörungswesen zu dem betreffenden Menschen. Dieses kleine Flammenwesen bleibt dann Sekunden, Minuten, manchmal auch Stunden bei dem betreffenden Menschen. Meist sitzt dieses Wesen im Herzen des Menschen. Empörung kommt nicht aus dem Kopf.

W.W.: Kannst du einmal etwas genauer beschreiben, wie eine Empörung bei einem Menschen langsam entsteht? Oft ist es ja so, daß ein Mensch die Welt betrachtet, gewisse Mißstände sieht und erkennt und sich dann ein Prozeß in seiner Seele regt, der letztendlich zur Empörung durchbricht. Was geht dabei in der Seele eines solchen Menschen vor?

Empörung: Wenn du es so beschreibst, ist das der Weg zur Empörung. Ein Mensch beschäftigt sich seelisch mit der Welt, er zeigt Interesse, was ihn der geistigen Welt meist sehr nahe bringt. Mit jedem Interesse für andere Wesen kommt er der geistigen Substanz der Welt immer näher, und dann ist der Durchbruch zur Empörung meist sehr dicht. Dann stehe ich schon ganz nah bei einem solchen Menschen. Seine Seele ist in meiner Nähe.

Häufig aber entsteht eine Empörung auch nur aus rein irdischen Zusammenhängen, z.B. weil dich jemand auf der Straße anrempelt. Dann ist der Weg von mir zu diesem Menschen weiter. Die Empörung wird stärker, wenn man bemerkt, daß ein solches Anrempeln auch noch eine absichtsvolle Tat war. Oft geht die Empörung, die man erst nur als eine Art seelische Flamme in einem hochkommen spürt, auch in die Worte, und dann hat auch eine Empörung geistige Kräfte in sich. Sonst könnte sie kein Wort erzeugen.

W.W.: Wie dicht ist die Empörung an der Tat?

Empörung: Sehr dicht, mal kurz davor, mal kurz dahinter. Aber der Auslöser ist nicht die Tat selbst. Empörung ist oft verbunden mit sehr gezielten Taten, nicht so sehr mit Taten aus dem Affekt heraus.

Die Empörung ist wirklich sehr dicht an der geistigen Welt. Das hängt mit dem schon beschriebenen kurzen Blick auf das Urbild zusammen.

W.W.: Ist die Empörung auch sehr dicht am Zorn?

Empörung: Ja. Empörung ist oft der Auslöser für Zorn, der sehr viel mehr Nachhaltigkeit hat. Ein Mensch empört sich oft kurzfristig und ist anschließend länger zornig.

Ich bin ein Riß im Himmel

W.W.: Warum fühlt man sich in der Empörung stärker, mutiger, vielleicht sogar ich-kräftiger?

Empörung: Weil es eine Verbindung mit der geistigen Welt in der Empörung gibt. In der Empörung entsteht eine Art Loch bzw. Durchbruch zur geistigen Welt. Der Stern des Menschen leuchtet in diesem Moment heller. Alles wird ganz intensiv, man ist sich der geistigen Zusammenhänge für einen kurzen Moment sehr bewußt, meist aber, ohne daß man dies wirklich mit dem eigenen Bewußtsein errungen hat. Aber durch diesen Durchbruch zur geistigen Welt ist die geistige Welt bzw. die geistige Tatsache ganz dicht bei einem, wodurch ungeheuere Kräfte in das Ich des Menschen fließen. Ich bin ein Riß im Himmel.

W.W.: Es gibt verschiedene Anfangsstufen bzw. abgeschwächte Bereiche der Empörung. Was ist der Unterschied zwischen Empörung und Aufgebrachtheit?

Empörung: Aufgebrachtheit ist sehr viel seelischer als die Empörung. Bei der Aufgebrachtheit fehlt häufig die geistige Komponente. Die Aufgebrachtheit findet bei Menschen zwar meist im oberen seelischen Bereich statt, ist aber eine seelische Erregung, die rein im Astralen bleibt, während ich als Empörung dagegen eher eine geistige Bewegung bin.

W.W.: Was ist Unmut?

Empörung: Auch das ist eine seelische Eigenschaft, aber mehr mit einer Willenskomponente. Unmut tritt meist dann auf, wenn Wollenskräfte abgewürgt werden.

W.W.: Was ist Groll?

Empörung: Groll hat eine starke Verbindung mit der Verbitterung. Und hier ist es schwer, Grenzen zu ziehen, wo die Verbitterung beginnt und der Groll aufhört. Der Groll ist meist eine ins Wort gebrachte oder aggressive Verbitterung und hat mit der Empörung nicht sehr viel zu tun. Wenn eine Empörung allerdings immer wieder an den gleichen Tatsache entsteht, die sich nicht verändern, kann Groll entstehen. Eine Empörung kann Groll auslösen, aber nicht sehr häufig. Mit dem Groll fühle ich mich nicht verwandt. Ähnlich steht es mit dem Grimm bzw. mit dem Ingrimm, was eigentlich fast das gleiche ist wie der Groll. Grimm bzw. Groll können aber Reste einer Empörung in sich tragen, die sich durch lange Zeitläufe auf eine ganz andere Ebene geschoben haben.

W.W.: Wie ist der Unterschied zur Auflehnung und Verärgerung?

Empörung: Auflehnung ist oft ein Ergebnis von Empörung, sehr oft sogar. Erst kommt der zündende Punkt bzw. die Flamme, es entsteht der Riß der Empörung hin zur geistigen Welt, und dann folgt die Auflehnung, wenn es in die Tat kommt. Ich und die Auflehnung arbeiten häufig Hand in Hand. Oft schicken mich die Engel sogar zu einem Menschen, damit er sich empört, um sich anschließend auflehnen zu können.

W.W.: Was geschieht, wenn ein Mensch erbost ist?

Empörung: Das ist wiederum eine sehr seelische Komponente. Wenn ein Mensch erbost ist, ist er ein wenig empört. Man ist z.B. erbost, wenn jemand einem auf den neuen Schuh tritt und er nun leicht beschädigt ist. Die Erbostheit kann aus einer kleinen Empörung kommen.

W.W.: Wie steht es mit Einspruch, Einwand und Protest?

Empörung: Das gehört alles in den großen Bereich der Auflehnung, oft auf einem längeren Weg der Vorbereitung. Mit allen diesen seelischen Farben habe ich eine enge Verbindung. Sehr oft bin ich diejenige, die dieses Tun zum Einspruch oder zum Protest auslöst. Protest und Auflehnung sind aber meist Handlungen.

Gemeinsames Empörungswesen

W.W.: In welche Formen gießt sich die Empörung bei mehreren Menschen, die aus Empörung zu einem Aufstand aufrufen oder etwas durchführen wollen?

Empörung: Das kann zwischen diesen Menschen auch ein geistiges Wesen sein, z.B. ein harmonisches Elementarwesen, welches durch diese Gruppe gebildet worden ist. Auch in einer spontan entstehenden Gruppe von Menschen kann ein flüchtiges harmonisches Elementarwesen entstehen und sich mit den Menschen verbinden, z.B. wenn eine Gruppe von Menschen auf einem U-Bahnhof beobachtet, wie eine Mutter ihr Kind verletzend behandelt, wodurch dann eine spontane Empörung aufkommt. Das sind banale Alltagsszenen, aber sie kommen ständig vor. Und wenn die umstehenden Menschen meinen, daß die Mutter ein Kind lieber hätte trösten sollen, entsteht eine gemeinsame Empörung, ein Empörungswesen verbindet sich mit dieser Gruppe. Und wenn es ein harmonisches Elementarwesen ist, welches sich auch spontan mit diesen Menschen verbindet, dann ist der Riß in die geistige Welt größer, als wenn eine Empörung nur bei einem Menschen entstände. Der Riß ist größer, weil es ein größeres Wesen ist.

W.W.: Was geschieht, wenn sich eine Gruppe gemeinsam empört und zu einer gemeinsamen Handlung schreitet?

Empörung: Das muß man in jeder einzelnen Situation genau betrachten. Es kann auch sein, daß eine empörte Gruppe zu einer sehr undifferenzierten Empörung kommt, daß also etwas hineinfährt, so daß dadurch ein Mob entsteht, also eine Art aufgewiegelte Volksmenge. Wenn aber ein Mob entsteht, kann auch ein aggressives negatives Wesen in eine solche Menge hineinfahren. So etwas kann oft eine starke aggressive Wesenheit sein.

Am Anfang steht ein Geistesblitz

W.W.: Wenn es ein Streik ist, ist es dagegen eher eine durchdachte Angelegenheit; bei einem Guerilla-Kampf ebenfalls. Welche Verbindung zwischen dir und diesen beiden Bewegungen gibt es?

Empörung: Oft wird ein Mensch zu einem Guerilla-Kämpfer, weil er irgendwo eine Empörung erlebt, z.B. durch die katastrophalen und ungerechten Zustände, die sich in seinem Staat abspielen. Ich meine damit keine Söldner. Ein klassischer Guerilla-Kämpfer ist der, der aus der – zumindest subjektiven – Schau eines Höheren die Mißstände in seinem Staat bemerkt und sich auflehnt, sich darüber empört. Am Anfang steht ein Geistesblitz, weil er mich gesehen hat. Durch mich hindurch hat er geschaut, wie es gut sein könnte. Ein Guerilla-Kämpfer kann aber nicht dauerempört sein, denn das wäre nicht auszuhalten.

Empörungen sind nur kurzfristig. Wenn sie länger anhalten, kann es z.B. zu dem schon beschriebenen Groll führen. Wenn ein Mensch merkt, daß er durch seine Empörung oder auch durch seine Guerilla-Aktivitäten nichts ändern kann, kann es zur Verbitterung, zum Groll, zur Gewalt und vielem mehr führen. Das kann oft auch zu sehr ekelhaften Taten führen, bei denen ich zwar die Auslöserin, aber nicht mehr die Dauerbegleiterin bin.

Der Streik ist eine geformte Empörung, aber eigentlich auch nur zu Beginn. Ich bin nicht das Streikwesen. Der Streik ist das Handeln der empörten Menschen. Sie sind aber meist im Moment des Streiks nicht empört. Wenn man aber zu den Streikenden geht, z.B. zu den Streikposten, und sie anspricht, dann sind sie wieder empört, dann entsteht wieder der Riß zu mir bzw. zur geistigen Welt. Dann entsteht z.B. wieder die Empörung darüber, wie die Arbeitnehmer von den Arbeitgebern eines Betriebes verkauft wurden, oder über etwas Ähnliches.

Aufgesetzte Empörung und Herzensträgheit

W.W.: Es gibt Menschen, die aus ehrlicher Seele über Ungerechtigkeiten in der Welt empört sind. Andererseits gibt es aber auch viele Menschen, die aus einer eher engen Gesinnung heraus mehr oder weniger künstlich empört sind oder gar aus gesellschaftlichen Konventionen heraus nur so tun, also eine aufgesetzte Empörung zur Schau stellen. Was ist das?

Empörung: Wenn man so tut, als sei man empört, gehört dies z.B. zur politischen Korrektheit bzw. zum öffentlichen Auftreten verschiedener Politiker. Wenn man nur aus äußerlichen Gründen eine Empörung vortäuscht, ist dies keine Empörung, das ist Schauspiel. Ich selbst als Empörung mag diese seelischen Zustände nicht. Ich selbst bin ein Riß, durch den man in die geistige Welt schauen kann. Es ist seelisch, oft sogar karmisch unsauber, so zu tun, als wäre man empört, als hätte man eine Verbindung zur geistigen Welt.

W.W.: In der heutigen Welt gibt es derartig viele Ungerechtigkeiten und Leid, Hunger, Kriege, Versklavung, Zerstörung der Welt, daß man eigentlich fortwährend empört sein müßte. Es gibt aber viele Menschen, die angesichts dieser Mißstände keineswegs oder nie empört sind. Was ist in ihrer Seele los?

Empörung: Das ist eine Art Herzensträgheit dieser Menschen. Das ist etwas ganz Schlimmes. Wenn ein Mensch keine Empörung mehr erleben kann, wird er herzensträge. Damit entfernt sich ein solcher Mensch von der geistigen Welt, während die Empörung einen Menschen ganz dicht an die geistige Welt heranführt. Menschen, die keine Empörung mehr in ihrer Seele erleben können, sind geistig unrege und sehr weit weg von ihrem geistigen Ursprung.

W.W.: Wir haben von der Flamme der Empörung der Menschen gesprochen. Nun gibt es Unterschiede bei den einzelnen Menschen, denn der eine kann diese Flamme in eine sinnvolle Tat umschmelzen, bei dem anderen geht es aber in Richtung Wut. Warum?

Empörung: Es kann sogar in Richtung Resignation gehen. Wenn die Empörung nicht in eine Handlung münden kann, weil der Mensch zu träge ist oder weil die Umstände eine Handlung nicht ermöglichen, kann dies sogar zu einer Gemütskrankheit führen. Wenn aufgrund einer Empörung eine sinnvolle Tat entsteht, kommt ein gedankliches Element mit hinzu. Wenn es in Richtung Wut geht, kann es sein, daß auch ein negatives Wesen mit hereingerufen wird. Auch wenn am Anfang eine echte Begegnung mit der geistigen Welt steht, kann sich anschließend ein ahrimanisches oder luziferisches Wesen in die Seele des Menschen setzen. Wenn man also die Menschheit und die Welt voranbringen will, in einem positiven Sinn, zu einer Stufe des Lichts, sollte man darauf achten, daß diejenigen Menschen, die man empört, die man zur Empörung bringt, so ich-geführt wie möglich sind. Wenn es bei einer Empörung zu wenig Ich-Kraft gibt, ist die Gefahr immens groß, daß die freiwerdenden Gefühls- und Handlungskräfte von negativen Wesen besetzt werden, oft sogar mißbraucht werden.

W.W.: Welche Form von Empörung entsteht, wenn ein Mensch ein gewisses Verhalten an den Tag legt und andere Menschen sich über diese Taten oder diesen Menschen empören?

Empörung: Man muß wirklich genau hinschauen, ob diese Menschen Empörung erleben. Oft ist es nämlich keine Empörung, sondern künstliche Empörung bzw. der Bruch mit ihrer Konvention. Wenn die Menschen sich aber wirklich empören, dann haben sie den Eindruck, auf der einen Seite den idealen Menschen zu sehen, auf der anderen Seite denjenigen, über den sie sich empören und der aus ihrer Meinung heraus von diesem idealen Menschen sehr weit entfernt ist. An diesem Ungleichgewicht empören sich die Menschen. Auch daraus entsteht Karma, ganz banal. Wenn man sich über einen Menschen empört, begegnet man ihm mit Sicherheit wieder, weil man durch die Existenz des anderen ein geistiges Erlebnis hatte. Und das muß man noch einmal nachtodlich mit diesem Menschen teilen und bearbeiten. Und im nächsten Leben wird es zu einer weiteren Begegnung führen.

Noch keine geistigen Augen entwickelt

W.W.: Wir haben aber darüber gesprochen, daß Empörung z.B. dann entsteht, wenn Ungerechtigkeiten in der Welt sind, wenn z.B. ein Mensch nicht seinem Idealbild entsprechend handelt. Nun gibt es aber zwei verschiedene Formen der Empörung des einen Menschen über einen anderen. Der eine Mensch macht etwas sehr Mieses in der Welt, und die Menschen empören sich zu recht über ihn; dann ist das so wie eben beschrieben. Es kann aber auch sein, daß ein Mensch etwas völlig Richtiges oder Sinnvolles macht, etwas Fortschrittliches z.B., etwas im Sinne des Idealbildes des Menschen, aber auf der anderen Seite empören sich viele, vielleicht konservativ Denkende oder rückschrittlich Denkende oder einseitig belastete Menschen über diesen Menschen, weil sie vielleicht gar nicht in der Lage sind zu begreifen, was dieser Mensch macht. Auch das ist eine Form von Empörung.

Empörung: Beides sind Formen der Empörung, das stimmt. Eigentlich haben beide Formen von Empörung die gleichen karmischen Folgen, wenn auch in umgekehrter Beziehung zueinander.

Die Empörung selbst ist schon so, wie beschrieben, eine Art Riß in der geistigen Welt. Aber man muß genau hinschauen, wie weit die Menschen schon geistig beweglich sind. Ich will die Menschen nicht abwerten, aber es gibt ja viele Menschen, die hier sehr unbeweglich sind, die in gewissen Konventionen verhaftet sind, die kaum Selbsterkenntnis in ihrem Leben durchgeführt haben. Und wenn ein Mensch sich nicht sehr weit bewegt hat, kann er z.B. ein Urbild eines Menschen noch nicht erkennen, der sich sehr weit auf den Weg zu diesem Urbild gemacht hat, und deswegen empört sich ein solcher Mensch über diesen Menschen, weil ihm selbst noch keine geistigen Augen gegeben worden sind bzw. weil er selbst diese geistigen Augen noch nicht entwickelt hat. Dann kann es geschehen, daß ein solcher Mensch nicht dieses eigentlich notwendige Urbild des Menschen sieht, sondern ein veraltetes Urbild, ein gedämpftes oder einseitig gefärbtes, verzerrtes Urbild, eine Art subjektiver Vorstellung. Trotzdem ist bei allen genannten Beispielen die Empörung gleichermaßen vorhanden.

W.W.: Welche Form von Empörung ist es, wenn ein Mensch z.B. über die Ungerechtigkeiten der Welt empört ist, aber seine Empörung in eine ruhigere Handlung gleiten läßt, indem er z.B. darüber ein Gedicht, einen Artikel oder einen Leserbrief oder gar einen Roman schreibt?

Empörung: Das hängt auch sehr mit dem Temperament des jeweiligen Menschen zusammen. Ein Sanguiniker erlebt z.B. eine Ungerechtigkeit, empört sich, und dann brüllt oder tanzt er diese Empörung heraus. Vielleicht greift er auch spontan zum Hörer und ruft jemanden an – spontan, aus der Empörung heraus. Ein Phlegmatiker erlebt vielleicht genau die gleiche Empörung, ist aber so phlegmatisch, daß er sich hinsetzt und seine Empörung in ein Gedicht faßt. So muß es natürlich nicht sein, aber in der jeweiligen Handlung nach der empfundenen Empörung ist sehr viel Temperament enthalten, das die Empörung und die anschließende Tat farbig verändert. Wenn man z.B. einen Beschwerdebrief an eine Behörde schreibt, so ist dies eine Form von Protest, auch in eine Form gegossen, mit einem stark denkerischen Charakter. Ein solcher Mensch faßt sich seelisch zusammen, weil er weiß, daß eine spontane Empörungsnote keinen Sinn hat. Dann faßt er seine Empörung zu einer Protestnote schriftlich zusammen. Das ist ein hoher Grad von Selbsterziehung.

Shitstorm

W.W.: Es gibt im Internet neue Formen des Protests, z.B. den sogenannten Shitstorm, oft sogar aus geringstem Anlaß. Was ist das für eine Form von Empörung?

Empörung: Im Endeffekt ist dies nichts anderes als lediglich eine moderne und sehr leicht zu verwirklichende Form der Empörung. Es ist eine Art Handeln in einer virtuellen Welt. Man setzt sein Handeln, welches aus einer Empörung resultiert, nicht mehr in Fußtritte um, nicht mehr in Form einer Demonstration, sondern in Form einer E-Mail oder eines Beitrags in einem Blog. Es ist eine Empörung auf dem digitalen Plan. Dadurch entwickelt ihr auch eure digitalen Doppelgänger weiter. Es gibt nicht nur den digitalen Doppelgänger als Datensatz, sondern ihr entwickelt auch einen digitalen Doppelgänger als Abdruck eurer Taten im Netz. Beide Doppelgänger gehören allerdings zusammen. Durch den Shitstorm entsteht eine reale, aber digitale Welt, in die die dafür notwendigen Formen der Empörung bzw. des daraus resultierenden Handelns hineingehen. Die Empörung ist stark genug, um auch durch die digitale Welt einen Riß in die geistige Welt hinein zu bewirken.

W.W.: Welche Form von Empörung ist gewaltloser Widerstand?

Empörung: Das ist eine sehr ichhaft geführte Empörung, die sich in eine Dauer verwandelt und dadurch immer wieder in Form einer Ur-Empörung Kräfte hervorruft, die diesen gewaltlosen Widerstand lebbar machen. Gewaltloser Widerstand hat sehr viel mit Beharrungsvermögen zu tun. Das kann man eigentlich nur aushalten, wenn man sich der Kräfte des heilenden Geistes verbunden hat, zumindest unbewußt.

Heute ist das Wort an der Reihe

W.W.: Wie kann man eine berechtigte Empörung über Ungerechtigkeiten in der Welt am besten in eine sinnvolle Tat umsetzen?

Empörung: Das kann man nur im jeweiligen Moment beschreiben, bereits in 30 Jahren gilt dies vermutlich nicht mehr. Man muß es auch von Fall zu Fall untersuchen. Selbst ein Shitstorm ist oft eine gute Sache, denn er bewegt etwas. Vielfach ist natürlich auch Feigheit des einzelnen Menschen damit verbunden. Aber auf einen Shitstorm müssen oft auch Politiker reagieren. Ein Shitstorm ist ein legitimes Mittel, etwas zu verändern.

Allgemein ist es am besten, wenn eine Empörung in ein Wort kommt, durch das die Empörung sinnvoll geäußert wird, um damit etwas verändern zu können. An Gegenständen sollte man seine Empörung nicht auslassen. Der Tritt gegen den eigenen Kühlschrank bewirkt kaum etwas. Man muß also sehen, wie man die Empörung in sinnvolle Kanäle gießt. Deswegen muß die Empörung heute in leicht verstehbare Worte umgeschmolzen werden, welche möglichst vielen Menschen zu Augen und Ohren kommen und die sie auch verstehen können. Das Ins-Wort-Bringen ist also zur Zeit das Sinnvollste. Seine Empörung in einen Dolchstoß zu verwandeln ist nicht mehr sinnvoll. Heute ist das Wort an der Reihe.

W.W.: Möchtest du zum Schluß noch etwas sagen?

Empörung: Empört euch!

W.W.: Danke.

Empörung: Bitte.

Beteiligte Menschen

Verena Staël von Holstein, geb. 1959 in Rendsburg, Studium des Vermessungswesens in Berlin und Hamburg, Studium der Hydrographie in Hamburg, Arbeit als Programmiererin in Wilhelmshaven, Arbeit in der Seevermessung in Lübeck, 2 Kinder, seit August 1995 Mutter und Hausfrau in der Mühle, dort seitdem kontinuierliche Arbeit mit den Naturwesen.

Wolfgang Weirauch, geb. 1953 in Flensburg, Studium der Politik und Germanistik. Studium der Theologie an der Freien Hochschule der Christengemeinschaft. Herausgeber der Flensburger Hefte, Politiklehrer, Vortragsredner, Mitarbeiter beim Fernstudium Waldorfpädagogik & Coaching e.V.

Die Titelbildgestalterin

Veronika Emendörfer / VER©, geb. 1957 in Stuttgart, Studium der Aquarellmalerei in Regensburg. Seit 2000 freischaffende Künstlerin in Darmstadt mit eigenem Atelier. Mitglied im Berufsverband Bildender Künstler (BBK, Frankfurt/Main). Seit 1982 regelmässig Ausstellungen in privaten und städtischen Galerien. Gestaltung von Buchtiteln, Kunstkarten und Kalendern. Aquarellkurse bei der VHS Darmstadt. www.veronika-emendoerfer.de